公文写作十六讲

实战技巧与范例大全

陈力勇　编著

序

公文是机关、企业、事业单位和社会团体经常使用的一种文体,具有鲜明的政策性、法定的权威性、严格的规范性、很强的实用性等特点,在治理国家、管理社会中发挥着重要作用。早在东汉三国时,曹丕《典论·论文》就指出:"盖文章经国之大业,不朽之盛事。年寿有时而尽,荣乐止乎其身,二者必至之常期,未若文章之无穷。"现实社会中,公文关系到"经国之大业",其影响力不可忽视。

公文写作是各级各类秘书必须熟练掌握的基本功。一本好教材,对于学习者和相关专业教师来说是至关重要的。在几十年的教学和学术研究生涯中,我阅读、使用、研究、组织编写过多种公文写作教材,如今阅读了陈力勇老师送来的《公文写作十六讲》书稿,相比之下,感到有如下特点。

一是实践性。陈力勇老师是我主讲的"第六期全国高校秘书学专业骨干教师高级研修班"学员。他曾在机关工作多年,在党校办公室工作期间撰写过大小各类公文,在党政机关公文写作领域积累有一定的实践经验,也切身体会到了其中甘苦。后来,他调入大学秘书学系执教公文写作,能将自身经验融入到自编讲稿中,受到学生欢迎。讲稿几经修订,形成了如今的《公文写作十六讲》书稿。综观全书,从章节安排到每一讲的具体表述,都注重从公文写作的实际出发,循序渐进,侧重于实践技能的掌握,更针对每一文种给出了典型实例,无论是对于公文写作的初学者,还是具有一定的实践经验、希望进一步系统提升公文写作技能的读者,都有较强的操作指导性和可参照性。

二是系统性。本书共十六讲:前五讲全面讲析了公文基础知识、公文的基本范式,以及公文写作的素材管理、流程管理等内容,探讨了当今时代写好公文的有效途径;从第六讲到第十六讲,则结合各类典型实例,较为详尽地介绍了四十二种广义公文的写作方法和注意事项。

三是时代性。时代在不断发展,公文写作也必须与时俱进。2012年4月16日由中共中央办公厅、国务院办公厅印发,同年7月1日起执行的《党政机关公文处理工作条例》，对党政机关公文种类、公文格式、行文规则、公文拟制、公文办理、公文管理等作了明确的规定，其他机关和单位的公文处理工作，可以参照执行。本书严格依照《党政机关公文处理工作条例》和其他相关法律法规的要求撰写，每一小节后附的公文范例，来自不同层次、不同类型的单位，且多为近几年印发的公文，体现着最新的方针政策精神，很好地彰显了公文的时代性。

  本书将由上海教育出版社出版，希望它会受到高校师生和机关文字工作者的欢迎，也期待陈力勇老师在秘书学和公文写作领域继续探索，精益求精，创造出更新、更好的成果。

  是为序。

杨剑宇

2023年9月于上海

（本文作者系上海外国语大学教授，我国秘书学专业的开创者和引领者，1993年起终身享受国务院政府特殊津贴专家。）

目录 Contents

第一讲　公文写作导论 / 1
　　第一节　公文写作的重要性 / 1
　　第二节　公文写作的源流 / 2

第二讲　公文基础知识（一） / 5
　　第一节　什么是公文 / 5
　　　　一、公文的含义 / 5
　　　　二、公文的分类 / 7
　　　　三、公文的特征 / 8
　　第二节　如何选用文种 / 9
　　　　一、正确选用文种的意义 / 9
　　　　二、选对文种的方法 / 9
　　　　三、文种选用的常见错误 / 10
　　第三节　公文的表达方式 / 10
　　　　一、叙述 / 11
　　　　二、议论 / 13
　　　　三、说明 / 14

第三讲　公文基础知识（二） / 16
　　第一节　公文格式 / 16
　　　　一、版头 / 16
　　　　二、主体 / 18
　　　　三、版记 / 21

第二节　公文的特定格式 / 22
    一、命令（令）格式 / 22
    二、纪要格式 / 23
    三、信函格式 / 23
  第三节　公文处理规范与行文制度 / 24
    一、公文处理规范 / 24
    二、公文行文制度 / 27

第四讲　写作素材积累与公文拟制步骤 / 31
  第一节　写作素材积累 / 31
    一、素材收集的意识与途径 / 31
    二、素材的归类与整理 / 33
    三、素材的甄别与取舍 / 34
  第二节　公文拟制步骤 / 35
    一、确立公文主旨 / 35
    二、搭建结构框架 / 37
    三、组织语言文字 / 38
    四、推敲修改完善 / 39

第五讲　公文写作技巧 / 40
  第一节　破解没有思路的难题 / 40
    一、从全局中找到逻辑和思路 / 40
    二、从阅读中发现"他山之石" / 41
    三、从身边事捕捉灵感火花 / 42
  第二节　凸显公文内容的亮点 / 42
    一、精心搭建大小框架 / 43
    二、用好修辞，画龙点睛 / 43
    三、"凤头"起，"豹尾"收 / 44
  第三节　把握遣词造句的艺术 / 44
    一、分清词性 / 45
    二、辨明词义 / 45
    三、用好简称 / 47

四、熟悉专用语 / 47
　　五、避免歧义 / 48
第四节　严防文字标点差错 / 49
　　一、杜绝错别字、漏字和多字 / 50
　　二、掌握数字用法 / 51
　　三、用准标点符号 / 51
第五节　善用人工智能技术 / 52

第六讲　公文写作与范例(一) / 54
第一节　请示 / 54
　　一、请示的特点 / 54
　　二、请示的写法 / 54
　　三、请示的写作要点 / 55
　　请示范例 / 55
第二节　批复 / 56
　　一、批复的特点 / 56
　　二、批复的写法 / 56
　　三、批复的写作要点 / 57
　　四、批复的类型 / 57
　　　(一) 批准性批复 / 57
　　　批准性批复范例 / 58
　　　(二) 批示性批复 / 58
　　　批示性批复范例 / 58
第三节　报告 / 60
　　一、报告的特点 / 60
　　二、报告的写法 / 60
　　三、报告的类型 / 60
　　　(一) 汇报性报告 / 60
　　　汇报性报告范例 / 61
　　　(二) 回复询问报告 / 64
　　　回复询问报告范例 / 64
　　　(三) 报送性报告 / 65

报送性报告范例／65

第七讲　公文写作与范例（二）／66

第一节　通知／66
　　一、通知的特点／66
　　二、通知的类型和写法／66
　　　　（一）发文性通知／66
　　　　发文性通知范例／67
　　　　（二）部署性通知／68
　　　　部署性通知范例／68
　　　　（三）任免性通知／70
　　　　任免性通知范例／71
　　　　（四）事务性通知／71
　　　　事务性通知范例／72

第二节　决定／73
　　一、决定的特点／73
　　二、决定的类型和写法／73
　　　　（一）决策性决定／74
　　　　决策性决定范例／74
　　　　（二）奖惩性决定／80
　　　　奖惩性决定范例／80
　　　　（三）变更性决定／81
　　　　变更性决定范例／81

第三节　决议／82
　　一、决议的特点／82
　　二、决议的写法／83
　　　　决议范例／83

第四节　纪要／86
　　一、纪要的特点和类型／86
　　二、纪要的写法／87
　　三、纪要的写作要点／87
　　　　纪要范例／87

第八讲　公文写作与范例(三) / 89

第一节　通告 / 89
一、通告的特点 / 89
二、通告的写法 / 89
三、通告的类型 / 89
（一）周知性通告 / 89
周知性通告范例 / 90
（二）规定性通告 / 90
规定性通告范例 / 90

第二节　通报 / 92
一、通报的特点 / 92
二、通报的类型和写法 / 92
（一）表彰性通报 / 92
表彰性通报范例 / 93
（二）批评性通报 / 94
批评性通报范例 / 94
（三）情况通报 / 94
情况通报范例 / 95

第三节　公告 / 95
一、公告的特点 / 95
二、公告的写法 / 96
三、公告的类型 / 96
（一）重要事项公告 / 96
重要事项公告范例 / 96
（二）法定事项公告 / 99
法定事项公告范例 / 99

第四节　公报 / 100
一、公报的特点 / 100
二、公报的类型和写法 / 100
（一）会议公报 / 100
会议公报范例 / 101
（二）事项公报 / 103

事项公报范例 / 103
（三）联合公报 / 105
联合公报范例 / 106

第九讲　公文写作与范例（四）/ 107

第一节　命令（令）/ 107
一、命令（令）的特点 / 107
二、命令（令）的类型和写法 / 107
（一）公布令 / 107
公布令范例 / 107
（二）行政令 / 108
行政令范例 / 108
（三）任免令 / 109
任免令范例 / 110
（四）嘉奖令 / 110
嘉奖令范例 / 110

第二节　意见 / 111
一、意见的特点 / 111
二、意见的写法 / 112
意见范例 / 112

第三节　议案 / 116
一、议案的特点和类型 / 116
二、议案的写法 / 117
议案范例 / 118

第四节　函 / 118
一、函的特点 / 118
二、函的写法 / 118
三、函的写作要点 / 119
四、函的类型 / 119
（一）商洽函 / 120
商洽函范例 / 120
（二）请批函 / 120

　　　　请批函范例 / 120
　　　（三）答复函 / 121
　　　　答复函范例 / 121
　　　（四）告知函 / 122
　　　　告知函范例 / 123

第十讲　讲话类文书写作与范例 / 124
　第一节　总结部署工作类讲话稿 / 124
　　　总结部署工作类讲话稿范例 / 125
　第二节　传达贯彻类讲话稿 / 128
　　　传达贯彻类讲话稿范例 / 129
　第三节　纪念庆祝类讲话稿 / 136
　　　纪念庆祝类讲话稿范例 / 136
　第四节　会议活动类讲话稿 / 140
　　一、开幕词 / 140
　　　（一）开幕词的特点 / 140
　　　（二）开幕词的写法 / 141
　　　（三）开幕词的写作要点 / 142
　　　开幕词范例 / 142
　　二、闭幕词 / 143
　　　（一）闭幕词的特点 / 143
　　　（二）闭幕词的写法 / 144
　　　（三）闭幕词的写作要点 / 144
　　　闭幕词范例 / 144
　　三、主持词 / 146
　　　（一）主持词的特点 / 146
　　　（二）主持词的写法 / 147
　　　（三）主持词的写作要点 / 148
　　　主持词范例 / 148
　　四、祝词 / 149
　　　（一）祝词的特点 / 149
　　　（二）祝词的写法 / 149

祝词范例／150

第十一讲　调研总结类文书写作与范例／152
　　第一节　调研报告／152
　　　　一、调研报告的特点／152
　　　　二、调研报告的写法／152
　　　　三、调研报告的写作要点／153
　　　　　调研报告范例／154
　　第二节　总结／157
　　　　一、总结的特点／157
　　　　二、总结的写法／158
　　　　　总结范例／158
　　第三节　简报／162
　　　　一、简报的特点／162
　　　　二、简报的写法／162
　　　　　简报范例／164
　　第四节　典型材料／166
　　　　一、典型材料的特点／166
　　　　二、典型材料的写作要点／166
　　　　三、典型材料的类型和写法／167
　　　　　（一）单位典型材料／167
　　　　　　单位典型材料范例／167
　　　　　（二）个人典型材料／169
　　　　　　个人典型材料范例／169

第十二讲　计划类文书写作与范例／171
　　第一节　计划类文书概说／171
　　第二节　工作要点／172
　　　　一、工作要点的特点／172
　　　　二、工作要点的写法和写作要点／172
　　　　　工作要点范例／172
　　第三节　工作计划／176

一、工作计划的特点／176
　　二、工作计划的写法／176
　　　工作计划范例／177
第四节　方案／181
　　一、方案的写法／181
　　二、方案的写作要点／181
　　　方案范例／182
第五节　设想、规划／193
　　一、设想、规划的特点／193
　　二、设想的写法／194
　　　设想范例／194
　　三、规划的写法／200
　　　规划范例／201
第六节　安排／212
　　一、安排的特点／212
　　二、安排的写法／212
　　　安排范例／213

第十三讲　规章类文书写作与范例／219

第一节　章程／219
　　一、章程的特点／219
　　二、章程的写法和写作要点／219
　　　章程范例／220
第二节　条例／222
　　一、条例的特点／222
　　二、条例的写法／223
　　　条例范例／223
第三节　规定、办法和细则／227
　　一、规定、办法和细则的特点／227
　　二、规定、办法和细则的写法／227
　　　规定范例／227
　　　办法范例／234

　　　　　细则范例 / 237
　　第四节　守则、公约 / 240
　　　　一、守则、公约的特点 / 240
　　　　二、守则、公约的写作要点 / 240
　　　　　守则范例 / 240
　　　　　公约范例 / 241

第十四讲　信函类文书写作与范例（一）/ 243
　　第一节　贺信（电）/ 243
　　　　一、贺信（电）的特点 / 243
　　　　二、贺信（电）的写法 / 243
　　　　　贺信（电）范例 / 244
　　第二节　慰问信（电）/ 245
　　　　一、慰问信（电）的特点 / 245
　　　　二、慰问信（电）的写法 / 246
　　　　　慰问信（电）范例 / 247
　　第三节　感谢信 / 248
　　　　一、感谢信的特点 / 248
　　　　二、感谢信的写法 / 248
　　　　　感谢信范例 / 249

第十五讲　信函类文书写作与范例（二）/ 251
　　第一节　公开信 / 251
　　　　一、公开信的特点 / 251
　　　　二、公开信的写法 / 251
　　　　　公开信范例 / 252
　　第二节　邀请函 / 253
　　　　一、邀请函的特点 / 253
　　　　二、邀请函的写法 / 254
　　　　　邀请函范例 / 254
　　第三节　倡议书 / 256
　　　　一、倡议书的特点 / 256

二、倡议书的写法／256
　　　　倡议书范例／257

第十六讲　其余文书写作与范例／259
　第一节　公示／259
　　一、公示的特点和类型／259
　　二、公示的写法／259
　　　　公示范例／260
　第二节　会议记录／260
　　一、会议记录的特点／260
　　二、会议记录的写法／261
　　　　会议记录范例／262
　第三节　大事记／263
　　一、大事记的特点／263
　　二、大事记的写法／263
　　　　大事记范例／264

附录一　党政机关公文处理工作条例／266

附录二　党政机关公文格式／274

参考文献／297

第一讲　公文写作导论

第一节　公文写作的重要性

对有心人来说,公文无处不在。像《水浒传》第二十三回《横海郡柴进留宾 景阳冈武松打虎》中就出现了公文。话说武松酒足饭饱要去景阳冈,小二上前劝阻,说是自家酒烈,"三碗不过冈",且近来冈上有猛虎伤人,绝对不能单人前往云云。武松自然不听,提了梢棒就走。行了约四五里路,有一棵大树出现在面前。只见大树被刮去了皮,上面写着两行字:

近因景阳冈大虫伤人,但有过往客商,可于巳、午、未三个时辰,结伙成队过冈。请勿自误。

武松不信,认为这是酒家故意设局"惊吓"旅客,以增加客流,于是继续赶路。又走了半里多路,他在一个败落的山神庙门上见到了带有官府印章的公文:

阳谷县示

为这景阳冈上新有一只大虫,近来伤害人命。见今杖限各乡里正并猎户人等,打捕未获。如有过往客商人等,可于巳、午、未三个时辰,结伴过冈。其余时分及单身客人,白日不许过冈。恐被伤害性命不便。各宜知悉。

读了这"印信榜文",武松才相信这里真的有老虎。

武松看到的这两处文字,目的完全一样,都是请经过景阳冈的人员注意虎患,保护自身安全。可为什么对于武松这个受众来说,它们的效果截然不同?

这正显示出了公文的重要性。

没有人是一座孤岛。我们是社会性动物,总要归属于某一群体。一个人想要和另一个人沟通,可以使用语言随意交流;但如果我们是作为一个群体,想要和另一个群体或个人沟通,或是一个单位想要和另一个单位沟通,就不能这样随意。所谓"口说无凭,立据为证",公文就是我们要用好的一个重要工具。"景阳冈武松打虎"的故事里,"印信榜文"的效果之所以好,在于写作者很好地遵从了公文写作中两个方面的要求。首先,公文的外在形式规范庄重;其次,公文用语正式庄严,用的是斩钉截铁的命令语气,很好地体现了公文的权威性。

现如今,全球已经进入了互联互通的时代,人们可以通过各种信息渠道来认识这个快速变化的世界。公文作为机关、单位、团体用来传递策令、沟通情况、交流经验、推动公务活动展开的重要工具,在社会生活中正发挥着越来越重要的作用,真正称得上是"经国之大业,不朽之盛事"。要是没有公文,很难想象社会将会如何运转。

向上级请示问题的解决举措,就要写请示;向上级汇报自己的工作情况,就要写报告;召开年度重要会议,就要写讲话稿;安排、部署阶段工作,就要发通知;与平行单位商洽工作,就要写公函。为了这些工作顺利推进不被拖延,公文写作的流程较之其他文章要严格得多。从起草到修改、定稿、签发,每一个环节都不可不慎。

有人说,衡量干部能力有三项标准:提笔能写,开口能说,有事能干。一篇优秀公文,体现的不只是撰写者的写作能力,而且是这个人分析能力、判断能力、办事能力、管理能力等各方面工作能力的综合。应该说,能够在党政机关、企事业单位从事公文写作工作,本身就体现了机关单位对公文写作者综合素质和发展潜力的充分肯定。公文写作也是实现个人社会价值的重要途径:写作者深入基层调研之后起草的举措建议,一旦被采纳,就很有可能突破时空、层级的限制,成为利国利民的重要决策。刘勰在《文心雕龙》中提出,为文要常怀"利民之志",做到"摛文必在纬军国"。"身在兵位,胸为帅谋",公文写作者应该有这样的站位和意识。

第二节 公文写作的源流

公文的历史源远流长,为现代公文写作提供了取之不尽的宝藏。

五帝时代,舜帝在位时,为了更好地治理天下,设立了九官。其中,"纳言"一职,舜帝点名由龙担任。从那时起,怎样及时传递上级命令,使上情下达、下情上报的渠道通畅,避免谣言散布,就已经成为政府行政管理的重要事项。后来,这些高级国家文书在春秋时由孔子汇编成《书》。这是中国最早的一本公文总集,出现了典、谟、训、诰、誓、命等公文文种。因其所记都是"上古之书",所以到了汉代就被称为《尚书》。

秦汉时期是公务文书分类制度正式确立的时段。秦朝确立了大一统的中央集权制度后,随着"车同轨,书同文",国家公文制度也开始走向统一规范:"命为

'制',令为'诏'。"除了皇帝下发的文书统一改称"制""诏",还规定呈给皇帝的文书分为"奏"与"议"两种。汉承秦制,公文体式日臻完善。"公文"一词最早出现于东汉。据《后汉书》记载,公元184年,侍御史刘陶上表朝廷,提议招安张角等人,以防黄巾起义:"但更相告语,莫肯公文。"这一时期,上行文和下行文的文种已大体固定下来:上行文在秦代的基础上增加了章、疏、表等,下行文则增加了策、诫两种。经学家刘师培说:"文章各体,至东汉而大备。"今天我们能见到的各类文体,几乎都可以在这里寻到源头。

到了魏晋南北朝时期,文章开始有了"文""笔"之分。南朝齐梁间,沈约以诗著称,任昉则因为擅长写表、奏、书、启等公文而闻名,"起草即成,不加点窜"。时人盛赞两人为"沈诗任笔"。自此,公文正式成为一种独立的文体。这个时期出现了一大批公文名篇,如诸葛亮的前后《出师表》、李密的《陈情表》、任昉的《奏弹曹景宗》等。

从东晋开始,公文多用黄纸书写。黄纸在官府公文中的普遍使用,还促使了几种与之相关的公文制度的产生。唐朝规定,公文若有个别文字需要修改,可另写小块纸补贴,称为"贴黄"。后来又由此产生了"引黄",即把公文的要点另写于黄纸上,贴在封面或正文之前,相当于"公文摘要"。到了宋代,又出现了"录黄"和"画黄":前者针对日常事务,中书省先拟出处理办法呈请皇帝批示,得旨后再以黄纸抄录送门下省;后者处理的是重大事件,要求面奏皇帝,得旨后另以黄纸录送门下省。

到了明初,文牍主义盛行,严重影响了行政效率。最有名的一件事是刑部主事茹太素给朱元璋上疏时"陈时务累万言",结果朱元璋大怒,重重责罚了茹太素。清代时,公文文种的划分更加精细,公布渠道较之前也有了很大变化。1907年,清政府创办了《政治官报》(后改名为《内阁官报》),谕旨、奏章、法令等公文的传播速度更快、传播范围更广了。

辛亥革命后,公文领域发生了前所未有的变化。南京临时政府颁布《公文程式条例》,专门规定了公文名称和适用范围,废除了封建王朝所使用的制、诏、告、奏、敕、题、表、笺等,规定新政府使用令、咨、呈、函等公文文种,并且规定公文写作要用白话文,加标点符号。可惜,这一条例最后未能切实推行。

自中国共产党成立之日起,公文的写作与处理工作就得到了充分重视。1931年2月,周恩来同志请瞿秋白拟写了《文件处置办法》。1942年1月,陕甘宁边区政府颁布《陕甘宁边区新公文程式》,将公文分为主要公文和辅助公文两类。主要公文有命令、布告、批答、公函、呈文5种;辅助公文有指示信、报告、快邮代电、签条、通知5种。命令、布告、批答、指示信为下行公文,呈文、报告为上行公文,公函、通知为平行公文。快邮代电和签条,上行、下行和平行都可以使用。其中,签条只限本机关内使用。

中华人民共和国成立后,党和国家高度重视公文制度体系建设,发布和实施了一系列公文制度。1951年9月29日,《公文处理暂行办法》发布,规定行政公文种类为7类12种;1987年2月,国务院办公厅发布《国家行政机关公文处理办法》,将行政公文的主要文种扩大为10类15种,后来又进一步修订,成为12类13种;1989年4月,中共中央办公厅发布《中国共产党各级领导机关文件处理条例(试行)》,规定正式文件常用种类为13个,并于1996年5月发布《中国共产党机关公文处理条例》;2012年4月16日,中共中央办公厅和国务院办公厅印发《党政机关公文处理工作条例》(中办发〔2012〕14号),将党政两大系统的公文处理规定合二为一,这是我国党政机关公文处理工作的一件大事。

第二讲　公文基础知识（一）

第一节　什么是公文

一、公文的含义

我们首先要解决的一个关键问题就是，到底什么是公文？

"公文"一词，最早出现于东汉：

州郡忌讳，不欲闻之，但更相告语，莫肯公文。（《后汉书·刘陶传》）

但《后汉书》这一例中的"公文"其实是一个动词。真正与如今作为一个名词的"公文"（即公务文书）相同的，是成书于西晋时期的《三国志》中出现的"公文"。当时下发到州郡的"公文"，近似现在的党政机关公文。

辄白曹公，公文下郡，绵绢悉以还民。（《三国志·魏志·赵俨传》）

《党政机关公文处理工作条例》（中办发〔2012〕14号）①（以下简称《条例》）对于党政机关公文有如下界定："是党政机关实施领导、履行职能、处理公务的具有特定效力和规范体式的文书，是传达贯彻党和国家的方针政策，公布法规和规章，指导、布置和商洽工作，请示和答复问题，报告、通报和交流情况等的重要工具。"

这个定义阐明了公文三方面的特点：①是一种公务文书；②内容上有"特定效力"，形式上有"规范体式"；③是进行各项管理、开展公务活动的重要工具。

公文具有"套红头、编文号、盖公章"三大标志。《条例》明确界定了公文种类（以下简称"文种"）主要有15种：决议、决定、命令（令）、公报、公告、通告、意见、通知、通报、报告、请示、批复、议案、函、纪要。这15种公文，各有不同的用途，如函"适用于不相隶属机关之间商洽工作、询问和答复问题、请求批准和答

---

① 本条例第四十条指出："其他机关和单位的公文处理工作，可以参照本条例执行。"

复审批事项",决议"适用于会议讨论通过的重大决策事项",决定"适用于对重要事项作出决策和部署、奖惩有关单位和人员、变更或者撤销下级机关不适当的决定事项"。

表1 《条例》界定的15种公文及其适用范围一览

序号	文种	适用范围
1	决议	适用于会议讨论通过的重大决策事项。
2	决定	适用于对重要事项作出决策和部署、奖惩有关单位和人员、变更或者撤销下级机关不适当的决定事项。
3	命令(令)	适用于公布行政法规和规章、宣布施行重大强制性措施、批准授予和晋升衔级、嘉奖有关单位和人员。
4	公报	适用于公布重要决定或者重大事项。
5	公告	适用于向国内外宣布重要事项或者法定事项。
6	通告	适用于在一定范围内公布应当遵守或者周知的事项。
7	意见	适用于对重要问题提出见解和处理办法。
8	通知	适用于发布、传达要求下级机关执行和有关单位周知或者执行的事项,批转、转发公文。
9	通报	适用于表彰先进、批评错误、传达重要精神和告知重要情况。
10	报告	适用于向上级机关汇报工作、反映情况,回复上级机关的询问。
11	请示	适用于向上级机关请求指示、批准。
12	批复	适用于答复下级机关请示事项。
13	议案	适用于各级人民政府按照法律程序向同级人民代表大会或者人民代表大会常务委员会提请审议事项。
14	函	适用于不相隶属机关之间商洽工作、询问和答复问题、请求批准和答复审批事项。
15	纪要	适用于记载会议主要情况和议定事项。

除了上述15种公文外,党政机关、社会团体、企事业单位在处理日常事务性工作中,还经常使用讲话稿、调研报告、总结、简报、计划、章程、条例、规定、办法、细则、贺信(电)、慰问信(电)、感谢信、公开信、邀请函、会议记录等其他文书,按其使用情况可大致分为讲话类、调研总结类、计划类、规章类、信函类等。

二、公文的分类

（一）按行文方向分类

按行文方向的不同,公文可分为上行文、下行文和平行文。

1. 上行文。指下级机关向上级领导机关呈送的各类公文,如请示、报告等。

2. 下行文。指上级机关向所属下级机关发送的各类公文,如命令(令)、决定、决议、批复等。

3. 平行文。指同级机关或没有隶属关系的机关之间往来的各类公文,如议案、函等。

要注意的是,意见既可以做上行文,又可以做平行文、下行文。通知、纪要既可以做平行文,又可以做下行文。

（二）按机密程度分类

按内容的机密程度,可分为绝密公文、机密公文和秘密公文。

1. 绝密公文。是涉及党和国家最重要秘密的公文,泄露会使国家的安全和利益遭受特别严重的损害。

2. 机密公文。是涉及党和国家重要秘密的公文,泄露会使国家的安全和利益遭受严重的损害。

3. 秘密公文。是涉及党和国家一般秘密的公文,泄露会使国家的安全和利益遭受损害。

（三）按紧急程度分类

根据送达和办理时限要求的不同,公文还可以按紧急程度分为特急和加急两类。以电报形式发送的公文,分为四个等级:特提、特急、加急、平急。

（四）按照公文载体划分

按公文载体的不同,可分为纸质公文和电子公文两类。

1. 纸质公文。即以纸张为载体的公文。这是沿用时间最长、使用最为普遍的公文形态。

2. 电子公文。指以数字形式存储于磁盘、光盘等媒体,依赖计算机系统阅读、处理,并可在通信网络上传输的公文。2017年7月1日,党政机关电子公文系列国家标准正式开始实施。这是我国电子公文发展历程中的重要里程碑。近年来,我国党政机关电子公文的使用、管理和系统建设都得到了更为有力的保障。

三、公文的特征

1. 实用性

实用性是公文的基本属性。作为"办事之文",公文是党政机关、社会团体、企事业单位为了解决某个问题或者处理某项具体工作而写作和发布的,有着明确而直接的实用目的。公文写作质量的高低往往决定了公文能否在政治、经济、商务等活动中起到真正的作用。

2. 时效性

正因为公文是"办事之文",因事而起,所以公文也具有很强的时效性。公文的写作、发布、传达和反馈都必须在规定的时间内完成,否则就可能造成难以估量的损失。一旦遇到紧急任务,需要公文拟写者在接到任务的几个小时内完成写作,这就对拟写者提出了极高的要求。

3. 真实性

文学创作常常通过虚构来实现艺术真实,公文写作则不然。真实才会让公文具备公信力,是公文的生命力所在。汉宣帝两次下诏要求公文真实,反对"增辞饰非""奏不如实",强调"使真伪毋相乱";隋文帝也"普诏天下,公私文翰,并宜实录",违者治罪。公文的真实性是事实真实与方针政策真实的有机统一。拟写者在写作过程中既要保证引用材料、数据的准确,又要"身在兵位,胸为帅谋",保证写作内容符合相关方针政策的宗旨和精神。

4. 权威性

公文代表着发文机关的意志,必须得到代表组织群体意志的领导人的授权。拟写者一定要有"代组织立言"的意识,保证公文的权威性。这种权威性既是对拟写者的要求,又是保证公文在发布后能够顺利解决问题的关键。

5. 规范性

公文的规范性体现在三个方面:一是文种规范。公文拟写者要熟练掌握不同文种的不同功能,在接到写作任务后能迅速确定恰当的文种。二是格式规范。公文格式是在长期使用过程中逐渐形成的惯用体式。在公文写作中,除了要遵循公文格式,也一定要规范使用文字、数字、计量单位和标点符号等。三是程序规范。比如,对于公文拟写者来说最为重要的公文拟制环节,包括公文的起草、审核、签发等严格程序。

第二节　如何选用文种

在正式动手写一篇公文之前,写作者首先要根据行文的目的和内容来确定到底要使用哪一文种。所有公文都必须在标题中正确标明文种。但在实际工作中,文种的选用常常出现各种差错。文种一错,公文白作。如果能运用一定的方法,谨慎判断,差错其实都可以有效避免。

一、正确选用文种的意义

正确选用文种对于公文的撰写和后续处理都至关重要。

就公文撰写而言,《条例》对每一类公文文种的适用范围或用途等,都作出了明确规定。严格按照这些规定和要求去正确选择、标示文种,才有可能按照该文种的基本要求和规范进行写作,从而保证公文写作的效率和质量。

就公文处理而言,不同的文种有着不同的处理方式。收发文机关处理公文时,根据文种的名称就可以作出相应的处理。比如,请示和报告这两种公文:前者属于办件,要及时交给有关领导和有关部门审批;而后者属于阅件,通常不需要作出答复,只需要有关人员传阅就行了。由此可见,一旦文种标示有误,就会拖慢整个公文处理流程,甚至严重影响单位的工作效能。

二、选对文种的方法

一是根据行文目的确定文种。简单来说,就是要在相近的公文种类中,选取最有利于表达和实现行文目的的文种。举例来说,如果某单位行文的目的是向上级机关汇报工作,比如按照中央的要求,地方党委、政府每年都要向上一级党委、政府汇报计生工作、党风廉政建设的情况,这时必须选用"报告",而不能用行文目的是请求上级机关给予指示、批准的"请示"。

二是根据和发文对象的关系确定文种。比如:向上级机关行文,多用"请示""报告";向下级机关行文,多用"批复""决定""通知"等;向平级单位或没有隶属关系的单位行文,一般只能选用商洽性的平行文种,如"函"。

三是根据发文机关的权限确定文种。从《条例》所列出的15个文种的适用范围可以看出,有些文种对使用者的权限有明确的规定,不具备法定使用权限的单位不能使用。比如,"公告"虽然属于告知性的文种,但《条例》明确规定它的适用范围是"向国内外宣布重要事项或者法定事项"。由此出发,现实生活中我们常常看到的报社的"征订公告"、学校的"招生公告"、商店的"开业公告"等并不合规,这些发文单位显然不具备发布"公告"的权限。

四是根据公文内容的差异确定文种。比如，与会议直接有关的文种有"决议"和"纪要"。《条例》规定，"决议"适用于会议讨论通过的重大决策事项，"纪要"适用于记载会议主要情况和议定事项。我们可以分析公文内容，作出判断，选对文种：党代会、人代会，以及职代会、教代会等召开后，要根据会议报告写文件，用决议；而办公会、专题会、座谈会等召开后，记载会议情况，一般用纪要。

五是参照约定俗成的文种使用习惯来确定文种。有的时候，如果用以上四种方法还是不能确定应当使用哪个文种的话，则可以按照以往约定俗成的文种使用习惯来定。比如，某党政机关拟表彰某些集体和个人，《条例》中的"决定""通报""命令（令）"这3个文种都可以用于表彰、嘉奖，具体应选用哪个文种呢？这种情况下，应该根据表彰的性质、种类、级别、公示范围、社会影响度等因素去考量。同时，还要结合长期以来本机关、本系统的文种使用习惯，恰当地选用相应文种。

三、文种选用的常见错误

1. 叠用文种。一篇公文只能使用一个文种，但我们却常常看到把"请示"和"报告"叠用的情况，如《关于增加信息新闻部人员的请示报告》《关于调整员工工资的请示报告》。

2. 滥用文种。《条例》明确规定：公告，适用于向国内外宣布重要事项或者法定事项。但是现在很多单位在开业、招生、迁址时都喜欢发"公告"，就属于滥用文种。

3. 错用文种。比如，某区教育局向区财政局申请资金，向区住建局请示项目建设事宜，都使用了"请示"，这就属于错用文种。发文机关和发文对象属于平级，不能使用上行文。这种情况一般只能选用平行文"函"。

4. 生造文种。有的单位会把"总结报告"直接标为公文的文种，有的作者甚至还把"批转""转发"也当作文种来使用。常见的还有诸如《××市经委关于深化企业内部改革的思路》《××公司关于要求减免部分工商税的请求》等，都属于生造文种。

第三节 公文的表达方式

文章的表达方式有五种：叙述、描写、说明、议论、抒情。公文写作主要运用叙述、议论、说明三种。怎样根据不同文种，选用恰当的表达方式，是每一个公文写作者常常要考虑的问题。

在写作实践中,公文的表达方式虽然可以作为区分不同文种的参考因素(如"通报"和"报告"中有较多的叙事成分,而"通告""公告"则以说明为主),但在多数情况下,公文都是以一种表达方式为主,同时综合运用其他几种表达方式。

与其他文章相比,公文在使用表达方式时有着极为鲜明的特色。比如,议论这种表达方式,公文也会使用,但很少有时评类热文中那样酣畅淋漓的大篇幅议论,最常见的是在关键处插进一两句恰当的议论。

一、叙述

叙述就是对人物活动和事件经过所作的叙说和交代。它是写作中运用最为广泛的一种表达方式,记叙文、议论文、说明文、散文、小说都离不开它。除了计划性、法规性文种外,叙述在其他种类公文的写作中占有很大的比重。比如,通报中对先进事迹或是错误事实的交代,总结和报告中对某个事件前因后果的汇报等,都要使用叙述这种表达方式。

叙述一个事件,必须要有一个恰当的立足点或身份,以保证叙述的顺畅。这个立足点或身份,通常被称为叙述人称。叙述人称有两种:第一人称和第三人称。这两种叙述人称在公文中都被广泛使用:如报告、请示、总结等一般直接使用"我市""我局""我部门"等第一人称叙述,而调查报告、典型材料等则大多使用第三人称叙述。

(一)叙述的类型

按照不同的标准,我们可以把叙述分成不同的类型:按照叙述时间次序的不同,可分为分叙、插叙、顺叙、倒叙四类;按照详略程度的不同,可分为概叙和细叙两种类型。下面先讲讲常见于公文写作实践中的顺叙和概叙。

所谓顺叙,就是完全按照事件发生的时间顺序进行叙述。这是最原始的叙述方式,也是叙述中最常见、最基本的叙述方式。顺叙的优点是层次分明,线索清楚,合乎人们认识事物的习惯。

较之文艺作品中经常看到的倒叙或蒙太奇的手法,顺叙容易平铺直叙,可能会让有的读者觉得平淡而缺乏新鲜感。不过,公文与文艺作品不同,重在事实清楚、完整,而不刻意追求生动,所以公文中大部分的叙述都是顺叙。

所谓概叙,指的是简略介绍事件梗概的叙述。其特点是文字简明凝练,重在呈现完整的事实脉络。公文不是文学作品,叙事只是为了让读者了解相关情况,或者为议论提供依据,不需要刻意去制造氛围或渲染细节。请看下面这个某区关于火灾情况的通报:

20××年×月×日至×月×日,全区共接报火警3起,无人员伤亡。主要情况通报如下:

1. ×月×日,××街道××路7号楼4单元101室发生火灾。过火面积3平方米,经济损失100元。起火原因:生活用火不慎。

2. ×月×日,××街道××路301号垃圾废弃站发生火灾。过火面积100平方米,经济损失2000元。起火原因:遗留火种。

3. ×月×日,××街道××村一农田发生火灾。过火面积10平方米,经济损失5000元。起火原因:遗留火种。

和重视细节的细叙相比,概叙在篇幅上明显要短得多。但这并不意味着概叙就好写。在公文写作中,概叙较之细叙其实更见功力。正如《文章精义》中所说的:"不难于细而难于粗。"

当然,除了顺叙和概叙外,公文中有时也会出现分叙和细叙。比如,表彰性通报在叙述不同单位在事件中所起到的积极作用时可能会用到分叙,而批评性通报为了让人们吸取教训可能会使用细叙。

×月×日,在县自然资源局四楼视频会议室召开了全省违建别墅问题清查整治"回头看"工作部署视频会议。会议结束后,继续召开了全州违建别墅问题清查整治"回头看"工作部署暨农村乱占耕地建房问题摸排工作动员部署视频会议。会议期间,绝大多数参会人员能认真听会,细致记录,严格遵守会议要求和会场纪律,但仍有个别单位对会议重视程度不够,未严格遵守会议纪律。其中:县××公司×××无视会场纪律,会议期间睡觉;××镇副镇长×××无视会场纪律,会议期间接打电话,严重影响了会议纪律、会议质量和有关工作落实。

这段细叙出现在《关于部分单位未严格遵守会议纪律的通报》中,可以有效防止类似事件再度发生。当然,这两种叙述手法在公文中使用得并不多,写作时宜酌情而定。

(二) 叙述的基本要求

在公文写作中,叙述的基本要求有三条。

1. 要线索清晰

叙述的线索有多种,如以时间的推移为线索、以事物发展的因果关系为线索、以人物为线索、以空间的变换为线索和以某一问题为线索等。公文写作的线索主要是前两种,但不管是以时间的推移还是事物发展的因果关系为线索,都要尽量一以贯之,以节省阅文时间,提高工作效率。

2. 要讲究分寸

所谓分寸,指的是说话或做事的适当标准或限度。我们平时说话要留有余地、办事要有分寸,公文中的叙述也一定要注意分寸。晋代挚虞《文章流别论》说得好:"逸辞过壮,则与事相违。"公文写作中要避免出现部分自媒体文章里那种绝对化的情绪和叙述。只有把握好分寸,才能处理好纷繁复杂的材料,客观呈现出人与人、人与事、事与事之间的内在联系。1964年4月,周恩来同志为国防科研提出了"严肃认真、周到细致、稳妥可靠、万无一失"的"十六字方针"。公文写作者在把握叙述分寸感方面也要做到这样,要能以准确反映相关公务活动客观面貌的文字取信于人。

3. 要详略得当

前面已经讲过,公文不是文学作品,其叙事主要是为了让读者了解相关情况,或者为接下来的议论提供依据,所以要以概叙为主而酌情采用细叙。也就是说,要在事实表述完整清楚的前提下尽量简略。这也是中央国家机关公务员考试和各省(自治区、直辖市)国家公务员考试申论科目特别重视概括能力考查的原因。2020年上海市公务员考试申论(A类)在列出八个材料之后,设置的第一个问题就是:"根据给定资料,总结中国共产党能够团结带领全党全国各族人民,攻坚克难,从胜利走向胜利的主要原因。"对于答题的要求是:"概括准确,条理清楚,语言精练,字数不超过300字。"很多考生对材料的概括能力不行,总结出的原因或是超过了字数要求的上限,或是遗漏了要点。公文写作者在锻炼概括能力这一方面,需要进行扎实的训练。

二、议论

议论是对某一个事件或是问题发表见解,表明观点和态度,并用充分的材料证明自己观点的正确性。对公文写作者来说,议论就是运用概念、判断、推理来阐明事物内在联系,揭示其本质和规律的一种表达方式。

(一) 议论的要素

议论有三个要素,即论点、论据和论证。

论点是作者对所议论的事物或问题所持的观点、态度和见解,是论据要去论证的对象。一般很少说公文的"论点"是什么,而常会说公文的"主旨",即行文的用意、目的或意义。

论据是用来证明论点、观点或主旨的根据,有事实论据和理论论据之分。公文中的事实论据指的是事物的概况和原委,包括具体的事例和数据。恰当地运用事实材料,能够大大增强行文的说服力。公文的理论论据则包括马克思主义和中国化马克思主义理论,党的理论和路线方针政策,国家的法律、法令、行政法规,科学定理、公理,会议的决定、决议,以及名言、格言、警句、谚语等。

充分运用理论论据和事实论据进行论证,才能准确地表达写作意图,才能写出经得起推敲的公文。下面就介绍论证的几种基本方法。

(二)论证的方法

公文常用的论证方法有例证法、引证法、比较法等。

1. 例证法。例证法就是通过列举事实来证明论点的方法。所谓"事实胜于雄辩",这种论证方法最容易被读者接受,在公文中的运用较为常见。不过,写作中最好不要运用浮夸的修饰词,而要用具体的事实来说话。

2. 引证法。引证法是在运用理论论据时所采用的一种论证方法。在行文中恰当地引用名言、警句等,可以大大增强公文的论证性和说服力。

3. 比较法。比较法分为类比法和对比法。前者是把性质相近的事物放在一起比较,后者是将两个特征相反的事物或是事物的两个不同侧面加以比较和对照。比如:在公文中把一些规模、条件相近的单位、企业进行比较,这运用的就是类比法;而当需要肯定先进、否定落后时,就需要使用对比法了。

三、说明

说明就是用简明扼要的文字,将事理或是客观事物的性质、特征、成因、功用,及与其他事物间的关系等属性解说清楚的一种表达方式。

如果说叙述主要表达的是感性认识,让人有所"感",议论主要表达的是理性认识,让人有所"服",说明主要表达的就是知性认识,重在让人有所"知"。说明的解说对象是客观的事物或其事理,内容可以是解释概念、介绍科学知识等。说明时要力求按照事物的本来面目作恰当的介绍,准确反映对事物的认识。在公文的表达方式中,说明具有十分重要的地位,是公文写作中最常见、最主要的表达方式之一。

(一)说明的方法

公文常见的说明方法有定义说明、分类说明和数字说明等。

1. 定义说明

定义说明即通过下定义来说明事物的性质和特点,是一种既能使人了解被说明事物的本质,又能把该事物与其他事物区别开来的说明方法。例如,《国务院关于加强预算外资金管理的决定》下过这样一个定义,明确了预算外资金的概念,使之和其他财政性资金区别开来:

预算外资金,是指国家机关、事业单位和社会团体为履行或代行政府职能,依据国家法律、法规和具有法律效力的规章而收取、提取和安排使用的未纳入国家预算管理的各种财政性资金。

2. 分类说明

分类说明能够说明事物的范围和类别,在公文写作实践中常常和定义说明结合使用。比如,《国务院关于加强预算外资金管理的决定》在对"预算外资金"下定义之后,是这样说明其外延的:

其范围主要包括:法律、法规规定的行政事业性收费、基金和附加收入等;国务院或省级人民政府及其财政、计划(物价)部门审批的行政事业性收费;国务院以及财政部审批建立的基金、附加收入等;主管部门从所属单位集中的上缴资金;用于乡镇政府开支的乡自筹和乡统筹资金;其他未纳入预算管理的财政性资金。

《条例》也使用了这种分类说明的方法,对公务文书进行了说明。

3. 数字说明

数字说明指公文中使用具体数字来说明事物的特点、性质等的方法。有时也会借前后数字的变化来说明事物的进退或事情的成败等。

除上述说明方法外,还有比较说明、引用说明、图表说明等方法,应根据具体情况选用。

(二) 说明的基本要求

公文写作运用说明的基本要求是科学、客观、精确。

1. 内容必须科学。对事物的说明一定要把握其特征、本质和规律,力求让说明能够经得起时间和实践的检验。要交代清楚这一事物和其他事物之间的差异,以及解决问题的对策,方便公文的贯彻和执行。

2. 态度必须客观。客观事物、事理是不以人的意志为转移的。公文写作过程中,要注意避免仅凭个人好恶先入为主,确保说明的准确性和科学性。

3. 表达必须精确合理。主要有两个方面的要求:一是说明要详略得当,表述科学合理,不产生歧义;二是要精确把握事物的构成、层次和阶段,表达时做到逻辑清晰、层次分明。

第三讲 公文基础知识(二)

第一节 公文格式

《党政机关公文格式》(GB/T 9704—2012)规定,公文分版头、主体、版记三部分。公文首页红色分隔线以上的部分称为版头(也叫文头);公文首页红色分隔线(不含)以下、公文末页首条分隔线(不含)以上的部分称为主体(也叫文中);公文末页首条分隔线以下、末条分隔线以上的部分称为版记(也叫文尾)。

一、版头

版头俗称眉首,包括份号、密级和保密期限、紧急程度、发文机关标志、发文字号、签发人,以及分隔线。

(一) 份号

份号指公文印制份数的顺序号。涉密公文(包括绝密公文、机密公文、秘密公文三类)应当标注份号,一般使用 6 位 3 号阿拉伯数字,顶格编排在版心左上角第一行。如"000001",表示这是该份文件总印数中的第 1 份。发文机关可以根据份号掌握每一份公文的去向。办公室工作人员在收发公文时要登记份号,这样在清退、销毁公文时就可以对照检查,看看是否有遗漏或丢失的情况。另外,在编排份号时要注意份号与发文字号的区别。

(二) 密级和保密期限

涉密公文应根据涉密程度标注密级和保密期限,一般用 3 号黑体字。除特殊规定外,绝密级事项不超过三十年,机密不超过二十年,秘密不超过十年。如果没有注明保密期限,则应按照国家保密期限的规定上限处理。《中华人民共和国保守国家秘密法》规定:"确定国家秘密的密级,应当遵守定密权限。中央国家机关、省级机关及其授权的机关、单位可以确定绝密级、机密级和秘密级国家秘密;设区的市、自治州一级的机关及其授权的机关、单位可以确定机密级和秘密级国家秘密。"

密级和保密期限,一般顶格编排在版心左上角第二行(即份号下一行);保密期限中的数字用阿拉伯数字标注,如"秘密★1 年"。

（三）紧急程度

根据紧急程度，紧急公文应当标注特急或加急，用3号黑体字顶格编排在版心左上角，两个汉字之间空出一个汉字的距离。电报应当标注特提、特急、加急或平急。

如果一份公文要同时标注份号、密级和保密期限、紧急程度，则份号、密级和保密期限、紧急程度自上而下依次分行排列。

（四）发文机关标志

发文机关标志是公文版头部分的核心，用套红大字居中印在公文首页上半部，以醒目、美观、庄重为原则。一般使用小标宋体字。其文字的上边缘与版心上边缘的距离为35 mm。

发文机关标志主要有两种形式：一是由发文机关全称或者规范化简称加"文件"二字组成；二是只使用发文机关全称或者规范化简称。

联合行文时，发文机关标志可以并用联合发文机关名称，也可以单独用主办机关名称。如需同时标注联署发文机关名称，一般应当将主办机关名称排列在前。如有"文件"二字，应当置于发文机关名称右侧，以联署发文机关名称为准上下居中排布。

（五）发文字号

发文字号是发文机关对其所制发的公文依次编排的顺序号码。公文标注发文字号，一可表明该公文出自什么单位，二可表明公文形成的时间，便于公文的管理和统计，同时方便公文引用和利用发文字号进行查询检索，有利于提高公文处理工作的效率。

发文字号由发文机关代字、年份和发文顺序号组成。如"国发〔2023〕1号"中，"国发"是国务院机关代字，"〔2023〕"表示年份，"1号"是文件的发文序号。机关代字由机关的办公厅（室）统一编排，一般是从机关和单位名称中选取最有代表性的字，名称相近的单位机关代字不能重复或雷同。年份、发文顺序号用阿拉伯数字标注。年份应标全称，用六角括号"〔〕"括入；发文顺序号不加"第"字，不编虚位（即1不编为01），在阿拉伯数字后加"号"字。

联合行文时，使用主办机关的发文字号，编排在发文机关标志下空二行位置，居中排布。上行文的发文字号居左空一字编排，与最后一个签发人姓名处在同一行。

（六）签发人

签发人是代表机关核准并签发公文的领导人。上行文要由本机关主要负责人签发，并在上报公文上标注签发人姓名。公文中的签发人部分，由"签发人"三字加全角冒号和签发人姓名组成,居右空一字,编排在发文机关标志下空二行位置。其中,"签发人"三个字用 3 号仿宋体字,签发人姓名用 3 号楷体字。

如有多个签发人,签发人姓名按照发文机关的排列顺序从左到右、自上而下依次均匀编排,一般每行排两个姓名,回行时与上一行第一个签发人姓名对齐。最后一个签发人姓名应与发文字号处在同一行。

二、主体

公文的主体是公文需要传达和表达的具体内容,一般从版头的红色分隔线之下空二行的位置开始编排,包括标题、主送机关、正文、附件说明、发文机关署名、成文日期与印章、附注、附件。

(一) 标题

标题由发文机关名称、事由和文种组成。比如,在《国务院关于提高个人所得税有关专项附加扣除标准的通知》中,"国务院"是发文机关名称,"提高个人所得税有关专项附加扣除标准"是事由,"通知"是文种。

公文标题一般用 2 号小标宋体字编排于红色分隔线下空二行位置,分一行或多行居中排布。回行时,要做到词意完整,排列对称,长短适宜,间距恰当。

拟写公文标题还需要注意以下四点:

1. 标题中包含多个发文机关名称时,各名称可用空格分开,不加顿号。

2. 公文标题中除法规、规章名称加书名号外,一般不加标点符号。但如果法律、行政法规、地方性法规、自治条例、单行条例,以及国务院部门规章、地方政府规章的名称在公文标题中出现时,就要加上书名号。

3. 多行标题一般应采用梯形、倒梯形或菱形排列。

4. 除了标题只有文种的公文外,一般来说,标题中的"关于"不能省略,以确保不产生歧义。如《××区纪委关于个别领导干部违反工作纪律问题的通报》,如果没有"关于",就会产生严重的歧义。

(二) 主送机关

主送机关是公文的主要受理机关,即明确对公文负法定办理或答复责任的机关,也称主送单位、主送对象、受文对象。主送机关用 3 号仿宋体字编排于标题下空一行位置,居左顶格。如果名称过长,回行时仍需要顶格。

编排主送机关还需要注意以下五点:

1. 应使用机关全称、规范化简称或者同类型机关统称,不能随意简化。

2. 主送机关排序可以按"先外后内、党政军群"的规则进行。

3. 报告、请示等上行公文只有一个主送机关。

4. 公开发布的公文一般不写主送机关,如公告、决议、公报、通告等。

5. 如果主送机关名称过多,导致公文首页不能显示正文时,应当将主送机关名称移至版记。

（三）正文

正文是公文的主体和核心所在,用来表述公文的具体内容,体现发文机关的意图。

公文首页必须显示正文,一般用3号仿宋体字,编排于主送机关名称下一行。每个自然段左空二字,回行顶格,但数字、年份不能回行。

正文中如果包含许多段落层次的序数,则按段落层次序数的规定编排如下：第一层为"一、",黑体字；第二层为"（一）",楷体字；第三层为"1.",仿宋体字；第四层为"（1）",仿宋体字。

（四）附件说明

附件说明是指公文附件的顺序号和名称。公文正文中的一些内容,如图表、名单、规定等,如果穿插在正文中,往往会隔断公文前后的联系,造成阅读上的不便。因此,需将其从公文正文中抽出来,作为公文的附件单独表述。公文附件是正文内容的组成部分,与正文具有同等效力。若公文存在两个以上附件,需要在公文正文后标注附件的顺序号和名称。正文中涉及附件内容的地方,可加括号注明"见附件"或"附后"。凡是正文中写明"上报、下发、批转、转发、报送、发布××文件"字样的,文件内容以正文形式置于附注之后。

附件说明的编排格式为：使用与正文相同的3号仿宋体字,在正文末尾空一行,并在左侧缩进两个汉字的位置编排"附件"二字,后标全角冒号,再写出附件的具体名称,名称后面不加标点符号。有多个附件时,使用阿拉伯数字标注附件顺序号(如"附件：1.××××")。附件名称较长需回行时,应当与上一行附件名称的首字对齐。

（五）发文机关署名、成文日期与印章

发文机关署名、成文日期与印章在不同公文中变化较大,所以放在一起介绍。

发文机关署名指制发公文并对文件负全责的机关名称；成文日期指公文定稿或生效的时间,一般要署会议通过的日期或者发文机关负责人签发的日期；印章是证实公文作者合法性的标志,也是公文正式生效的标志。在实际工作中,有的公文需要加盖印章,有的公文不需要加盖印章,有的公文[如命令(令)等]还要加盖签发人签名章。所以,下面介绍几种不同的情形下,发文机关署名、成文日期与印章的具体编排格式。

1. 加盖印章的公文

单一机关行文时,成文日期应使用阿拉伯数字将年、月、日标全,如"2023年1月1日"。年份应标全称,月、日不编虚位,即"1"不编为"01"。在成文日期之上,以成文日期为准居中编排发文机关署名,署名应该是发文机关全称或者规范化简称。

公文用印使用的是红色印章,禁止出现空白印章。印章要端正,上不压正文,下骑年盖月,使发文机关署名和成文日期处在印章中心偏下的位置。印章顶端需要与正文(或附件说明)末尾相距一行之内。

成文日期一般右空四字编排,用阿拉伯数字标全,月、日不编虚位。

联合行文应将各发文机关署名按照发文机关的顺序整齐排列在相应位置,并将印章一一对应、端正、居中下压发文机关署名。最后一个印章端正、居中下压发文机关署名和成文日期。印章之间排列整齐、互不相交或相切,每排印章两端不得超出版心,首排印章顶端同样需要与正文(或附件说明)末尾相距一行之内。

联合行文还有一点要注意的是,成文日期所署的是最后签发的机关负责人签发的日期。

2. 不加盖印章的公文

一般县级以上党委政府机关普发性下行文(比如国务院办公厅给全国各机关下发的公文)不加盖印章。单一机关行文时,在正文(或附件说明)末尾空一行,且在右侧空出两个汉字的位置编排发文机关署名,然后在发文机关署名的下一行编排成文日期,成文日期首字以发文机关署名首字为准右移两个汉字。如果成文日期长于发文机关署名,则可以在右侧空出两个汉字的位置处编排成文日期,并相应增加发文机关署名右侧空出的字数。联合行文时,应当先编排主办机关署名,其余发文机关署名依次向下编排。

3. 加盖签发人签名章的公文

在单一机关制发的公文中要加盖签发人签名章时,一般要在正文(或附件说明)末尾空两行,且右侧空出四个汉字的位置加盖签发人签名章(一般用红色印章),并应在距签名章左侧两个汉字的位置标注签发人职务,职务应当标注全称,以签名章为准上下居中排布。在签发人签名章下空一行,且右侧空出四个汉字的位置编排成文日期。

发文机关署名、成文日期与印章部分还需要注意以下两点:

一是用印页(发文机关署名页)至少应有两行正文,不能采用页首加圆括号标"此页无正文"字样。如果页面所剩版面无法编排印章,则可通过调整字距和行距的方法来调整版面空间,确保印章与正文处于同一页面。

二是联合行文应当先编排主办机关签发人职务、签名章,其余机关签发人职务、签名章依次向下编排,且与主办机关签发人职务、签名章上下对齐。每行只编排一个机关的签发人职务、签名章,签发人职务应标注全称。

(六) 附注

附注的作用主要是标明公文的印发传达范围与联系方法等需要说明的事项,如标注"此件发至县团级"或联系人、联系电话等。一般用 3 号仿宋体字,加圆括号,居左空二字,编排在成文日期下一行。

一般请示类公文应在附注处注明联系人和联系电话,政府信息公开类公文应注明公开属性,很多普发性公文还会在附注处注明公文的传达范围等。

(七) 附件

附件是对公文正文的说明、补充或者参考资料。附件应当另面编排,在版记之前,一般要与公文正文一起装订。"附件"二字及附件顺序号用 3 号黑体字顶格编排在版心左上角第一行,附件标题一般用 2 号小标宋体字,居中编排,上下各空一行。

要注意附件顺序号和附件标题必须与附件说明中的表述完全一致,附件内容的编排格式与正文格式相同。如果附件与公文正文不能一起装订,则应当在附件左上角第一行顶格编排公文的发文字号(必要时标明公文标题),并在其后标注"附件"二字及附件顺序号。

三、版记

公文的版记包括抄送机关、印发机关和印发日期等。版记应置于公文最后一页,要保证最后一个要素置于最后一行。

(一) 抄送机关

抄送机关指除主送机关外,还需要执行或者知晓公文内容的其他机关。

抄送机关可以是上级机关、下级机关或不相隶属机关。公文中如果包含抄送机关,应当使用机关全称、规范化简称或者同类型机关统称。一般用 4 号仿宋体字,在印发机关和印发日期之上一行、左右各空一字编排。"抄送"二字后加全角冒号和抄送机关名称,回行时与冒号后的首字对齐,最后一个抄送机关名称后标句号。

根据《党政机关公文格式》的规定,如果主送机关过多,导致首页无法显示正文内容,则需要将主送机关移至版记处,此时需将"抄送"二字改为"主送",其余编排方法与抄送机关的完全相同。也有的公文在这个部分既有抄送机关,又有主送机关,此时应当将主送机关置于抄送机关之上一行,之间不加分隔线。

(二) 印发机关和印发日期

印发机关是指公文的送印机关，一般为办公厅(室)或秘书处(科)。公文的印发日期以公文付印的日期为准，区别于公文的成文日期。

印发机关和印发日期编排在同一行，在末条分隔线之上。印发机关左空一字，印发日期右空一字，用阿拉伯数字将年、月、日标全，年份应标全称，月、日不编虚位，后加"印发"二字。

(三) 版记中的分隔线

版记中的分隔线与版心等宽。首条分隔线和末条分隔线用粗线，《党政机关公文格式》推荐的高度为 0.35 mm；中间的分隔线用细线，推荐高度为 0.25 mm。首条分隔线位于版记中的第一个要素之上，末条分隔线与公文最后一页的版心下边缘重合。

公文格式除了版头、主体、版记外，还应注意页码的标注。

页码即公文页数顺序号。一般用 4 号半角宋体阿拉伯数字编排在公文版心下边缘之下，数字左右各放一条一字线。单页码居右空一字，双页码居左空一字。公文的附件与正文一起装订时，页码应当接着正文连续编排。如果不一起装订，则附件重新自编页码。

第二节 公文的特定格式

这里说的特定格式，指的是除了上面讲的标准公文格式以外，有的文种还有自身特有的格式要求，主要包括命令(令)格式、纪要格式和信函格式三种。相关版式图例见本书附录，下面仅列举三种格式中一些值得注意的要点。

一、命令(令)格式

命令(令)格式仅适用于命令(令)这一文种。其中值得注意的要点如下。

(一) 发文机关标志

由发文机关全称加"命令"或"令"字组成，居中排布，文字上边缘至版心上边缘为 20 mm，一般使用红色小标宋体字。

(二) 令号

令号即命令的编号，在发文机关标志下空二行居中编排。一般使用黑体字，前加"第"，不编虚位。令号的编制常不受年度限制，而按届编号。

(三) 正文

令号下空二行编排正文，与文件式公文不同，其间没有红色分隔线。

（四）签发人职务、签名章和成文日期

签发人职务、签名章和成文日期的编排与其他公文相应要素的编排基本相同。要注意的是，命令（令）的签发人是发文机关最高领导，签发人职务应标注全称。

二、纪要格式

（一）纪要标志

由"××××××纪要"组成，居中排布，文字上边缘至版心上边缘为 35 mm，一般使用红色小标宋体字。

（二）人员名单

纪要的人员名单包括出席人员名单、请假和列席人员名单。

出席人员名单一般用 3 号黑体字，在正文或附件说明下空一行，左侧缩进两个汉字的位置编排"出席"二字，后面标注全角冒号，冒号后用 3 号仿宋体字标注出席人的单位、姓名，回行时与冒号后的首字对齐。

请假和列席人员名单则在出席人员名单下另起一行编排，将"出席"二字更改为"请假"或"列席"，编排方法与出席人员名单相同。

（三）其余格式

根据《党政机关公文格式》的规定，纪要格式可以根据实际情况按需制定。

三、信函格式

（一）发文机关标志

信函的发文机关标志使用发文机关全称或者规范化简称，居中排布，上边缘至上页边为 30 mm，一般使用红色小标宋体字。联合行文时，使用主办机关标志。

（二）分隔线

发文机关标志下 4 mm 处编排一条红色双线（上粗下细），距下页边 20 mm 处编排一条红色双线（上细下粗），线长均为 170 mm，居中排布。

（三）份号、密级和保密期限、紧急程度

如需要标注份号、密级和保密期限、紧急程度，应当在第一条红色双线下，版心左边缘处顶格编排，并按照份号、密级和保密期限、紧急程度的顺序自上而下分行排列。第一个要素与该线的距离为 3 号汉字高度的 7/8。

（四）发文字号

应当在第一条红色双线下，版心右边缘处顶格编排，与该线的距离为 3 号汉字高度的 7/8。

（五）标题

居中编排，与其上最后一个要素相距二行。

（六）正文

正文格式一般与标准格式相同。要注意的是，第二条红色双线上一行如有文字，则与该线的距离为3号汉字高度的7/8。

（七）版记

信函的版记一般不加印发机关和印发日期、分隔线。

（八）页码

信函的首页不显示页码。

第三节　公文处理规范与行文制度

一、公文处理规范

在现实生活中，我们能看到有些地方因为没有严格执行公文审批流程，导致发布的公文出现了一些低级错误，造成了不好的社会影响。

《条例》对于公文处理工作有明确的规范和要求。所谓公文处理工作，指的是公文拟制、办理、管理等一系列相互关联、衔接有序的工作。这一工作要坚持的原则是实事求是、准确规范、精简高效、安全保密。各级党政机关办公厅（室）主管本机关的公文处理工作，并对下级机关的公文处理工作进行业务指导和督促检查。

（一）公文拟制

公文的拟制包括公文的起草、审核、签发等程序。

1. 起草

又称拟稿，即起草公文，是形成文件的首要环节。机关负责人应当主持、指导重要公文的起草工作。

2. 审核

又称核稿，即在撰拟的文稿送交机关负责人签发之前，应当由发文机关办公厅（室）审核。重点审核的内容是：

（1）行文理由是否充分，行文依据是否准确；

（2）内容是否符合党的理论和路线方针政策、国家法律法规；是否完整准确地体现了发文机关的意图；是否同现行有关公文相衔接；所提政策措施和办法是否切实可行；

（3）涉及有关地区或者部门职权范围内的事项是否经过充分协商并达成一

致意见；

（4）文种是否正确，格式是否规范；人名、地名、时间、数字、段落顺序、引文等是否准确；文字、数字、计量单位和标点符号等用法是否规范；

（5）其他内容是否符合公文起草的有关要求。

3. 签发

是指发文机关负责人对文稿进行审定后批注发文意见并签署自己名字的程序，是制文阶段最后的决定性环节。要求有：

（1）签发前应对文稿作全面的审查；

（2）对需修改的问题：若工作量不大，可直接修改；若工作量较大，可作出批示，请拟稿人或复审人修改后再审批；

（3）签发人签署意见时，主批人应当明确签署意见、姓名和审批日期；同时，书写材料应符合存档要求，不能用圆珠笔、铅笔和红笔，也不要把意见签在装订线内；

（4）重要文件和上行文由机关主要负责人签发；

（5）签发人签发公文，应当签署意见、姓名和完整日期；圈阅或者签名的，视为同意。

（二）公文办理

公文办理包括发文办理、收文办理和整理归档。

1. 发文办理

（1）复核。已经发文机关负责人签批的公文，印发前应当对公文的审批手续、内容、文种、格式等进行复核；需作实质性修改的，应当报原签批人复审。

（2）登记。对复核后的公文，应当确定发文字号、分送范围和印制份数，并进行详细记载。

（3）印制。公文印制必须确保质量和时效。涉密公文应当在符合保密要求的场所印制。

（4）核发。公文印制完毕，应当对公文的文字、格式和印刷质量检查后再分发。

2. 收文办理

（1）签收。对收到的公文应当逐件清点，核对无误后签字或者盖章，并注明签收时间。

（2）登记。对公文的主要信息和办理情况应当进行详细记载。

（3）初审。对收到的公文应当进行初审。须重点审核的内容是：是否应当由本机关办理，是否符合行文规则，文种、格式是否符合要求，涉及其他地区或者部门职权范围内的事项是否已经协商、会签,是否符合公文起草的其他要求。经初审认定为不符合规定的公文,应当及时退回来文单位并说明理由。

（4）承办。承办阅知性公文,应当根据公文内容、要求和工作需要,在确定范围后分送。承办批办性公文,应当提出拟办意见,报本机关负责人批示或者转有关部门办理,需要两个以上部门办理的,应当明确主办部门。紧急公文应当明确办理时限。承办部门对交办的公文应当及时办理,对于有明确办理时限要求的公文,应当在规定时限内办理完毕。

（5）传阅。根据领导批示和工作需要,将公文及时送传阅对象阅知或者批示。办理公文传阅应当随时掌握公文去向,不得漏传、误传、延误。

（6）催办。及时掌握公文的办理进展情况,督促承办部门按期办结。紧急公文或者重要公文应当由专人负责催办。

（7）答复。公文的办理结果应当及时答复来文单位,并根据需要告知相关单位。

3. 整理归档

公文的整理归档包括清退、销毁、暂存、立卷、归档等程序。

（1）清退。经过清理,将有关办毕的收文按期返归原发文机关或其指定的有关单位。公文清退工作的目的在于保证重要公文或机密公文的安全。需要清退的公文包括：①绝密公文；②有重大错漏的公文；③被明令撤销的公文；④仅供征求意见或审阅的公文；⑤未经本人审阅的领导人的讲话稿；⑥其他由发文机关指定清退的公文；等。

（2）销毁。涉密公文应当按照发文机关的要求和有关规定清退或者销毁。不具备归档和保存价值的公文,经批准后可以销毁。销毁涉密公文,必须严格按照有关规定履行审批登记手续,确保不丢失、不漏销。个人不得私自销毁、留存涉密公文。

（3）暂存。是指对既不应立卷归档或清退,又暂不宜销毁的公文,仍需再留存一定时期以备查用。暂存公文包括：①频繁查阅的已整理归档公文的重份文本与复印本；②具有参考价值的公文、简报等；③一时难以准确判定是否留存的公文；④反映一般情况的公文、报表；等。

（4）立卷。将办理完毕且有查考利用价值的公文编立成为案卷。

（5）归档。需要归档的公文及有关材料,应当根据有关档案法律法规以及机关档案管理规定,及时收集齐全、整理归档。两个以上机关联合办理的公文,原件由主办机关归档,由相关机关保存复制件。机关负责人兼任其他机关职务的,在履行所兼职务过程中形成的公文,由其兼职机关归档。

（三）公文管理

根据《条例》的规定,各级党政机关应建立健全本机关的公文管理制度,确保管理规范,充分发挥公文效用。

党政机关公文由文秘部门或者专人统一管理。设立党委(党组)的县级以上单位应建立机要保密室和机要阅文室,并按有关保密规定配备工作人员和必要的安全保密设施设备。

公文确定密级前,应当按照拟定的密级先行采取保密措施。确定密级后,应当按照所定密级严格管理。绝密级公文应当由专人管理。公文的密级需要变更或者解除的,由原确定密级的机关或者其上级机关决定。

公文的印发传达范围应当按照发文机关的要求执行;需要变更的,应经发文机关批准。涉密公文公开发布前应履行解密程序。公开发布的时间、形式和渠道,由发文机关确定。经批准公开发布的公文,同发文机关正式印发的公文具有同等效力。

复制、汇编机密级、秘密级公文,应当符合有关规定并经本机关负责人批准。绝密级公文一般不得复制、汇编,确有工作需要的,应当经发文机关或者其上级机关批准。复制、汇编的公文视同原件管理。复制件应当加盖复制机关戳记。翻印件应当注明翻印的机关名称、日期。汇编本的密级按照编入公文的最高密级标注。

公文的撤销和废止,由发文机关、上级机关或者权力机关根据职权范围和有关法律法规决定。公文被撤销的,视为自始无效;公文被废止的,视为自废止之日起失效。

涉密公文应当按照发文机关的要求和有关规定进行清退或者销毁。不具备归档和保存价值的公文,经批准后可以销毁。销毁涉密公文必须严格按照有关规定履行审批登记手续,确保不丢失、不漏销。个人不得私自销毁、留存涉密公文。工作人员离岗离职时,所在机关应当督促其将暂存、借用的公文按有关规定移交、清退。

机关合并时,全部公文应当随之合并管理;机关撤销时,需要归档的公文经整理后按照有关规定移交档案管理部门。新设立的机关应当向本级党委、政府的办公厅(室)提出发文立户申请,经审查符合条件的,列为发文单位。机关合并或者撤销时,相应进行调整。

二、公文行文制度

公文行文制度是指各级机关在公文往来中需要共同遵守的制度。遵守公文的行文制度,可以让公文有正确的传递方向和快捷有效的传递线路,阻止部分公文进入不必要的流通过程,抑制无价值公文的产生。公文行文制度包括行文关系、行文方向、行文方式和行文规则。

(一) 公文的行文关系

机关之间的工作关系是根据隶属关系和职权范围来确定的。在此基础上,我们可以把发文机关和收文机关之间的公文往来关系(即行文关系),划分为四种:

1. 处于同一组织系统的上级机关与下级机关存在领导与被领导的关系,如"国务院—省级人民政府—区县级人民政府—乡镇级人民政府"。

2. 同一组织系统的上级主管业务部门与下级主管业务部门之间存在着指导与被指导的关系,如"财政部—省财政厅—市财政局—县财政局"。

3. 处于同一组织系统的同级机关之间属于平行关系,如"区人民政府各局之间"。

4. 非同一组织系统的机关之间,无论级别高低,均为不相隶属关系,如"教育部与区财政局"。

(二) 公文的行文方向

行文方向就是公文按照一定的行文关系,向不同级别的机关、单位运行的方向。公文按照不同的行文方向可分为下行文、上行文和平行文。

1. 下行文

下行文是上级领导机关或职能主管部门对所属下级机关或职能部门的行文。根据发文目的和要求的不同,下行文可以采取三种行文方式:①逐级下行文;②多级下行文;③直达基层组织和群众的下行文。

2. 上行文

上行文是下级机关或职能部门向所属上级领导机关或职能主管部门的行文。根据发文机关的实际工作需要,上行文也有三种行文方式:①对上逐级行文;②对上多级行文;③对上越级行文。其中,逐级上行文是上行文中最基本、最常用的一种行文方式。

3. 平行文

平行文是指没有领导或指导关系(包括平行关系和不相隶属关系)的机关、部门、单位之间的行文。使用最多的平行文是函。

这里需要注意的是,有的文种可能有不同的行文方向。如使用频率最高、用途广泛的通知,"适用于发布、传达要求下级机关执行和有关单位周知或者执行的事项,批转、转发公文"。当它"发布、传达要求有关单位周知的事项"时,属于平行文;而当它"发布、传达要求下级机关执行的事项"时,针对的是具有隶属关系的下级,就属于下行文了。

（三）公文的行文方式

行文方式是指行文时所选择的行文路线的结构形式,包括逐级行文、多级行文、直接行文、越级行文等。

1. 逐级行文

指行文机关向自己的直属上级上行公文或向直属下级下行公文。逐级行文是上行文和下行文最基本的行文方式。比如请示,就必须逐级行文,且每次只能主送一个机关,不得擅自越级。

2. 多级行文

指同时向上几级或下几级机关、单位行文。有时为了提高办文效率,使下级组织迅速了解上级精神,下行文会采用多级行文的方式。上行文的多级行文主要用于问题较为重大的情况下。

3. 直接行文

包括高层领导机关直接向基层机关单位、群众的泛向行文（有时会经批准后直接在报刊上公开发布）和不相隶属机关之间彼此行文。

4. 越级行文

指越过自己的直接上级或直接下级,向非直接上级或非直接下级行文。除非出现特殊情况,一般不能越级行文。在以下七种特殊情况下采用越级行文时,必须要抄送被越过的机关：

（1）遇有特殊重大紧急情况,如战争、自然灾害等,如逐级上报,可能会延误时机,造成重大损失；

（2）处理多次请示直接上级,但长期未得到解决的重大问题；

（3）办理上级领导或领导机关交办,并指定越级直接上报的事项；

（4）对直接上级机关或领导进行检举、控告；

（5）处理直接上下级机关有争议而无法解决的重大问题；

（6）询问、联系无须经过直接上级机关的一些工作问题等；

（7）为使文件精神尽快传达给群众,以便其更好地贯彻执行,采用电视、电话、网络、广播、报刊等方式行文。

（四）公文的行文规则

1. 上行文规则

（1）原则上主送一个上级机关,根据需要同时抄送其他相关上级机关和同级机关,不得抄送下级机关。

（2）党委、政府的部门向上级主管部门请示、报告重大事项,应当经本级党委、政府同意或者授权;属于部门职权范围内的事项应当直接报送上级主管部门。

（3）下级机关的请示事项,如需以本机关名义向上级机关请示,应当提出倾向性意见后上报。不得原文转报上级机关。

（4）请示应当一文一事。不得在报告等非请示性公文中夹带请示事项。

（5）除上级机关负责人直接交办事项外,不得以本机关名义向上级机关负责人报送公文,也不得以本机关负责人名义向上级机关报送公文。

（6）受双重领导的机关向一个上级机关行文,必要时抄送另一个上级机关。

2. 下行文规则

（1）主送受理机关,根据需要抄送相关机关。重要行文应当同时抄送发文机关的直接上级机关。

（2）党委、政府的办公厅(室)根据本级党委、政府授权,可以向下级党委、政府行文,其他部门和单位不得向下级党委、政府发布指令性公文或提出指令性要求。需经政府审批的具体事项,经政府同意后可以由政府职能部门行文,文中须注明已经政府同意。

（3）党委、政府的部门在各自职权范围内可以向下级党委、政府的相关部门行文。

（4）涉及多个部门职权范围内的事务,部门之间未协商一致的,不得向下行文;擅自行文的,上级机关应当责令其纠正或者撤销。

（5）上级机关向受双重领导的下级机关行文,必要时抄送该下级机关的另一上级机关。

3. 联合行文规则

同级党政机关、党政机关与其他同级机关必要时可以联合行文。不过,对于属于党委、政府各自职权范围内的工作,不得联合行文。

（1）行文的各机关或部门必须是同级的(如上级政府部门与下一级政府之间);

（2）联合行文应当确有必要,单位不宜过多,且应当明确主办机关;

（3）联合行文,只标明主办机关的发文字号。

4. 其他重要行文规则

根据《条例》的规定,部门内设机构除办公厅(室)外不得对外正式行文。比如,在××市司法局下,有办公室、预算处、宣传处、财务处等部门内设机构。其中,只有办公室才能够在得到授权的情况下以"××市司法局办公室"的名义对外行文。

第四讲　写作素材积累与公文拟制步骤

第一节　写作素材积累

中国古代现存诗歌最多的诗人是陆游。1208年,84岁的他在向儿子传授一辈子写诗的经验时说:"汝果欲学诗,工夫在诗外。"

公文写作也是这样,占有素材太少,自然很难写好材料。大笔杆子"出手即精品"的背后,是他们在平时练就了素材收集、整理、选用与提炼的扎实基本功。

一、素材收集的意识与途径

"兵马未动,粮草先行。"对于笔杆子来说,"粮草"就是自己一直以来收集和积累的素材。这些素材可能是亲身调研获得的第一手经验,前人留在电脑里的文档资料,本部门、本单位以及兄弟单位历年归档的重要材料,也可能是各类新旧媒体上令人眼前一亮的一两段文字。

所谓要有素材收集的意识,就是写作者能够在日常工作与生活中做个有心人,自发自觉地收集材料,建立自己的素材库。素材收集意识体现了写作者的主体意识,往往决定了我们在公文写作的道路上能够走多远。

公文写作的素材收集主要有以下三个途径。

(一) 立足工作,由点到面积累材料

一些新入职的大学毕业生,包括有些名校毕业的中文系硕士,文字功底扎实,但对于上级布置的公文写作任务却常常一筹莫展。其中一个特别重要的原因就是,他们新来乍到,对于本单位的情况了解得很少,自然不容易抓住问题的关键。

为了能够尽快融入工作,首先要学会在日常工作和生活中做有心人,多向领导、同事学习,重点收集学习本单位制发的各种规章制度、计划总结等材料。孟子有言:"离娄之明,公输子之巧,不以规矩,不能成方圆。"先天条件再好,如果不清楚自己要面对的公文写作任务到底是什么标准,也是不可能写好公文的。其次,要有意识地以本单位工作为中心,逐步收集与本系统、本行业有关的文字材料。如:上级主管单位下发的正式文件、会议文件、信息材料、领导讲话稿;下级单位的工作报告、总结、信息材料;其他单位的来函;等。最后,还应在前两点的基础上,进一步扩大范围,关注收集社会相关资讯。比如,企业里从事公文写作相关工作的秘书,就必须关注当前社会的生产状态、财政金融状态,以及居民消费支出构成等重要数据,以备不时之需。

(二) 调查研究,切实掌握一手材料

好的公文,从来不是闭门造车造出来的。很多人写公文总是写不出新鲜的东西来,就是因为缺少这种带着解决问题意识的调查研究。通过调查研究发现和收集的第一手材料具体生动,往往能够成为公文的亮点。

调查研究又分为调查和研究两个步骤。"研究"这一步会在下一节"公文拟制步骤"中具体讨论,这里先谈谈公文素材收集阶段特别重要的调查方法。一般来说,常用的调查方法有:

1. 座谈会调查法

座谈会调查法是指通过召集相关人员座谈讨论来收集信息的一种直接调查法。应用这一方法的关键是:会前要确定与会人员,发放调研提纲,适当控制人数;会中要控制好时间,根据讨论中出现的新情况随机应变,做好记录,更好地解决群众关切的问题。

2. 问卷调查法

问卷调查法是指根据统一设计的问卷进行调查,以了解和收集信息材料的一种调查方法。问卷调查的一般程序是设计问卷、分发问卷、回收问卷和集中统计分析问卷。近年来,随着"互联网+"日渐融入生活,问卷调查法的使用越来越频繁。通过一些专门的网站或者 App 设计在线问卷,展开调查,可以大大提升后续对问卷集中统计分析的效率和质量。

3. 访谈调查法

访谈调查法是通过与调查对象直接交谈来收集资料的一种口头交流式的调查方法。较之问卷法,访谈调查法更加费时费力。不过,其优点也很明显:它针对性强,便于深入了解人的相关情况或事件背后的深层原因。收集信息时,可以用笔记,也可以用电脑记。在征得访谈对象同意的情况下还可以录音,等访谈完成后再整理分析。

4. 统计调查法

统计调查法是将调查中获得的数字资料,通过填写、汇总、纵向对比来揭示事物的发展轨迹和预判未来走势的一种调查方法。由于用这种方法收集到的材料具有直观、可量化的特点,所以在公文写作中经常用到。统计调查法在使用过程中要特别注意两点:一是统计口径要统一;二是对于统计报表数据的分析要慎重,尤其是某些变动较大的数据。

5. 实地观察法

观察是对事物的某一局部和细节进行审视,或对事物整体进行把握的高级知觉活动。实地观察法是指深入现场,借助感官或仪器直接观察调查对象来获得资料的一种调查方法。这种方法直观性强、灵活度大,写作者对于用这种方法获得的材料感触也较深,所以使用得极为广泛。需要我们注意的是,用这种方法获得的调查结果存在表面性和偶然性,会受到时空等客观条件的限制,以及观察者主观状态的影响。因此,一定要注意培养自己的观察能力,努力做到眼勤、耳勤、手勤、心勤,不断丰富自己有价值的写作素材库。

(三) 定期定点,主动用好网络收集素材

有一位机关大笔杆子这样介绍自己的经验:在没有很急的材料任务的情况下,他上班第一件事就是花半个小时浏览求是网、党建网、《人民日报》重要言论库等几个固定网站和《中国组织人事报》、本地党报等几种固定报刊来搜集素材。平常闲暇时或晚上睡觉前,他也会阅读"党建网微平台""学习小组"等几个固定微信公众号的文章,并及时把好的文章"收藏",然后再择其要摘抄到笔记本上。

"他山之石,可以攻玉。"这种根据工作中的写作需要,锁定一些常用的公文素材查找渠道,定期定时定点查找、收集素材的好习惯,值得学习。尤其是在这个新知识、新信息层出不穷且更新周期不断缩短的时代,更要在平时养成定期定时定点主动利用网络查找材料的习惯,以确保在关键时刻能够及时高效地完成上级交办的写作任务。此外,还应该将单位购买的一些专业数据库纳入自己固定的素材收集渠道中。

二、素材的归类与整理

养成了素材收集习惯的人,会发现自己的问题已经从无材料可用转到了怎样才能找到更合适的材料。这就需要在收集素材的基础上,对素材进行归类和整理,养成经常分门别类的整理习惯,建立起个人独特、丰富而又逻辑清晰的素材库。

(一) 素材的归类

公文素材的类型按照不同的标准可以有不同的分类,如可分为直接素材和间接素材、正面素材和反面素材、现实素材和历史素材等。其中,最简易通行的分类是理论素材和事实素材之分。

理论素材,又可以分为大政方针类素材、理论知识类素材、名言警句类素材等。

事实素材,又可以分为数据做法类素材、故事案例类素材、问题不足类素材等。

在具体操作过程中,我们可以借用以上分类对自己的素材进行整理,但最好能够结合自身的习惯和工作特点形成自己的素材分类模式。

比如,一些工作性质综合性较强的公文写作者,因为所写材料包含呈送上级单位、发送给下级单位、报送同级单位等不同情况,最好能够按照对口单位的不同梳理各类素材,明确不同材料适用的不同场合。其他公文写作者可以从写作结构角度,按照标题类素材、导语类素材、框架类素材、结尾类素材分类;也可以从公文文体角度,按照领导讲话类素材、工作汇报类素材、工作报告类素材、调研报告类素材、信息简报类素材、评论类素材、会议纪要类素材等对素材归类。

(二)素材的整理

公文素材整理的关键,在于素材库的建设。公文写作者需要让自己和素材之间建立起深度的联结,这样才能避免写作时面对海量资料却感到"书到用时方恨少"的尴尬。

如何建立起这样的联结?曾听闻一位老一辈公文大家这样传授经验:他会定期在家读报、剪报,再把这些材料按专题剪贴在一起,标明材料出处,并写下自己的心得体会。这是通过分类、归总,以及深度剖析,来深化联结的典范,和现在很多人"临时抱佛脚"式突击收集材料的做法形成了鲜明的对比。试想,如果与自己收集的材料不能达到某种程度的联结,那和临时搜索网站有多大区别?又如何能在写作时信手拈来,做到"文章本天成,妙手偶得之"?

面对海量的素材,我们只有不断发挥自己的主观能动性,不断发现其中的一个个与我们日常工作相关的联结点,并用恰当的方式记录下来,这样才能让素材形成一个又一个的独特"标签"。当一个又一个这样的"标签"生成又彼此关联时,我们和素材的深度联结就建立起来了。

在这个时代,我们同时还要学会使用计算机和软件来进行素材的整理。华为鸿蒙是第一个试图打通所有平台的操作系统,其理念是"万物皆可互联"。我们公文素材的整理也是这样。可以使用一些优质的软件来打造自己的公文写作素材库,如印象笔记、有道云笔记、OneNote 等。具体的素材标签,要根据自己的情况而定,可以直接把结构或文种的分类设为标签,也可以把自己正在重点突破的公文语言设为标签,以待随时检索调用。

三、素材的甄别与取舍

对公文写作者来说,建立了动态更新的素材库就已经站在了巨人的肩膀上。但在此基础上,正式动笔写作时也一定要对素材进行甄别取舍。找到素材就直接复制粘贴的做法绝不可取。这种做法可能会酿成大祸,给单位造成无法估量的损失。

具体来说,甄别取舍素材时要遵循以下原则:

1. 切旨性。有些从现实收集来的素材,如果和公文的主旨没有关联的话,那就算再鲜活生动,也要坚决地舍弃。对于已经从素材库里调出来准备用到此次写作中的那些案例、理论、数据等,要有剪裁意识,要根据它们与主旨关联性的大小对其进行二次加工,"重则详,轻则略;近则详,远则略;点则详,面则略"。

2. 典型性。公文使用的素材,应该具有典型性。也就是说,要选出同类素材中最具代表性、最有说服力的那一个。如果能用"千淘万漉虽辛苦,吹尽狂沙始到金"的精神来甄选素材,就能更好地突出主旨,增强公文的说服力、吸引力。

3. 统一性。搜集素材时,一般渠道、来源都非常广泛,但在写作中却可能会因此出现前后不一致甚至彼此矛盾的素材。因此,对于每一个素材,都要持有审慎态度,以保证公文内容的统一性。比如写综合类材料,如果涉及不同地区或者不同单位,就一定要提高警惕,注意这些素材的内容(如统计数据、统计单位、主题思想、相关表述等)是否存在矛盾冲突。

4. 时效性。时代一直在发展,阅者对于公文的接受心理也是一样的。因此,一定要与时俱进,学会剔除内容过时的素材。尤其是当接到的写作任务涉及某项上级督办的工作时更是如此,因为这类工作由于受关注度高、推动力度相对较大,相关信息的更新就会比较频繁。只有随时跟进,才能确保前几天刚刚搜集来的反映工作最新进展的素材不会成为明日黄花。

第二节　公文拟制步骤

一、确立公文主旨

李渔《闲情偶寄》提出了"立主脑"的概念:"古人作文一篇,定有一篇之主脑。主脑非他,即作者立言之本意也。"这里的"主脑",就是我们现在常说的中心思想、基本观点(一般文章)、主题(文学作品)、主旨(应用文)等。公文属于应用文,所以我们把公文拟制的用意或目的称为主旨。

主旨是一篇公文的灵魂,是衡量公文价值的重要标尺。公文主旨要充分体现党的理论和路线方针政策、国家法律法规,以及领导的意图。拟制公文时,一定要首先领会领导的意图,明确发文目的,再确立公文主旨。

（一）公文主旨的特性

1. 正确性

主旨的正确性是公文拟制的第一要义。无论起草哪种公文，都要保证主旨的正确性。

公文主旨的正确性体现在以下几个方面。一是主旨必须与党的理论和路线方针政策、国家法律法规相一致，与上级意图相一致。二是主旨必须是对客观事实的准确反映、中肯认识、合理分析。只有做到这点，据此所提出的措施和意见才能实事求是，而不是纸上谈兵。三是行文表述中要坚信和维护主旨的正确性。主要有两种方法：①直截了当、毫不含糊地表明主旨；②选用恰当材料来证明主旨的正确性。

2. 鲜明性

中国文学作品推崇含蓄蕴藉之美，比如司空图《二十四诗品》中就有"落花无言，人淡如菊""不著一字，尽得风流"，读者在静心细品后方能体会到那种直觉相通的美。公文显然不能这样，因为公文是办事的工具，其主旨应开门见山、清楚明白，能让阅者一目了然，否则在实际解决问题时就可能会因为主旨不够鲜明而导致指导作用大打折扣。

3. 集中性

公文的主旨应较为集中，不能面面俱到，贪大求全。像"请示"等公文，一定要做到一文一事，一事一中心，防止"意多乱文"，便于理解。即使是篇幅较长、内容丰富的"报告"等公文，子观点可以有多个，但也一定要统一于一个主旨。如果是几个部门共同发文，要事先做好部门会商工作，在公文主旨上必须协调一致。

（二）确立主旨的方法

在公文写作实践中，主旨的确定存在不同的情况。有时主旨确定较早，会根据领导意图或上级有关精神，预先确定一个主旨，再围绕它组织材料，进行写作。有时在领会精神后，先确立一个临时主旨，再围绕该主旨进行调研。如果调研后对原先确定的主旨进行了修改，就需要重新再确定主旨。但不管是哪种情况，确立主旨时都应该尽力做到以下几点。

1. 领会领导意图

公文写作不是有感而发的即兴之作，其主旨的形成有着较强的客体意识。这种客体意识不但体现在写作要受到公文行文规则的制约，更体现在公文写作可以说是一种奉命写作，代机关立言，要受到领导想法的制约。因此，公文拟写者在确立主旨时一定要多和领导沟通交流，以便全面、透彻地了解和把握领导的意图和要求。

2. 树立全局观

全局观指一切从系统整体及其全过程出发的思想和准则。"不谋全局者,不足谋一域。"没有全局观,思维往往就会碎片化,就很难抓住工作的主要矛盾和矛盾的主要方面。所以,确定公文主旨要从全局出发,有较高的站位。要认真学习、熟悉党和国家的方针、政策,经常揣摩党和国家的重要文件,体会其决策的意向,体察政策调整的方向。要运用正确的思维方法,去粗取精,去伪存真,由此及彼,由表及里,抓住事物的本质。

3. 使主旨新颖而有前瞻性

公文的主旨要有一定的前瞻性,才不会人云亦云,缺乏创新。公文主旨要能体现出本行业、本部门、本单位的特色,也要能解决公务活动中出现的问题,推动社会向前发展。

二、搭建结构框架

在确立主旨、展开调研之后,就要开始搭建公文的结构框架,也就是公文的提纲。除了简短的公文(如部分"通知"等)可以直接起草,大部分公文在正式起草前应当拟制提纲。尤其是篇幅长的重要公文,更要拟出详细的提纲。拟写提纲之前,要多问问自己:写这篇公文是为了解决什么问题?问题的根源在哪里?这个问题目前解决得怎么样?有没有更好的办法和措施?

作为公文的设计蓝本,提纲能起到提纲挈领的作用。写作前列好提纲,可以避免公文结构头重脚轻,或者写到一半发现不对再返工的严重后果。提纲一般可以采用以下几种写法:①标题式写法。就是用小标题的形式把重点梳理概括出来。这种写法的优点是简明扼要上手快,缺点是不能涵盖很多细节。②句子式写法。就是用能表达完整意思的句子来提炼重点,比标题式写法更加详细。③段落式写法。这一写法包含很多细节,最好是在思路已经比较明确、材料比较丰富的情况下选用。

拟写提纲时,应根据内容来设定结构层次,层次之间的连接可用符号"{"。一般用"一、二、三、"来标明公文的主观点,用"(一)(二)(三)"来标明主观点的子观点,再依次用"1.2.3."来标明子观点下属的子观点,依此类推。

具体来说,公文的提纲根据不同情况可以有以下几种拟法:①"三段论"式。这类提纲一般采用"是什么—为什么—怎么办""提出问题—分析问题—解决问题""讲道理—定任务—提措施"等架构,符合人们认识问题、解决问题的一般思维规律。很多领导讲话稿、调研报告、对照检查材料都会采取这种写法,将公文分成三大部分。②总分式。这类提纲在公文中也较为常见。一般先提炼中心要点,再分几个方面来分别论述。很多公文主框架采取的是"三段论"式,但子观点和主观点之间往往是总分式。③递进式。可以从时间、空间、思想发展等角度,搭出层层递进的框架。如某地的"两学一做"学习教育总结,就是按照制定方案、开展党课、交流研讨、实地教学的时间顺序来写作的。④并列式。比如,可以从"物质文明""精神文明""政治文明""生态文明"四个维度或者从"经济建设""政治建设""文化建设""社会建设""党的建设"五个维度来列出公文的提纲。⑤主次式。和并列式不同,主次式是按照"重要内容在先,次要内容在后"的顺序来拟定提纲。比如,有的单位在写总结时,会把当年的重点工作或工作亮点放在最前面。这样的写法就属于主次式写法。

三、组织语言文字

拟定提纲之后,就要开始组织语言文字。具体来说,要做到以下四点。

(一) 观点鲜明

在公文中,观点一般指的是发文机关对于相关问题或事项的见解和主张。公文是用观点来直接指导行动的,不能让人读完后不知所云。所以,公文的观点一定要准确鲜明。

公文的内容必须符合国家规定和领导意图,所以,公文的观点须符合党的理论和路线方针政策、国家法律法规,完整准确地体现发文机关的意图,并同现行有关公文相衔接。观点如果涉及具体的措施和办法,一定要切实可行,否则就失去了行文的意义。

(二) 材料精当

在起草公文的整个过程中,起草者一定要确保写进公文的材料的精当确凿。

为了确保公文的公信力,起草者必须针对具体情况深入调查研究,广泛听取意见,充分论证。要避免因个人主观好恶而影响材料的真实性和正确性。

要注意观点和材料的结合,选取典型的材料来充分有力地支持观点。同时,还要保证材料为观点服务,对材料的数量和详略的安排适当,避免失之烦冗。

(三) 用好提纲

提纲是公文的蓝本。依照提纲推进写作,可以保证整个公文拟制流程的顺利进行。正如《孙子兵法·虚实篇》所说:"故兵无常势,水无常形,能因敌变化而取胜者,谓之神。"在拟制公文的过程中,有时也要根据情况适当调整原来的大纲,动态推进写作。

(四) 准确精练

要用精练的文字把情况交代清楚,避免受文对象抓不住重点,无法理解观点或者不能贯彻执行。

《条例》规定,公文涉及其他地区或部门职权范围内的事项,起草单位必须征求相关地区或者部门的意见,力求达成一致。起草者应该考虑到各种可能性,避免文字表述产生不同的理解。此外,还要注意表述的规范性。比如,下面这句话就不符合公文的表述习惯:"××办公室昨天已经收到相关文件,并正在根据文件提出的要求进行修改。"这句话应该按照"××文件已收悉,⋯⋯"的表述方式精简。

四、推敲修改完善

公文在拟定之后,还要经过审核、签发等重要流程。发文机关办公厅(室)以及本机关负责人会对行文理由和依据、公文内容和文种格式规范等各方面提出修改意见。这些修改意见非常宝贵。公文起草者要从中吸取经验教训,确保在以后的工作中不再重复犯类似错误。更重要的是,公文起草者在拟定初稿、上报领导审核之前,要在更高的站位上逐字逐句检查校验,对以下几个方面反复推敲。

1. 主旨和内容。检查文稿内容是否符合党和国家的方针、政策,是否准确反映了制文意图,是否体现了上级领导的精神和指示,是否与其他文件和规定有矛盾之处。

2. 材料和事实。检查文稿中所引用的材料和事实是否经过核实,数据和事例是否真实准确,确保没有丝毫的虚构和失实。

3. 结构和格式。检查文稿结构是否合理、条理是否清晰,格式是否符合相应文种的要求,行文关系是否恰当,抬头署名是否无误。

4. 文字和语气。检查文稿文字和标点符号是否使用准确,语气是否合适、是否符合发文者的身份,是否根据具体情况采用了相应的命令式、强制式、请求支援或商洽式的口吻。

第五讲　公文写作技巧

第一节　破解没有思路的难题

相信很多人对于打开电脑盯着屏幕半天,搜索枯肠却还是一点思路都没有的"缺氧"般的感受并不陌生。那么,拟写公文时遇到这种情况应该怎么办?

张志公先生在《怎样锻炼思路——谈文章的结构》中曾经这样给思路下定义:"思路不是凭空产生的,而是以客观事物为基础的。客观事物反映在作者头脑里,经过观察、理解、认识的过程,形成了他对这样事物的印象、看法、态度或感情。把这些印象、看法、态度或感情理出个头绪来,就是所谓思路。"准备材料时可以头脑风暴,而一旦正式开始提笔写作,就要从纷繁的思维中理出头绪来。为了顺利形成公文写作思路,拟写者要将自己的思维有规律、有条理、有方向地聚焦到当前的写作任务上。

一、从全局中找到逻辑和思路

心理学上有一个非常有名的实验。在这个实验里,主试要求被试看一小段视频,视频展现的是6个年轻人在玩传球。其中3个人穿白上衣,另外3个人穿黑上衣。视频的情节很平淡:穿白上衣的人两两传球,穿黑上衣的人在传另外一个球。被试要做的只是数穿白上衣的人传了多少次球。视频持续几十秒。被试看完之后需要回答传球次数,再说一下视频里是否有什么让他感到意外的东西。大多数被试能正确回答第一个问题,而且不觉得视频里有什么不对劲的地方。此后,主试再给被试放一遍视频,让他们注意一个特别的事件:在视频放到一半的时候,一个装扮成大猩猩的人穿过人群,朝镜头打了个招呼,又从另一边出镜了。之前没有在视频中看到大猩猩的被试无比震惊,纷纷表示:"不可能,之前的视频里绝对没有!"但很快他们就会承认,的确是自己漏掉了大猩猩的出场。在这之后,他们每个人再看这段视频的时候,都会看到这只大猩猩。

这个实验告诉我们,我们在很多时候都只能看到这个世界的一部分,尤其是当我们的注意力被引导到一个点上的时候。很多人都知道苏轼的"不识庐山真面目,只缘身在此山中",其实这两句应该和他另一首诗里的两句合看:"却从尘外望尘中,无限楼台烟雨蒙。"我们要意识到,自己所能注意到的内容是具有鲜明的选择性的,而这种选择带来的执着有时并非好事。写作中,当我们的思路被限制在一些具体的要求上时,我们常常会觉得无法破局,甚至产生无力感。这时,我们应该适时提醒自己,不要成了金庸笔下陷入珍珑棋局无法自拔的慕容复。具体来说,想要跳出材料看全局,要做到以下两点。

一是要能多点透视。多点透视也叫散点透视,本来是中国画的一种技法,后来被借用到写作学理论中。就公文写作而言,多点透视就是面对同一个问题,写作者能够从点面、时空等多角度,立体全景式地展开思维。展开的具体角度有多种:①围绕关键词语多点透视;②围绕时间要素多点透视;③围绕空间要素多点透视;④围绕突出内容多点透视;⑤围绕逻辑要素多点透视。以围绕逻辑要素多点透视为例,就是可以将某项具体工作任务从是什么、为什么、怎么办(或提出问题、分析问题、解决问题)三个逻辑层面展开,来确定写作思路。

二是会用思维导图。在机关工作,常常能听到一句话:"发现问题是水平,解决问题是能力。"对于公文写作来说,不管是发现问题,还是解决问题,都需要有一种全局观。这时,思维导图这个工具的作用就体现出来了。思维导图是一种将发散性思考结构化、条理化的方法,符合人类大脑认识世界、改造世界的自然属性,在学习、工作和生活中都有广泛的应用。就公文而言,拟写者可以材料、主题为树根,以提纲为树干,以发现问题、分析问题、解决问题为枝叶,运用思维导图梳理出重点,找到写作的思路。这个方法运用得好,会大大有助于公文亮点的产生。

二、从阅读中发现"他山之石"

雨果说:"人类所需要的,是富有启发性的养料。而阅读,正是这种养料。"拟写公文遇阻时,可以通过主动阅读来找回灵感。

其一,可以重新检索个人素材库。好的素材是公文写作的源泉。写作卡壳的时候,正是发挥这个独具个人特色的素材库用武之地的最佳时机。苏轼有一个"八面受敌"读书法,对公文写作者很有启示意义:想象自己读书时,是处在八面受敌的情形之下。为了避免八面出击迎敌,就一定要集中自己的优势兵力,一个一个地消灭敌人。苏轼告诉学生:如果想探究历代兴亡治乱的原因,就只从这个角度去读书,不要管其他;如果要探究典章制度,那就换成这个角度,把书再读一遍。

公文写作者也是这样。面对自己手中海量的素材,如果能具备这种"八面受敌"的意识,想明白自己现在的困境是什么,要解决的问题是什么,领导的诉求又是什么……再去重新检索个人素材库,就一定会有惊喜的收获。

其二,可以从文件中寻找思路。接到写作任务后,如果没有思路,可以先暂停一下,去认真看看上级文件和领导讲话。尤其是最近的文件和讲话,更要重点研读,仔细揣摩,因为公文的重点是解决问题,这些最新材料中往往包含着解决这些问题的突破口。

其三,可以从报刊中寻觅突破口。前一讲说到过机关大笔杆子有每天读报刊的习惯,这不仅在积累素材时非常重要,而且在写作任务停滞不前时更加重要。可以选择阅读和自己工作直接相关的报刊。如果是党政机关的工作人员,还可以去浏览最近一段时间的《人民日报》《参考消息》《求是》《红旗文稿》等。也许只是其中的一两句话,就会对写作起到巨大的推动作用。现在网络高度发达,很多报刊都有电子版本,和纸质版基本一字不差。

三、从身边事捕捉灵感火花

叶圣陶先生说过:"作者思有路,遵路识斯真。"对公文写作来说,灵感之"路"往往就在身边。从身边事、身边人入手,大大有助于我们找到思路,"识斯真"。

要想从身边事捕捉到写作灵感的火花,首先要善于倾听,能从领导和群众的话语中找到思路。对于重要会议或活动上各级领导的讲话,以及平时本单位领导的工作布置和日常交流,要做个有心人,时时记录,多加思考。同时,也要能够从材料中走出来,走群众路线,在倾听群众的声音中找到解决问题的可能性。

其次,要努力寻找小而精当的切入点。很多优秀的公文,尤其是常用事务类公文,就选择了用很小的切入点来反映大事件、大时代的内涵,以达到以小见大的目的。很多人之所以面对有些公文拟写任务会完全没有思路,不是因为平时素材积累得太少,而是因为缺少一个恰当的切入点、突破口。它们往往就隐藏在我们的日常工作之中,需要我们用慧眼去发现。

最后,要学会适时暂停,从日常工作和生活中寻找灵感。中国传统文化强调动静结合,要学会带着自己在长时间阅读中得到的想法去外面走一走,很多灵感就是在这个过程中产生的。

第二节 凸显公文内容的亮点

亮点好比公文的眼睛。能让阅者印象深刻、眼前一亮的公文,一般都有突出的亮点。有的单位工作很辛苦,也取得了不错的成绩,可最后上报的公文材料却总是不尽如人意。如何将公文写得有亮点,避免输在这"临门一脚"上,是公文拟写者应当关注的重点。

一、精心搭建大小框架

针对同样的工作内容写总结,为什么有的人写来一气呵成、条理清晰,但有的人笔下的文字却断断续续、杂乱无章?其原因就在于,前者在正式开始写作前,对全盘工作有整体把握和合理的谋篇布局。正如刘勰在《文心雕龙》中所强调的那样,"总文理,统首尾,定与夺,合涯际,弥纶一篇,使杂而不越者也"。

公文拟写者最好能学会使用思维导图梳理全盘工作,在理清各种情况的逻辑关系的基础上,精心搭建公文的大小框架。

在搭建公文大框架时,既要追求文章思路的新颖,也要确保主观点之间逻辑清晰。比如,有一篇公文的主题是"提高干部骨干理论学习质量",最后成文时大框架如下:

一、坚持立足实际,推动内容设置精准化
二、坚持按需施教,推动培训方式精准化
三、坚持从严监管,推动跟踪问效精准化

这个大框架就由三个主观点构成,分别从"立足实际""按需施教""从严监管"这三个维度来强调"内容设置""培训方式""跟踪问效"三方面,紧紧围绕主题,层次分明,具有很强的针对性和可操作性。

小框架指的是展开主观点的子观点。如某省直单位在一篇上报公文中,就紧紧围绕第三个主观点"自觉为民认真服务",从"审批便民""改革惠民""服务亲民"这三个子观点出发展开论述,用大量生动的数据证明了"便民""惠民""亲民"的实效。

二、用好修辞,画龙点睛

修辞手法有多种,包括积极修辞和消极修辞。积极修辞是我们熟知的比喻、拟人、排比等各种常见修辞手法;消极修辞着重于锻字炼句,是以明确、通顺、平匀、稳密为标准的修辞手法。公文写作一般以消极修辞为主,以积极修辞为辅。用好修辞,可以给阅者留下深刻印象,会大大有助于其了解、掌握或执行文章所要传达的信息。

在公文写作实践中,用修辞来升格小标题的做法不少。有的运用生动的比喻,有的把古诗词引入标题,还有的就像下面这一例——运用"四六式"来架构小标题,都取得了不错的效果。

（一）博学勤思，增强自身本领

（二）坚定信念，铸就忠诚之心

（三）恪守纪律，练就高洁品行

（四）攻坚克难，要讲使命担当

（五）转变作风，优化为民服务

（六）脚踏实地，甘于奉献身心

三、"凤头"起，"豹尾"收

中国人写文章向来讲究"凤头""猪肚""豹尾"。搭建框架、用好修辞这两点，可以看成是让文章主体如"猪肚"般充盈丰满、言之有物的重要手段。而如果想要公文的亮点更为凸显，少不了要在首尾着力，做到"凤头"起，"豹尾"收。

"凤头"起是说公文的开头要像小而尖的凤头一样，精练深刻，迅速切入主旨；"豹尾"收是指公文的收束要讲究宕开警策，就好像豹尾那样雄劲潇洒，让阅者有不忍释卷的感觉。

要想开好"凤头"，一定要注意简短明快而不能堆砌辞藻。比如，拟写报告、意见、通报、函等公文时：可以在首段简明扼要地交代发文背景，体现发文的必要性或迫切性；再用恰当的"提示语"引出下文，如"报告"通常用"现将有关情况报告如下"，"意见"用"现提出如下意见"，等等。

"豹尾"的写法有很多，可以从总结归纳、提出建议、警告告诫等角度来写，可根据文种和主旨酌情选用。有时还可以采用"不结而结"式结尾。比如，有的决定、决议等公文在主体部分之后戛然而止，并没有专门的结尾。2022年3月中共中央办公厅、国务院办公厅印发的《关于构建更高水平的全民健身公共服务体系的意见》在正文部分依次讲了九个方面的内容，在第九方面"保障措施"之后直接收束全文。

第三节 把握遣词造句的艺术

作为传递政策指令、推动公务活动开展、沟通上至国家下到社区信息的重要工具，公文特别讲究用词的精准，因为稍有不慎，就可能带来巨大的损失与不良的社会影响。公文起草者应时时做有心人，从源头上分清词性，辨明词义，避免歧义，小心谨慎地选用恰当的简称和公文专用语。

一、分清词性

汉语词汇可以分为实词和虚词两大类。一般实词能够充任主语、谓语或宾语,虚词则不能充任这些成分。写作公文,在用词方面首先要做到的就是分清词性,避免误用。

(一) 实词的误用

实词包括名词、动词、形容词、数词、量词、代词等。写作中要仔细分析词性。如"改善孩子们读书、写字、画画、手工的环境"里的"手工"就属于名词误用作动词,"手工"前应该加一个"做"字形成一个动词短语,才能够和"读书""写字""画画"并列,一起修饰"环境"这个中心语。

再来看下面这个在某地公文中出现的真实病例:

截至到2020年年底,我市地铁运营里程接近700千米。

这名公文起草者犯了没有分清动词词性的错误。"截止""截至"这一组动词:前者是不及物的,不能带宾语,所以表时间的词语要放在"截止"的前面,如"到×日截止";"截至"则是及物的,可以直接带宾语。也就是说,"截至"的意思就是"截止到"。因此,病例中的"到"字应删去。

(二) 虚词的误用

虚词包括介词、副词、连词、助词等。在公文写作中,要注意介词间细微的差别。比如,"关于"和"对于"这两个介词就有所不同。"关于"用于引进某种事物的关涉对象,一般偏于明确的范围,如"关于……的决定"就不能使用"对于";"对于"用于引进对象或事物的关系者,一般偏于明确的对象,如"对于文化遗产,我们必须研究分析"就不能用"关于"。

在公文中,大量标题都会使用"关于",如《中共中央 国务院关于优化生育政策促进人口长期均衡发展的决定》《关于进一步减轻义务教育阶段学生作业负担和校外培训负担的意见》等。需注意的是,将"关于"置于发文机关之前或"对"之后的写法是错误的。

二、辨明词义

汉语博大精深,词汇义项丰富,近义词较多。写作时,需要辨明词语之间的细微差别,选用最准确贴切的词。一般可以从以下几个方面来辨明词义。

（一）词义轻重

词义轻重不同指的是意思相近的词语在表达同一含义时，语义的轻重程度不同。比如，"相信""信任"和"信赖"三个词都有"相信"的意思，但仔细推敲会发现："相信"限于认为正确、不怀疑，词义较轻；"信任"是在相信的基础上敢于托付，词义较重，如"从信任和团结中获取力量"；"信赖"则是在信任的基础上能够依靠，词义最重，如"做组织信任、群众信赖的好干部"。

（二）词义范围

词义范围指的是词义所覆盖的范围。公文写作中，常常要根据语境来选择适用不同范围的词语。如"目前"和"日前"这两个词，前者指说话的时候，后者指几天前。像"电力设备瘫痪，_____仍在抢修当中"，就应该选用"目前"，因为说话时抢修仍在进行。

（三）适用对象

有的词语适用对象也有明显的差别：某些词语只适用于人，某些词语适用于具体的事物，还有的词语只适用于抽象的事物。比如，"驱除""祛除"这一组词中，前者适用于具体的人或物，后者只适用于迷信或疾病类的抽象事物。

（四）感情色彩

词语有褒义词、中性词、贬义词的区别。如"鼓舞""鼓动""煽动"这组词，从动作的方向和力度上看并无差异，但感情色彩却大不相同。再比如下面这句话：

地下短信群发公司是目前垃圾短信泛滥的主要源泉，而目前的监管措施还不能有效地约束他们的行为。

"源泉"属于褒义词，不符合行文语境所要求的属性，应该改为"源头"。

随着时代的发展和社会生活的变化，有些词语的感情色彩也发生了变化。如"中庸""大锅饭"这两个词，刚出现时属于褒义词，现在则转向了贬义。这些变化需要注意，避免用词褒贬失当。

在公文写作中，要注意把握用词的分寸。除特殊情况外，一般要以中性词为主，避免使用过分贬义或是过分褒义的词语。

（五）语体色彩

语体主要分书面语体和口头语体两种，写作中要注意区别。与其他文体相比，公文用语更要求严谨庄重。因此，除了部分发言稿外，公文一般不使用口语化的语言，而是保持一致的书面语体风格。比如，口语中常说的"没有"，在公文中一般用"未"来代替，所以"没有签订劳动合同"一般写成"未签订劳动合同"。再如

《中共中央 国务院关于优化生育政策促进人口长期均衡发展的决定》的首段：

人口发展是关系中华民族发展的大事情。为贯彻落实党的十九大和十九届二中、三中、四中、五中全会精神，促进人口长期均衡发展，现就优化生育政策，实施一对夫妻可以生育三个子女政策，并取消社会抚养费等制约措施、清理和废止相关处罚规定，配套实施积极生育支持措施（以下简称实施三孩生育政策及配套支持措施），作出如下决定。

整段由一短一长两句话构成，用词极富书面语体色彩，很好地体现了这一决定的严肃性和庄重性。

三、用好简称

简称即缩略语，是对全称的科学概括和浓缩。公文写作要求语言表达简洁凝练，富于概括性和表现力，因此往往会使用简称。尤其是在纪要、工作报告、综合性简报等篇幅较长的公文中，简称的使用更加常见。

简称的形式可以归纳为如下两种。

一是"数词+共词"。主要出现在一些政策性短语里。如：把"讲学习、讲政治、讲正气"简称为"三讲"，等。

二是缩节固定短语或专用词组，保留关键词素。如：将"全国人民代表大会"简称为"全国人大"，将"北京大学"简称为"北大"，等。对于一些并非众所周知或只在特定区域、为特定人群所使用的简称，首次出现的时候要用全称，之后再出现时才可以用简称。比如，"加州"是"加利福尼亚州"的简称，首次出现的时候应该用全称，并用括号标注说明，如："加利福尼亚州（以下简称加州）"。

对简称的使用要慎重，一定要使用已经获得社会普遍认可的或由"该机关的上级机关规定"的规范化简称，不能为了行文方便自己随意精简。同时，还要注意避免产生歧义或不好的联想，比如，将"无锡市疗养院"简称为"无疗院"就不合适，这种简称应当坚决避免。简化时，应该选取全称中有代表性、能够体现特色的词。比如，对"××自动化机械实业有限责任公司"来说，"××机械"就是一个不错的单位简称。

四、熟悉专用语

在公文写作的长期实践中，针对不同的行文对象和语境，逐渐形成了一些特定的词语或词组，一般把它们叫作公文专用语。撰写公文时，要尽量使用这些精简的专用语。像"来信收到,内容尽知"这八个字,如果用"来函收悉"四个字来表达,不仅意思一点没有减少,而且还要更加精练、典雅、庄重。使用公文专用语,既有利于凸显公文的书面语体色彩,又能大大提高公文写作的速度。公文写作者必须高度重视对公文专用语的学习和运用。

常见的公文专用语有以下十类:

1. 开头用语。通常用于表明行文目的、依据、原因、背景等。主要有:"按照""根据""遵照""依照""为""为了""由于""随着""目前""兹有"等。

2. 承启用语。有的是为了说明目的,如"为了""为此";有的是为了说明依据,如"根据""遵照""按照"等;有的是为了引起下文,如"特作出如下通知(或决定、决议等)""拟采取如下措施""提出如下意见"等。

3. 结尾用语。主要有:"希……为荷""请……为盼""望……为要""特此通知(或通报、报告、函告)""并希见复""希认真贯彻执行""以上请示(或建议、意见)当否,请批示(或指示)"等。

4. 称谓用语。主要有:"我(市)""本(市)""你(局)""贵(局)""该(处)"等。

5. 引叙用语。一般用于引叙来件时。比如:"近接""前接""收悉""欣悉"等。

6. 经办用语。通常用于说明处理情况或要求。比如:"经""业经""已经""兹经""责成""研究执行""贯彻执行""参照执行""切实执行"等。

7. 表态用语。要根据表态的程度选用,注意用语分寸。这类词语有:"同意""不同意""原则同意""原则批准""批准""遵照执行"等。

8. 期请用语。主要表示发文者的某种期望或要求。比如:"希""请""望""拟请""报请""即请""切望""希望"等。

9. 期复用语。主要有:"请核实""请回复""请指示""请审批"等。

10. 征询用语。主要是表示征请、询问对相关事项的意见和态度的用语。比如:"可否""妥否""当否""是否妥当""如无不当""如无不妥"等。

五、避免歧义

歧义是指语句有两层或多层意义,可同时形成两种或多种可能解释的一种语言现象。在一些文学作品中,作者甚至会有意使用歧义。但是,对于公文这样一种讲究语言精确性的文体,歧义是极其有害的。

这方面的实例举不胜举。甲午中日战争后,清政府掀起了借洋债修铁路的运动。有一次,清政府签订了向德国借款修胶济铁路的协议,协议中有这样一个条款:"沿铁路线左右三十里内煤铁等矿,德国有权开采。"清政府负责起草这份协议的官员本意是说"左右加起来一共三十里",没想到德国人利用了"左右三十里"的歧义,坚持条款是说"左右各三十里",结果清政府白白丢失了一倍的土地矿产开采权。又如史学界有一种观点是,二战时败局已定的日本之所以挨了两颗原子弹,很重要的一个直接原因,就是日本政府针对《波茨坦公告》发表的声明存在歧义:日本政府称自己对这一公告的态度是"唯有默杀"。"默杀"这个词在日语中是多解的,可以理解为"不予理睬",也可以理解为"不予置评",但声明没有对此作出明确解释。

在现实生活中,公文歧义的案例也屡见不鲜。如"我们要严厉打击少数犯罪分子"这一表述就有歧义,起草者的本意可能是想说犯罪分子相对于人民群众来说是"少数",但是这句话也可以被解读为"打击的只是'犯罪分子中的少数'"。

起草公文时,要想杜绝歧义,应对用词、表达等多作推敲,对于一些容易产生歧义的词语,使用时更要反复斟酌。对诸如"大约""也许""大致""尚可"等模棱两可的词语的使用也一定要慎之又慎。当然,这并不是说这类词完全不能用。事实上,对于一些模糊语(如"一些""不少""不够好"等)的适切运用,反而可以更准确地反映实际情况。比如,"一些低收入群众生活还比较困难"这样的表述就是比较到位的。

第四节　严防文字标点差错

随着媒体 3.0 时代的到来,很多情况正在发生变化。全媒体不断发展,出现了全程媒体、全息媒体、全员媒体、全效媒体,信息无处不在、无所不及、无人不用,舆论生态、媒体格局、传播方式发生深刻变化,新闻舆论工作面临新的挑战,公文中出现的错别字所造成的负面影响也越来越大。

公文是传达贯彻党和国家的方针、政策,联系和处理各种公务的工具,在国家机关、社会团体、企事业单位的大小事务中发挥着重要作用,具有很强的政策性、权威性和现实的效用性。在群众心中,一篇公文就代表着一个单位的形象。不少基层机关的公文、讲话稿、官方宣传标语牌,因为一两个字的错误最终演变为全网大舆情,看似只是因为个别工作人员粗心大意,"没有认真校对",但其背后往往是缺乏责任意识、服务态度的问题,绝对不是小事。国务院办公厅主办的中国政府网发布的《关于"严重错别字"指标的说明》,就把错写"国名、国家机构名称,以及党和国家领导人姓名"、出现"背离社会主义核心价值观,有可能产生恶劣影响的错别字"列入了严重错误。公文起草者对此应高度重视。在公文写作实践中,应当严格遵照执行党和国家制定的汉字使用的相关法律、法规的规定。比如,《条例》在第十一条就有如下规定:"公文使用的汉字、数字、外文字符、计量单位和标点符号等,按照有关国家标准和规定执行。民族自治地方的公文,可以并用汉字和当地通用的少数民族文字。"

那么,起草公文时怎样做才能保证用字、标点规范无误呢?

一、杜绝错别字、漏字和多字

著名语言文字期刊《咬文嚼字》每年初都会公布上一年度的"十大语文差错"。"2020年度十大语文差错"中有一条就是把"共渡难关"的"渡"误写成了"度"。"度"的对象是时间,如"欢度佳节""虚度年华";"渡"的对象是空间,如"远渡重洋""横渡长江"。这里的"难关",指难以通过的关口,当属空间概念,所以与之搭配的应为"渡",而非"度"。如今,公文写作已很难离开电脑,但在很多输入法中,有"共度"这个词,却没有"共渡";更麻烦的是,不少输入法还推出了云联想功能,会在打字时自动联想出一些全网使用很频繁的错别字。因此,公文起草者必须不断加强自身修养,辨清汉字字形、字音、词义的细微差别,严防公文中出现错别字、漏字和多字,避免造成不良的社会影响。

(一)错别字

"的""地""得"三字混用的情况在公文中并不少见,尤其是很多该用"地"的地方错用成了"的":

创新应该和国际化紧密的联系在一起。

这一句里的"紧密"是修饰"联系"这个动词的,所以应该将"的"修改为"地"。再如,某部门所发的一份会议通知,把要求有关人员"务须参加"写成了"勿须参加",结果导致会议没能如期举行,严重影响了工作。

(二)漏字

感染相同病菌的病人将集中照顾。

这里应该在"将"后加一个"被"字,改成"将被集中照顾"。

(三)多字

这项工作必须在今年三月底前后完成。

"三月底"已经是一个大概的时间,不能再加"前后",应该删去"后"。

总之,公文起草者在正式将文件提交给领导审核之前,务必采用各种方法来消除错字隐患。比如,养成在写作中查检最新版《辞海》《现代汉语词典》等工具书的好习惯,写完初稿后出声朗读,先"冷处理"一段时间后再重新细看,等等。

二、掌握数字用法

规范公文用字也包括规范使用数字。科学准确地使用各种数字,是公文写作的一项重要内容。在公文写作实践中,常常会因为上报口径的不一致而出现前后数据单位的不统一(如统计人数时,前面以"万人"为单位,后面却以"千人"为单位),或者相关数字前后不一致。当涉及表示事物数量的增减或比例关系等的数字时,更要小心谨慎,不要"大意失荆州"。在公文中,有的地方要使用阿拉伯数字,有的地方却必须使用汉字数字,极易混淆。下面进行一个简单的梳理。

▶ 必须使用阿拉伯数字的情况:①公历世纪、年代、年、月、日、分、秒(公文有一个经常出现的错误:成文日期使用汉字日期。但按照规定,公文的成文日期一定要使用阿拉伯数字,如须写成"2023年8月18日");②统计表中的各类数值;③代号、代码和序号;④引文标注。

▶ 必须使用汉字数字的情况:①缩略语,如"十九届五中全会"不能写作"19届5中全会";②成语、惯用语或定型的词,如"一心一意""过五关斩六将""星期二";③两个数字连用表示概数,如"两三点雨""多收了三五斗"不能写作"23点雨""多收了35斗",数字之间也不能加任何标点符号;④带有"几"或"数"字的数字表示约数,如"十几天""几百万分之一";⑤中国干支纪年、夏历月日、清代结束之前的历史纪年及各民族的非公历纪年,如"丙子年十二月十九日""齐桓公二年"。

三、用准标点符号

标点符号分标号和点号两类。标号包括引号、括号、破折号、省略号、着重号、书名号、间隔号、连接号、专名号和分隔号,点号包括顿号、逗号、分号、冒号、句号、问号、叹号。在公文写作中,除了要严格执行2012年6月1日起实施的国家标准《标点符号用法》(GB/T 15834—2011),还要结合公文惯例。如:标题中除法规、规章名称加书名号外,一般不用标点符号;除了表达号召的情况外,结尾句末尾不用问号或感叹号,如"以上当否,请指示"后就只能用句号,而不能用问号。此外,还要注意下列常常出现的标题序码规范:

▶ 第一级标题序码用一、二、三、……大写数字后用顿号"、",不能用下脚

点".";

▶ 第二级标题序码用(一)(二)(三)……括号后不能加顿号"、";

▶ 第三级标题序码用 1.2.3.……阿拉伯数字后用下脚点".",不能用顿号"、";电脑打字键入"."时,注意要切换成全角;

▶ 第四级标题序码用(1)(2)(3)……不能加顿号"、"或下脚点".";

▶ 第五级标题序码用①②③……不能加顿号"、"或下脚点"."。

第五节 善用人工智能技术

2015 年 11 月,机器人"快笔小新"入职新华社。这位新"同事","写作"速度快、效果好,广受前辈认可。近年来,人工智能写作机器人如雨后春笋般在很多领域涌现,ChatGPT"撰写"文稿的智能化程度也令人震撼。在这样的背景下,公文写作者应该以何种心态面对,又应该如何借力用力写好公文?

第一,公文作为程式化、规范化程度极高的文体,有可能也有必要利用技术手段实现写作模式的升级。

《荀子·劝学》说:"假舆马者,非利足也,而致千里;假舟楫者,非能水也,而绝江河。君子生非异也,善假于物也。"现代技术手段就是公文写作的"舆马"和"舟楫"。不管是未来 AI 写作正式进入公文领域,还是现在利用一些专业的写作 App 或高级的搜索技巧,都可以大大提高我们的写作效率。

第二,人工智能的加入并不意味着写作能力不再重要。公文写作是一种创造性劳动,人类智慧无法完全被机器替代。

每一篇公文,都是公文写作者政治素养、道德素养、心理素养、知识素养、能力素养的综合,融会了人类的价值观、道德观、审美观、业务知识、人文知识、科学知识、写作知识,以及感知能力、思维能力、组织能力、表达能力等多个层面。这样的深度和广度是人工智能难以企及的。

自古以来,我国知识分子就有"为天地立心,为生民立命,为往圣继绝学,为万世开太平"的志向和传统。徐望之在《公牍通论》中指出,公文的可贵在于"一字一句皆从民生国计上着想,计久远不计目前,尚实事不尚虚文","尚实事者,必须能克己,能利民"。与人工智能完全依赖程序不同,我们现在很多的机关"大手笔"都具有这样强烈的事业心和责任感,能够在公文写作中不断发挥自己的主观能动性。

第三,虽有人工智能 3 秒成稿,但铸就公文"大手笔",还是要依靠工匠精神。公文关涉极大,不能一心求快,而应精益求精、精雕细琢。

信息爆炸一方面大大拓宽了人们的视野,但另一方面也容易让人心浮气躁,满足于"剪刀加糨糊",快速成稿。有的人甚至直接抄袭网络文章,导致公文中出现大量啼笑皆非的错误。不少这样的公文还成了社会热点,有损政府机关的形象和行政的权威性。由此可见,公文写作者要严格执行公文写作流程,用眼里揉不进半粒沙子的工匠精神全情投入写作,慎重对待笔下的每一个字,做到"出手即精品"。

第四,人工智能可以依靠特定的算法,对现有材料不断进行学习。我们也应该像这样不断地充实自己。但无论使用多好的算法,人工智能学习的材料都不可能有我们在现实生活中学到的丰富,它们也无法做到像王安石那样,斟酌十余次去敲定"春风又绿江南岸"中的那一个"绿"字。

清代唐彪说:"多读乃借人之工夫,多做乃切实求己工夫,其益相去远也。……文章不能一做便佳,须频改之方入妙耳。"公文写作者只有用心在实践中"切实求己",多看、多练、多写,才能让自己的思维与时俱进,让自己的写作能力不断提升,逐步成长为有实力、有态度、有担当的"大手笔"。

第六讲　公文写作与范例(一)

第一节　请示

一、请示的特点

依据《条例》,请示适用于向上级机关请求指示、批准,属于上行公文,具有以下四个特点。

1. 回复性

在整个公文体系中,请示是为数不多的双向对应的文体之一,呈请后有着较强的期复性。一般情况下,下级有一份请示呈报上去,不管是否同意下级的请示事项,上级都要在审核后给予明确回复。

2. 针对性

下级机关在写作上报请示前,一定要认真考虑,一般要针对超出本机关职权、能力、认识范围之外的事项运用请示,还要考虑到上级机关的审批权限。不能动辄使用请示,这样做看似尊重上级,实则转交矛盾。写作请示时,要将自己解决问题的打算也包括在内。

3. 单一性

请示的主送机关只能有一个,同时还明确要求一文一事。在一份请示中,下级只能就一项工作或一种情况、一个问题提出请示,不得在一份公文中就若干事项请求指示和批准,也不能在请示中夹带报告事项。有多个事项需要请示时,应该各自单独行文。

4. 超前性

请示必须在事前行文,等上级机关作出答复后才能付诸实施。

二、请示的写法

请示通常写以下三个部分的内容。

1. 请示缘由。开头要先说明请示的理由或事由,这是接下来的请示事项能够成立的前提条件,也是上级机关批复的主要依据。要尽量做到理据充分。

2. 请示事项。即请求上级机关批准、审核或指示的具体问题、事项,是请示最核心的部分。所请事项要符合法规,切合实际,明确具体,具有可行性和可操作性。

3. 结语。请示的结语比较简单,一般会以"当否,请批示""妥否,请批复"等惯用语作结。

三、请示的写作要点

根据内容、性质的不同,请示可分为请求指示、请求批准、请求批转三种。三种请示的格式大致相同,一般来说:请示批转的请示篇幅最短,写明要求批转事项的原因即可;请求批准的请示要把请求批准的事项、理由和一些具体细节(如人、财、物等方面的编制、数量、用途等)分条列款,一一写明;请求指示的请示,则要写明具体需在哪些问题、哪些方面上得到指示。

要写好请示还要注意以下几点:
1. 材料要真实,用语要平实恳切。
2. 一文一事。请示中一定不能夹带报告事项。
3. 一般只写一个主送机关,即直接负责受理和答复该文件的上级机关。尤其是接受双重领导的机关(如区公安分局受上级市公安局和区政府双重领导),一定注意不能多头请示。需要同时送其他机关的,应当用抄送的形式,但不得抄送其下级机关。除上级机关负责人直接交办的事项外,不得以机关名义向上级机关负责人报送请示。

请示范例

关于报请市政府发布《关于本市进行防空警报试鸣的通告》的请示[①]

沪民防〔2022〕74号

市政府:

经市政府批准,定于今年9月17日(全民国防教育日)在全市范围内组织防空警报试鸣。为确保广大市民和过往人员在警报试鸣时保持正常的工作和生活秩序,根据《中华人民共和国人民防空法》关于"县级以上地方各级人民政府根据

[①] 本书公文范例中的发文机关署名和成文日期均按照加盖印章的公文格式编排。

需要可以组织试鸣防空警报;并在试鸣的五日以前发布公告"的规定,考虑到警报试鸣前需做大量宣传告知工作,提请市政府于9月7日起发布《上海市人民政府关于本市进行防空警报试鸣的通告》。

当否,请示。

附件:关于本市进行防空警报试鸣的通告(代拟稿)

上海市民防办公室
2022年8月17日

(附件略)

第二节 批复

一、批复的特点

批复适用于答复下级机关请示事项,属于与"请示"配合使用的下行文。不过,请示的主送机关只能有一个,而批复的主送机关则可以是多个。如:《国务院关于同意新设6个自由贸易试验区的批复》的主送机关是"山东省、江苏省、广西壮族自治区、河北省、云南省、黑龙江省人民政府,商务部",《国务院关于淮河生态经济带发展规划的批复》的主送机关是"江苏、安徽、山东、河南、湖北省人民政府,国家发展改革委"。

先有下级机关提交请示请求批复,之后才有上级机关的批复。上级机关对于下级的请示事项进行了解和调查,然后根据国家的政策方针和实际情况决定是否同意,或者对下级机关不明确的问题作出更加详细的说明。一般可以据此将批复分为批准性批复和批示性批复两种。

二、批复的写法

批复通常要写以下四个部分的内容。

1. 收文情况。开头要先说明收文情况(如来文时间、标题和发文字号等),一般用"收悉"作结。如"国家发展改革委《关于报送〈新时代洞庭湖生态经济区规划〉(送审稿)的请示》(发改地区〔2022〕1654号)收悉""你省关于申报剑川县为国家历史文化名城的请示收悉""沪规划资源总〔2021〕222号文收悉"。

2. 批复意见。这是批复的核心部分,也是行文目的所在。一般可分为三种意见:"同意""原则同意""不同意"。如果是"原则同意",一般会说明同意的前提,即在什么条件下同意,什么条件下不同意。对于下级请示的事项,经研究发现时机不成熟的,一般会委婉表达"不同意",如"考虑到此事涉及面较广、社会影响较大,有关工作暂缓实施"。

3. 希望或要求。批示性批复在表明同意与否的态度之后,一般还要提出具体的希望或者要求。批准性批复一般没有此项内容。

4. 结语。一般会以"此复""特此批复"等惯用语作结。有的批复会省去不用。

三、批复的写作要点

批复是对下级单位请求指示、批准的答复性公文,也是上级机关指示性、政策性较强的公文。批复机关收到请示后,要根据现行政策法令和有关情况认真研究,再慎重及时地给予答复。写批复时,要注意做到以下几个方面。

1. 针对性强

"批复"是针对下级机关的"请示"而制发的,与后者所提的事项紧紧相扣。请示请求解决什么问题,批复就答复什么问题,上下行文互相对应。

2. 态度明确

不管同意与否,批复意见都要清楚明白,态度鲜明,不应含糊其词,以免下级无所适从。

3. 一文一事

和请示一样,批复也要求一文一事。也就是说,一份批复,只能针对一份请示。即使一个单位的数份请示或数个单位相同内容的请示是在同一个办公会议上审批的,也须坚持一文一事的原则,一一进行批复。

四、批复的类型

(一) 批准性批复

批准性批复又称表态性批复,主要是针对下级机关请示批准的事项表明同意或不同意。内容一般比较单一,主要是表明态度,有时也会简单提出执行要求。如《国务院关于同意设立"中国人民警察节"的批复》只有三句话,先说明"收悉",再表明"同意",最后的要求是:"具体工作由你部商有关部门组织实施。"

批准性批复范例

<h2 style="text-align:center">国务院关于同意设立"中国人民警察节"的批复</h2>

国函〔2020〕98号

公安部：

你部关于申请设立"中国人民警察节"的请示收悉。同意自2021年起，将每年1月10日设立为"中国人民警察节"。具体工作由你部商有关部门组织实施。

国务院
2020年7月11日

（二）批示性批复

批示性批复是指上级机关在审批某一问题时，先表明态度，再提出一系列相关批示，要求下级机关执行。也常见于针对下级机关提出的难以理解的政策、法规和没有明文规定的疑难问题作出批复。这类批复一般篇幅较长，如《国务院关于〈长三角生态绿色一体化发展示范区国土空间总体规划（2021—2035年）〉的批复》《国务院关于上海市城市总体规划的批复》。

批示性批复范例

<h2 style="text-align:center">国务院关于《长三角生态绿色一体化发展示范区
国土空间总体规划（2021—2035年）》的批复</h2>

国函〔2023〕12号

上海市、江苏省、浙江省人民政府，自然资源部：

自然资源部《关于报请批准〈长三角生态绿色一体化发展示范区国土空间总体规划（2021—2035年）〉的请示》（自然资发〔2023〕5号）收悉。现批复如下：

一、原则同意《长三角生态绿色一体化发展示范区国土空间总体规划(2021—2035年)》(以下简称《规划》),请认真组织实施。

二、《规划》是长三角生态绿色一体化发展示范区(以下简称示范区)规划、建设、治理的基本依据,要纳入国土空间规划"一张图"并严格执行,强化底线约束。到2035年,示范区耕地保有量不低于76.60万亩,其中永久基本农田不低于66.54万亩;生态保护红线不低于143.32平方公里;城镇开发边界面积控制在647.6平方公里以内;示范区规划建设用地总规模控制在803.6平方公里以内,其中先行启动区规划建设用地总规模控制在164.7平方公里以内。

三、《规划》实施要以习近平新时代中国特色社会主义思想为指导,全面贯彻落实党的二十大精神,扎实推进中国式现代化,完整、准确、全面贯彻新发展理念,着力推动高质量发展,坚持以人民为中心,统筹发展和安全,促进人与自然和谐共生;以生态优先、绿色发展为导向,立足区域资源禀赋和江南水乡特色,保护传承文化与自然价值,促进形成多中心、网络化、集约型、开放式、绿色化的区域一体空间布局;以国土空间规划"一张图"为依托,统筹各类专项规划,完善区域一体化空间治理机制;重点围绕基础设施互联互通、公共服务共建共享、生态环境共治共保,实现绿色经济、高品质生活、可持续发展有机统一,在长江三角洲区域一体化发展中更好发挥示范引领作用。

四、上海市、江苏省、浙江省人民政府要加强组织领导,明确责任分工,健全工作机制,完善政策措施,在《规划》的指导下,高水平推进示范区建设。要严守《规划》确定的"三区三线"等国土空间管控底线,聚焦生态绿色一体化,把生态保护好,不搞大开发,切实提高土地节约集约利用水平,防止扩大建设用地规模,严格控制开发强度,严禁随意撤并村庄搞大社区、违背农民意愿大拆大建,严禁违规兴建政府性楼堂馆所。

五、自然资源部要会同有关方面根据职责分工,密切协调配合,加强指导、监督和评估,加快建立《规划》实施的全生命周期管理制度,确保守住《规划》目标,坚决维护《规划》严肃性和权威性。《规划》实施中的重大事项要及时请示报告。

国务院
2023年2月4日

第三节 报告

一、报告的特点

报告是向上级机关汇报工作、反映情况、回复上级机关询问所使用的公文,属于典型的上行文,在日常公文处理实践中应用非常广泛。

尽管这一文种与请示都是上行文,但两者之间存在以下三方面的明显区别:

1. 行文目的不同。请示主要用来请求上级机关给予指导和批准,有请示一般就有批复;而报告的行文目的在于使上级机关掌握某方面或某阶段的情况,上级机关不一定会给予回复。

2. 行文时间不同。请示必须在事前行文,不允许"先斩后奏";报告主要是事后行文,有时也会在事中汇报工作进展情况。

3. 行文内容不同。请示主要写具有迫切性、需上级机关明确指示或批准的事项,行文时只能一文一事;报告则着眼于汇报或反映情况,既可一文一事,也可以一文数事,尤其是汇报性报告中的综合报告基本涉及多个事项。

二、报告的写法

报告的正文通常要写以下三个部分的内容。

1. 报告缘由。交代此次报告的原因、背景和依据,最后用"现将有关情况报告如下"转入下一部分。

2. 报告事项。包括成功经验、存在问题、解决办法、改进措施、下一步设想等方面,不同类型的报告各有侧重。内容较多的报告,要按照由主到次的顺序分条列项撰写。

3. 结语。一般要用"特此报告""以上报告,如有不当,请指正""现将……报上,请审示"作结。

三、报告的类型

(一) 汇报性报告

汇报性报告是下级向上级汇报工作、反映情况的报告。这类报告在工作中具有重要地位,需要重点关注。按照内容的性质和范围,汇报性报告可分为综合报告和专题报告两种。

综合报告涉及内容多、范围广,写作难度较大,一般要依靠集体的力量。毛泽东同志在《关于建立报告制度》中讲到如何写作综合报告时强调,这种报告要概括说明"各项活动的动态",点明"活动中发生的问题和倾向",并提出相应的"解决方法"。

相对而言,专题报告的涉及面窄,只针对某一方面的工作或者某一项具体工作向上级汇报。其特点是内容专一、针对性强。专题报告一般可以分为工作报告和情况报告两种。其中,情况报告用于向上级报告突发事件或有倾向性的新动态、新风气。为了更好地实现"下情上达",作为下级机关一定要随时关注相关情况,及时向上级报告。

汇报性报告范例

北京市 2022 年法治政府建设年度情况报告

2022 年,北京市坚持以习近平新时代中国特色社会主义思想为指导,全面贯彻落实党的二十大精神,深入贯彻习近平法治思想,认真落实党中央、国务院关于法治政府建设总体部署,围绕建设法治中国首善之区目标,扎实推进各项工作,取得积极成效。现将有关情况报告如下:

一、主要举措和成效

(一)加强统筹谋划和协调推动。将习近平法治思想作为各级行政机关会前学法必学内容和培训必修课程,深入开展党的二十大精神和习近平法治思想理论与实务研究。东城、通州、延庆 3 个区和 4 个项目分别被命名为全国法治政府建设示范地区和示范项目。推进北京市领导干部依法行政教育培训中心和基地建设,编写领导干部依法行政知识读本。扎实做好中央依法治国办督察反馈问题整改。

(二)持续推进政府职能转变。完善首都机场临空经济区等开发区管理机构设置,向城市副中心、自贸区等重点功能区下放市级行政权力,明确市、区相关部门和街道(乡镇)职责任务。深化行政审批制度改革,精简行政许可事项 140 项,深化"证照分离"改革。深化综合窗口 2.0 改革,90% 以上事项实现"一门"集中进驻和"一窗"综合受理,85% 以上事项实行"双授权"。完成营商环境 5.0 版改革任务和国家创新试点改革任务,推进世行新评价研究。落实市场准入负面清单和新增产业禁限目录制度。建成覆盖市、区、街道(乡镇)、社区(村)的四级网上政务服务体系,市区两级 98% 以上事项实现网上办理。出台政务诚信诉讼执行协调机制改革方案,推进信用监管。出台加强基层治理体系和治理能力现代化建设的实施意见,推动基层治理改革。健全接诉即办诉求分类处理等配套制度。

（三）提升科学民主依法决策水平。落实市政府2022年立法工作计划，提请市人大常委会审议8项法规草案，完成10项政府规章立、改、废工作，开展政府规章立法后评估。公开市政府年度重大行政决策事项目录，邀请媒体参加市政府常务会议，对涉及公众利益的重要规划、重大公共政策和措施等，邀请市民代表列席会议。落实重大行政决策出台前向市人大常委会报告制度。持续开展区政府重大行政决策案例评审活动。印发进一步加强行政规范性文件合法性审核工作的指导意见，352件市政府行政规范性文件或重大行政决策履行合法性审核程序，493件报送市政府备案的行政规范性文件履行备案审查程序。

（四）推进严格规范公正文明执法。严格落实行政执法"三项制度"，完善北京市行政处罚案卷标准，全面推广轻微违法免罚和初次违法慎罚制度。持续推动"6+4"一体化综合监管体系建设，相关改革经验在全国得到推广。全面推行"双随机、一公开"监管。健全综合执法与行业监管协同机制。加强基层综合执法队伍建设，全面启用新版行政执法证件。加快推进北京市行政执法信息服务平台三期建设。

（五）推进突发事件应对规范化建设。制发城市安全风险评估三年工作方案，构建公共安全风险管理体系。编制应急避难场所相关标准，统筹规范应急避难场所管理。印发规模疫情条件下灾害事故等应急预案。制发"十四五"时期应急救援力量建设规划，研究起草深入推进基层应急管理体系和能力建设的实施意见，编制火车站等场所应急管理体系建设标准，试点开展基层应急能力规范化建设。

（六）强化内外监督工作合力。按期办复全国和市级建议提案，市政府被全国政协评为提案"先进承办单位"。市政府向市人大常委会报告工作20项，提请审议事项15项，配合开展执法检查3项。向市政协通报工作2项，专题协商8项，协商恳谈2项。研究起草推进行政机关负责人出庭应诉工作指导意见，全市各级行政机关负责人出庭应诉1705次；全市一审行政应诉案件8889件、审结7195件，以市政府为被告的一审行政应诉案件324件、审结293件。自觉接受、配合纪检监察机关监督。加强财政管理和审计监督，规范财政收入管理，深化全成本预算绩效改革；全年共审计单位143个，健全完善规章制度520项。出台深化政务公开促进政策服务工作办法，做好政策主动公开服务。推出外资企业设立等23项主题服务。

（七）健全矛盾纠纷行政预防化解体系。推进行政复议体制改革落地落实。全市各级行政复议机关受理复议案件13992件，审结12195件，通过纠错、调解、和解等手段，切实发挥行政复议化解行政争议主渠道作用。全市各级行政机关共受理行政调解案件51.5万件，调解成功24.2万件。开展"12·4"国家宪法日、"迎接冬奥　法治同行"等主题普法活动。印发公共法律服务体系建设发展规划，构建公共法律服务网络体系。强化法律援助服务,面向妇女等特殊群体开展公共法律服务专项活动。落实信访首接首办责任制,提高信访事项办理效率。

二、存在问题与不足

一是区域间法治政府建设水平不平衡和层级间依法行政能力差距依然存在,特别是基层政府依法行政能力亟待进一步提升。二是行政规范性文件合法性审核和备案工作有待进一步加强。三是行政机关通过日常检查主动发现问题能力有待进一步提高,科技手段赋能精准高效执法还需持续改进。

三、市政府主要负责同志履行推进法治政府建设第一责任人职责情况

一是加强组织领导。主持召开依法行政工作领导小组会议,部署法治政府建设工作;组织市政府常务会议审议法治政府建设年度情况和依法行政专项数据监测报告、市政府立法工作计划等重要议题,研究推进法治政府建设任务措施。二是带头开展学法。组织市政府常务会议会前学法4次,邀请专家围绕宪法、公益诉讼等主题进行授课,引领各级行政机关学法常态化。三是关注法治政府建设重大问题。全面落实重大行政决策程序,严格执行重大行政决策目录管理制度;在推进数字经济促进条例等重要立法工作中,多次组织召开专题会,研究重点内容;关注基层执法等热点问题,推进复议体制改革,加强基层司法所建设。

四、2023年工作安排

(一)深入学习贯彻党的二十大精神。将学习贯彻党的二十大精神和习近平法治思想纳入工作要点和考核指标,作为学法培训必学内容。举办全市局级干部法治建设和法治机构负责人专题培训班,把学习成效转化为生动实践。

(二)统筹推进法治政府建设各项工作。积极参与第三批全国法治政府示范创建活动。推进实施"法治明白人""法治帮扶"工程。持续推进全市领导干部依法行政教育培训中心和基地建设。

(三)持续优化政府职责体系和组织结构。推进市区两级国防动员体制和疾病预防控制体系改革,调整优化城市副中心管理机构设置,调整街道职责规定的部分事项。

(四)推进依法行政制度体系建设。落实2023年市政府立法工作计划,推进国际科技创新中心建设条例等重点立法项目。落实加强行政规范性文件合法性审核工作的指导意见。

(五)深入推进严格规范公正文明执法。落实进一步规范行政裁量权基准制定和管理工作的意见,推动"6+4"一体化综合监管场景落地,推进行政执法信息服务平台三期应用。

(六)做好矛盾纠纷行政预防化解工作。制定加强行政复议质效管理、监督

和调解等工作制度,落实行政机关负责人出庭应诉工作指导意见,完善矛盾纠纷多元化解机制,落实信访工作条例。

特此报告。

北京市人民政府
2023 年 3 月 31 日

(二) 回复询问报告

回复询问报告是答复上级机关询问的报告,内容针对性极强,上级询问什么就答复什么,绝对不能回避问题,"顾左右而言他"。撰写这类报告一定要慎重,在动笔前要完成深入的调查研究,对上级机关询问的情况进行充分了解。

回复询问报告范例

××县人民政府关于××问题调查处理情况的报告

××市人民政府:

接到省委、省政府领导在《××停车场存在扬尘污染、噪声污染及安全隐患问题》的简报上的批示后,我县高度重视,立即成立专项工作组进行实地核查。经调查,该问题属实。现将调查处理情况报告如下:

一、基本情况(略)

二、调查处理情况

(一) 关于"扬尘污染"问题(略)

(二) 关于"噪声污染"问题(略)

(三) 关于"安全隐患"问题(略)

三、下一步计划

县政府责令××街道办事处进一步健全环境体系网格化管理机制,强化对货运停车场的宣传、监督、管理,确保各项环境保护措施落到实处。

××县人民政府
20××年×月×日

（三）报送性报告

报送性报告是向上级报送文件、物件时使用的报告。正文通常非常简略，一般只用一两句话将报送的文件、物件，及其报送目的、相关事宜说清即可。

报送性报告范例

××市防汛防旱指挥部
关于报送《××市20××年防汛防旱工作总结》的报告

××省防汛防旱指挥部：

  今年我市汛情总体平稳，梅雨期间雨量较常年偏少，出梅后7月下旬至9月受多个台风影响，我市多次出现短时强降雨。在省防指、市委、市政府的正确领导下，各部门通力合作，最大限度降低了灾害影响，全市实现了安全度汛，为保障我市经济发展和社会稳定作出了新的贡献。现将《××市20××年防汛防旱工作总结》报上，请审示。

  附件：××市20××年防汛防旱工作总结

××市防汛防旱指挥部
20××年×月×日

（附件略）

第七讲　公文写作与范例(二)

第一节　通知

一、通知的特点

在所有公文文种中,使用频率最高、适用范围最广的是通知。根据《条例》,通知适用于发布、传达要求下级机关执行和有关单位周知或者执行的事项,批转、转发公文。值得注意的是,通知这种公文有平行文和下行文两种属性。

通知主要有三大特点:一是行文主客体和运用的广泛性。从中央到地方,从党政机关到企事业单位,从单位到个人,都会用到通知。通知的适用范围是所有文种中最高的。二是行文行为的专项性。通知的写作要遵循一事一通知的原则,表述必须具体明确、简练准确。三是行文事项的时效性。通知的撰写、发布、执行都应该在规定时间内完成,不能拖延。

二、通知的类型和写法

(一) 发文性通知

发文性通知指用于印发、转发和批转公文的通知。

1. 重点辨析

"印发"一般用于发布规章制度、意见、办法、条例、细则、要点等规范性文件的通知。如《国务院办公厅关于印发〈提升行政执法质量三年行动计划(2023—2025年)〉的通知》《教育部办公厅关于印发〈基础教育课程教学改革深化行动方案〉的通知》。

"转发"一般用于下级机关将上级机关的来文转发给自己的平行机关、下级机关或者不相隶属机关的通知。如《北京市教育委员会转发教育部办公厅关于加强中小学生手机管理工作文件的通知》。

"批转"一般用于上级机关将下级机关的来文予以批示后,再让其转给下属各单位参考执行的通知。如《国务院批转教育部国家教育事业发展"十一五"规划纲要的通知》。

拟写这类公文还有两点值得注意:

（1）发文性通知属于复合体公文，在文本结构上明显由前后两部分构成。公文中的规范性文件一般均附在通知之后，但不作为附件处理，而是作为正件的组成部分。

（2）对于层层转发的发文性通知的标题应予以精简。比如，"××区财政局转发《××市财政局转发财政部〈关于进一步加强国有金融企业财务管理的通知〉的通知》的通知"这样的标题，就应当改为只保留当前发文机关和原始发文机关的名称，省略中间的发文单位，即"××区财政局转发财政部《关于进一步加强国有金融企业财务管理的通知》的通知"。

2. 正文写法

发文性通知的正文一般要写以下两个部分的内容。

（1）印发（转发、批转）文件的说明。有时会在前面加上依据，如："《×××》已经×××同意，现印发给你们，请认真贯彻执行。"

（2）对贯彻执行被转文件提出具体要求，或者对相关事项进行说明。在实际操作中，很多发文性通知的这部分内容常常省略。

发文性通知范例

国务院办公厅关于转发教育部等部门
教育部直属师范大学师范生公费教育实施办法的通知

国办发〔2018〕75号

各省、自治区、直辖市人民政府，国务院各部委、各直属机构：

  教育部、财政部、人力资源社会保障部、中央编办《教育部直属师范大学师范生公费教育实施办法》已经国务院同意，现印发给你们，请认真贯彻执行。2007年5月9日经国务院批准、国务院办公厅转发的《教育部直属师范大学师范生免费教育实施办法（试行）》和2012年1月7日经国务院批准、国务院办公厅转发的《关于完善和推进师范生免费教育的意见》同时废止。

国务院办公厅
2018年7月30日

（《教育部直属师范大学师范生公费教育实施办法》略）

(二) 部署性通知

部署性通知，又叫部署工作性通知，一般适用于上级机关指示下级机关开展工作，要求其贯彻落实部署通知内容。如中央网信办秘书局《关于加强"自媒体"管理的通知》，以及财政部、海关总署、税务总局联合发文的《关于2021—2030年支持新型显示产业发展进口税收政策的通知》。

这类通知的正文一般要写以下两个部分的内容。

1. 通知缘由。包括通知的背景、目的、依据、意义等。

2. 部署的具体事项或执行要求等方面的内容，包括具体措施和注意事项等。写这部分内容时，要注意逻辑条理性。

拟写部署性通知，要注意用语平实和清晰阐述事项要求，以便于下级机关单位贯彻执行。

部署性通知范例

关于加强"自媒体"管理的通知

各省、自治区、直辖市党委网信办，新疆生产建设兵团党委网信办：

为加强"自媒体"管理，压实网站平台信息内容管理主体责任，健全常态化管理制度机制，推动形成良好网络舆论生态，现就有关工作要求通知如下：

1. 严防假冒仿冒行为。网站平台应当强化注册、拟变更账号信息、动态核验环节账号信息审核，有效防止"自媒体"假冒仿冒行为。对账号信息中含有党政军机关、新闻媒体、行政区划名称或标识的，必须人工审核，发现假冒仿冒的，不得提供相关服务。

2. 强化资质认证展示。对从事金融、教育、医疗卫生、司法等领域信息内容生产的"自媒体"，网站平台应当进行严格核验，并在账号主页展示其服务资质、职业资格、专业背景等认证材料名称，加注所属领域标签。对未认证资质或资质认证已过期的"自媒体"，网站平台应当暂停提供相应领域信息发布服务。

3. 规范信息来源标注。"自媒体"在发布涉及国内外时事、公共政策、社会事件等相关信息时，网站平台应当要求其准确标注信息来源，发布时在显著位置展示。使用自行拍摄的图片、视频的，需逐一标注拍摄时间、地点等相关信息。使用技术生成的图片、视频的，需明确标注系技术生成。引用旧闻旧事的，必须明确说明当时事件发生的时间、地点。

4. **加强信息真实性管理**。网站平台应当要求"自媒体"对其发布转载的信息真实性负责。"自媒体"发布信息时,网站平台应当在信息发布页面展示"自媒体"账号名称,不得以匿名用户等代替。"自媒体"发布信息不得无中生有,不得断章取义、歪曲事实,不得以拼凑剪辑、合成伪造等方式,影响信息真实性。

5. **加注虚构内容或争议信息标签**。"自媒体"发布含有虚构情节、剧情演绎的内容,网站平台应当要求其以显著方式标记虚构或演绎标签。鼓励网站平台对存在争议的信息标记争议标签,并对相关信息限流。

6. **完善谣言标签功能**。涉公共政策、社会民生、重大突发事件等领域谣言,网站平台应当及时标记谣言标签,在特定谣言搜索呈现页面置顶辟谣信息,运用算法推荐方式提高辟谣信息触达率,提升辟谣效果。

7. **规范账号运营行为**。网站平台应当严格执行"一人一号、一企两号"账号注册数量规定,严禁个人或企业操纵"自媒体"账号矩阵发布传播违法和不良信息。应当要求"自媒体"依法依规开展账号运营活动,不得集纳负面信息、翻炒旧闻旧事、蹭炒社会热点事件、消费灾难事故,不得以防止失联、提前关注、故留悬念等方式,诱导用户关注其他账号,鼓励引导"自媒体"生产高质量信息内容。网站平台应当加强"自媒体"账号信息核验,防止被依法依约关闭的账号重新注册。

8. **明确营利权限开通条件**。"自媒体"申请开通营利权限的,需3个月内无违规记录。账号主体变更的,自变更之日起3个月内,网站平台应当暂停或不得赋予其营利权限。营利方式包括但不限于广告分成、内容分成、电商带货、直播打赏、文章或短视频赞赏、知识付费、品牌合作等。

9. **限制违规行为获利**。网站平台对违规"自媒体"采取禁言措施的,应当同步暂停其营利权限,时长为禁言期限的2至3倍。对打造低俗人设、违背公序良俗网红形象,多账号联动蹭炒社会热点事件进行恶意营销等的"自媒体",网站平台应当取消或不得赋予其营利权限。网站平台应当定期向网信部门报备限制违规"自媒体"营利权限的有关情况。

10. **完善粉丝数量管理措施**。"自媒体"因违规行为增加的粉丝数量,网站平台应当及时核实并予以清除。禁言期间"自媒体"不得新增粉丝,历史发文不得在网站平台推荐、榜单等重点环节呈现。对频繁蹭炒社会热点事件博取关注的"自媒体",永久禁止新增粉丝,情节严重的,清空全量粉丝。网站平台不得提供粉丝数量转移服务。

11. **加大对"自媒体"所属MCN机构管理力度。** 网站平台应当健全MCN机构管理制度，对MCN机构及其签约账号实行集中统一管理。在"自媒体"账号主页，以显著方式展示该账号所属MCN机构名称。对于利用签约账号联动炒作、多次出现违规行为的MCN机构，网站平台应当采取暂停营利权限、限制提供服务、入驻清退等处置措施。

12. **严格违规行为处置。** 网站平台应当及时发现并严格处置"自媒体"违规行为。对制作发布谣言、蹭炒社会热点事件或矩阵式发布传播违法和不良信息造成恶劣影响的"自媒体"，一律予以关闭，纳入平台黑名单账号数据库并上报网信部门。对转发谣言的"自媒体"，应当采取取消互动功能、清理粉丝、取消营利权限、禁言、关闭等处置措施。对未通过资质认证从事金融、教育、医疗卫生、司法等领域信息发布的"自媒体"，应当采取取消互动功能、禁言、关闭等处置措施。

13. **强化典型案例处置曝光。** 网站平台应当加强违规"自媒体"处置和曝光力度，开设警示教育专栏，定期发布违规"自媒体"典型案例，警示"自媒体"做好自我管理。

各地网信部门要切实履行属地管理责任，强化业务指导和日常监管，开展对资讯、社交、直播、短视频、知识问答、论坛社区等类型网站平台的督导检查，督促网站平台严格对照工作要求抓好贯彻落实，切实加强"自媒体"管理。

中央网信办秘书局
2023年7月5日

（三）任免性通知

任免性通知主要用于任免和聘用干部。上级机关任免下级机关的领导人或上级机关的有关任免事项需要下级机关知晓时，应该使用这种通知。

任免性通知的正文相对简单，一般写明任免依据（包括时间、机关、会议或依据文件等）和任免事项即可。有的任免性通知除了写明任免人员的具体职务外，还会注明任期。

任免性通知范例

××市人民政府关于×××、×××同志职务任免的通知

×政发〔20××〕××号

各区人民政府,市政府各委、办、局,各市属机构:

经20××年×月×日××市第×届人民代表大会常务委员会第×次会议决定:

任命×××为××市××局局长。

免去×××的××市××局局长职务。

××市人民政府

20××年×月×日

(四) 事务性通知

事务性通知主要用于处理日常工作中的相关事务。这种公文在党政机关、社会团体、企事业单位处理日常事务性工作时使用的频率极高。常见的事务性通知有放假通知、开学通知、会议通知、缴费通知等。

事务性通知的正文一般写明有关事务信息或者要求即可。

在事务性通知中,会议通知是日常工作中最常见、运用最多的公文。会务工作中有一个至关重要的环节就是发放会议通知。会议通知的内容要求准确、齐全、具体,以使与会人员提前了解会议要求,做好充分的准备。这类通知的正文一般要包括以下内容:

1. 开会的目的或根据;
2. 会议的主要议程;
3. 参加对象的条件及名额分配;
4. 会议的时间、地点;
5. 出席会议者应自备的物件,如介绍信、经费、照片、论文等;
6. 报到的具体方式,如报到时间、地点、接站安排或路线等;
7. 其他有关事宜。

在会议通知的写作中,要注意区分"参加""出席""列席"这三个词的不同用法。一般来说,"参加"适用于列席和出席会议的全体人员,"出席"适用于有发言权和表决权的人员,"列席"则只适用于有发言权但没有表决权的人员。如果此次会议议程中有表决环节,就要用"出席"和"列席"两个词来区分有表决权和没有表决权的人员,否则要用"参加",写作"参加人员"或者"与会人员"。

事务性通知范例

农业农村部办公厅关于召开全国农药管理工作会议的通知

农办农〔2019〕19号

近年来,随着新修订的《农药管理条例》实施和新一轮机构改革,各级农业农村部门的工作职能和人员调整都有较大变化。为切实做好农药管理工作,促进农药高质量发展和绿色发展,保障粮食安全、农业生产安全和农产品质量安全,经研究,我部定于12月中旬在北京召开全国农药管理工作会议。现将有关事项通知如下。

一、会议内容

贯彻落实党中央、国务院有关农药管理方面的决策部署,总结交流农药管理的经验和做法,分析当前农药产业发展和管理面临的新形势、新要求和新挑战,研究对策措施,安排部署农药管理工作。

二、时间地点

(一)时间:2019年12月15日报到,16日开会,会期1天。

(二)地点:北京广西大厦(朝阳区潘家园华威里26号),电话:010-×××××××。

三、参加人员

(一)各省(区、市)及新疆生产建设兵团农业农村(农牧)厅(委、局)分管负责同志;

(二)各省(区、市)及新疆生产建设兵团农业农村(农牧)厅(委、局)农药管理相关处室及技术支撑单位(植保、药检机构)负责同志(详见附件);

(三)农业农村部办公厅、法规司、科教司、监管司、种植业司、全国农技中心、药检所负责同志;

(四)中国农药工业协会、中国农药发展与应用协会负责同志;

(五)特邀工业和信息化部、司法部、生态环境部、应急部、海关总署、市场监管总局等部门有关司局的负责同志。

四、其他有关事项

（一）材料准备。请根据会议内容准备书面交流材料，要求重点突出、观点清晰、内容翔实，字数控制在2000字左右，于12月6日前将电子稿发送农业农村部种植业司。

（二）会议报名。请于12月8日前，将参会人员名单(包括姓名、性别、民族、单位、职务、手机)及所乘航班(车次)反馈农业农村部种植业司。

（三）联系方式。农业农村部种植业司农药管理处×××，电话：010-×××××××，传真：010-××××××××，电子邮箱：pmd@agri.gov.cn。

附件：全国农药管理工作会议参会名额分配表

农业农村部办公厅
2019年12月2日

（附件略）

第二节　决定

一、决定的特点

决定适用于对重要事项作出决策和部署、奖惩有关单位和人员、变更或者撤销下级机关不适当的决定事项，属于下行文。

决定的使用范围较广：上至党和国家的重大决策和战略部署，下至基层单位的奖惩事宜，均可使用决定。同时，决定就是"决而定之"，有着较强的权威性、指导性和现实针对性。如《中共中央 国务院关于优化生育政策促进人口长期均衡发展的决定》《中共中央 国务院关于授予全国脱贫攻坚楷模荣誉称号的决定》等决定，就鲜明地体现了上述特点。

二、决定的类型和写法

按照内容和使用情况，决定可分为三大类：决策性决定、奖惩性决定、变更性决定。

（一）决策性决定

决策性决定是指对重要事项或者重大行动作出决策和部署的决定，如《中共中央 国务院关于优化生育政策促进人口长期均衡发展的决定》《国务院关于加快培育和发展战略性新兴产业的决定》《中共江苏省委关于深入学习贯彻党的二十大精神在新征程上全面推进中国式现代化江苏新实践的决定》等。

这类决定一般事关全局，体现着领导机关的决策和指挥意志，有着很强的决策性和指导性。其正文通常这样安排：

先写决定的缘由，包括决定的背景、目的、依据和重要意义等。

再写决定的事项或者行动，包括事项或者行动的具体内容、措施和需要注意的问题等。写作中要注意逻辑，可用小标题或"一""二""三""四"来显出层次。

有的决定在结尾部分还会提出号召或执行要求。如《中共中央关于认真学习宣传贯彻党的二十大精神的决定》的最后一段就是："各地区各部门要及时将学习宣传贯彻党的二十大精神的情况报告党中央。"

决策性决定范例

中共中央 国务院关于优化生育政策
促进人口长期均衡发展的决定

（2021年6月26日）

人口发展是关系中华民族发展的大事情。为贯彻落实党的十九大和十九届二中、三中、四中、五中全会精神，促进人口长期均衡发展，现就优化生育政策，实施一对夫妻可以生育三个子女政策，并取消社会抚养费等制约措施、清理和废止相关处罚规定，配套实施积极生育支持措施（以下简称实施三孩生育政策及配套支持措施），作出如下决定。

一、充分认识优化生育政策、促进人口长期均衡发展的重大意义

党和国家始终坚持人口与发展综合决策，科学把握人口发展规律，坚持计划生育基本国策，有力促进了经济发展和社会进步，为全面建成小康社会奠定了坚实基础。党的十八大以来，党中央高度重视人口问题，根据我国人口发展变化形势，作出逐步调整完善生育政策、促进人口长期均衡发展的重大决策，各项工作取得显著成效。当前，进一步适应人口形势新变化和推动高质量发展新要求，实施三孩生育政策及配套支持措施，具有重大意义。

（一）有利于改善人口结构，落实积极应对人口老龄化国家战略。老龄化是全球性人口发展大趋势，也是我国发展面临的重大挑战。预计"十四五"期间我国人口将进入中度老龄化阶段，2035年前后进入重度老龄化阶段，将对经济运行全领域、社会建设各环节、社会文化多方面产生深远影响。实施三孩生育政策及配套支持措施，有利于释放生育潜能，减缓人口老龄化进程，促进代际和谐，增强社会整体活力。

（二）有利于保持人力资源禀赋优势，应对世界百年未有之大变局。人口是社会发展的主体，也是影响经济可持续发展的关键变量。实施三孩生育政策及配套支持措施，有利于未来保持适度人口总量和劳动力规模，更好发挥人口因素的基础性、全局性、战略性作用，为高质量发展提供有效人力资本支撑和内需支撑。

（三）有利于平缓总和生育率下降趋势，推动实现适度生育水平。群众生育观念已总体转向少生优育，经济负担、子女照料、女性对职业发展的担忧等成为制约生育的主要因素。实施三孩生育政策及配套支持措施，促进生育政策与相关经济社会政策同向发力，有利于满足更多家庭的生育意愿，有利于提振生育水平。

（四）有利于巩固全面建成小康社会成果，促进人与自然和谐共生。今后一个时期，我国人口众多的基本国情不会改变，人口与资源环境承载力仍然处于紧平衡状态，脱贫地区以及一些生态脆弱、资源匮乏地区人口与发展矛盾仍然比较突出。实施三孩生育政策及配套支持措施，有利于进一步巩固脱贫攻坚和全面建成小康社会成果，引导人口区域合理分布，促进人口与经济、社会、资源、环境协调可持续发展。

二、指导思想、主要原则和目标

（五）指导思想。坚持以习近平新时代中国特色社会主义思想为指导，立足新发展阶段、贯彻新发展理念、构建新发展格局，实施积极应对人口老龄化国家战略，实施三孩生育政策及配套支持措施，改革服务管理制度，提升家庭发展能力，推动实现适度生育水平，促进人口长期均衡发展，为建设富强民主文明和谐美丽的社会主义现代化强国、实现中华民族伟大复兴的中国梦提供坚实基础和持久动力。

（六）主要原则

——以人民为中心。顺应人民群众期盼，积极稳妥推进优化生育政策，促进生育政策协调公平，满足群众多元化的生育需求，将婚嫁、生育、养育、教育一体考虑，切实解决群众后顾之忧，释放生育潜能，促进家庭和谐幸福。

——以均衡为主线。把促进人口长期均衡发展摆在全党全国工作大局、现代化建设全局中谋划部署，兼顾多重政策目标，统筹考虑人口数量、素质、结构、分布等问题,促进人口与经济、社会、资源、环境协调可持续发展,促进人的全面发展。

——以改革为动力。着眼于我国人口发展面临的突出矛盾和问题,着眼于现代化建设战略安排,深化改革,破除影响人口长期均衡发展的思想观念、政策法规、体制机制等制约因素,提高人口治理能力和水平。

——以法治为保障。坚持重大改革于法有据、依法实施,将长期以来党领导人民在统筹解决人口问题方面的创新理念、改革成果、实践经验转化为法律,保障人民群众合法权益,保障新时代人口工作行稳致远,保障人口发展战略目标顺利实现。

(七)主要目标

到2025年,积极生育支持政策体系基本建立,服务管理制度基本完备,优生优育服务水平明显提高,普惠托育服务体系加快建设,生育、养育、教育成本显著降低,生育水平适当提高,出生人口性别比趋于正常,人口结构逐步优化,人口素质进一步提升。

到2035年,促进人口长期均衡发展的政策法规体系更加完善,服务管理机制运转高效,生育水平更加适度,人口结构进一步改善。优生优育、幼有所育服务水平与人民群众对美好生活的需要相适应,家庭发展能力明显提高,人的全面发展取得更为明显的实质性进展。

三、组织实施好三孩生育政策

(八)依法实施三孩生育政策。修改《中华人民共和国人口与计划生育法》,提倡适龄婚育、优生优育,实施三孩生育政策。各省(自治区、直辖市)综合考虑本地区人口发展形势、工作基础和政策实施风险,做好政策衔接,依法组织实施。

(九)取消社会抚养费等制约措施。取消社会抚养费,清理和废止相关处罚规定。将入户、入学、入职等与个人生育情况全面脱钩。依法依规妥善处理历史遗留问题。对人口发展与经济、社会、资源、环境矛盾较为突出的地区,加强宣传倡导,促进相关惠民政策与生育政策有效衔接,精准做好各项管理服务。

(十)建立健全人口服务体系。以"一老一小"为重点,建立健全覆盖全生命周期的人口服务体系。加强基层服务管理体系和能力建设,增强抚幼养老功能。落实生育登记制度,做好生育咨询指导。推进出生医学证明、儿童预防接种、户口登记、医保参保、社保卡申领等"出生一件事"联办。

(十一)加强人口监测和形势研判。完善国家生命登记管理制度,健全覆盖全人群、全生命周期的人口监测体系,密切监测生育形势和人口变动趋势。依托国家人口基础信息库等平台,实现教育、公安、民政、卫生健康、医保、社保等人口服务基础信息融合共享、动态更新。建立人口长期均衡发展指标体系,健全人口预测预警制度。

四、提高优生优育服务水平

(十二) 保障孕产妇和儿童健康。全面落实妊娠风险筛查与评估、高危孕产妇专案管理、危急重症救治、孕产妇死亡个案报告和约谈通报等母婴安全五项制度。实施妇幼健康保障工程,加快推进各级妇幼保健机构标准化建设和规范化管理,加强危重孕产妇、新生儿救治能力及儿科建设,夯实县乡村三级基层网络,加快补齐生育相关公共服务短板。促进生殖健康服务融入妇女健康管理全过程。加强儿童保健门诊标准化、规范化建设,加强对儿童青少年近视、营养不均衡、龋齿等风险因素和疾病的筛查、诊断、干预。做好儿童基本医疗保障工作。

(十三) 综合防治出生缺陷。健全出生缺陷防治网络,落实三级预防措施。加强相关知识普及和出生缺陷防控咨询,强化婚前保健,推进孕前优生健康检查,加强产前筛查和诊断,推动围孕期、产前产后一体化管理服务和多学科协作。扩大新生儿疾病筛查病种范围,促进早筛早诊早治。做好出生缺陷患儿基本医疗和康复救助工作。

(十四) 规范人类辅助生殖技术应用。强化规划引领,严格技术审批,建设供需平衡、布局合理的人类辅助生殖技术服务体系。加强人类辅助生殖技术服务监管,严格规范相关技术应用。开展孕育能力提升专项攻关,规范不孕不育诊治服务。

五、发展普惠托育服务体系

(十五) 建立健全支持政策和标准规范体系。将婴幼儿照护服务纳入经济社会发展规划,强化政策引导,通过完善土地、住房、财政、金融、人才等支持政策,引导社会力量积极参与。以市地级行政区为单位制定整体解决方案,建立工作机制,推进托育服务健康发展。加大专业人才培养力度,依法逐步实行从业人员职业资格准入制度。发展智慧托育等新业态,培育托育服务、乳粉奶业、动画设计和制作等行业民族品牌。

(十六) 大力发展多种形式的普惠服务。发挥中央预算内投资的引导和撬动作用,推动建设一批方便可及、价格可接受、质量有保障的托育服务机构。支持有条件的用人单位为职工提供托育服务。鼓励国有企业等主体积极参与各级政府推动的普惠托育服务体系建设。加强社区托育服务设施建设,完善居住社区婴幼儿活动场所和服务设施。制定家庭托育点管理办法。支持隔代照料、家庭互助等照护模式。支持家政企业扩大育儿服务。鼓励和支持有条件的幼儿园招收2至3岁幼儿。

(十七) 加强综合监管。各类机构开展婴幼儿照护服务必须符合国家和地方相关标准和规范,并对婴幼儿安全和健康负主体责任。地方政府要承担监管责任,建立健全登记备案制度、信息公示制度、评估制度,加强动态管理,建立机构关停等特殊情况应急处置机制。

六、降低生育、养育、教育成本

(十八)完善生育休假与生育保险制度。严格落实产假、哺乳假等制度。支持有条件的地方开展父母育儿假试点,健全假期用工成本分担机制。继续做好生育保险对参保女职工生育医疗费用、生育津贴待遇等的保障,做好城乡居民医保参保人生育医疗费用保障,减轻生育医疗费用负担。

(十九)加强税收、住房等支持政策。结合下一步修改个人所得税法,研究推动将3岁以下婴幼儿照护费用纳入个人所得税专项附加扣除。地方政府在配租公租房时,对符合当地住房保障条件且有未成年子女的家庭,可根据未成年子女数量在户型选择等方面给予适当照顾。地方政府可以研究制定根据养育未成年子女负担情况实施差异化租赁和购买房屋的优惠政策。

(二十)推进教育公平与优质教育资源供给。推进城镇小区配套幼儿园治理,持续提升普惠性幼儿园覆盖率,适当延长在园时长或提供托管服务。推进义务教育优质均衡发展和城乡一体化,有效解决"择校热"难题。依托学校教育资源,以公益普惠为原则,全面开展课后文体活动、社会实践项目和托管服务,推动放学时间与父母下班时间衔接。改进校内教学质量和教育评价,将学生参加课外培训频次、费用等情况纳入教育督导体系。平衡家庭和学校教育负担,严格规范校外培训。

(二十一)保障女性就业合法权益。规范机关、企事业等用人单位招录、招聘行为,促进妇女平等就业。落实好《女职工劳动保护特别规定》,定期开展女职工生育权益保障专项督查。为因生育中断就业的女性提供再就业培训公共服务。将生育友好作为用人单位承担社会责任的重要方面,鼓励用人单位制定有利于职工平衡工作和家庭关系的措施,依法协商确定有利于照顾婴幼儿的灵活休假和弹性工作方式。适时对现行有关休假和工作时间的政策规定进行相应修改完善。

七、加强政策调整有序衔接

(二十二)维护好计划生育家庭合法权益。对全面两孩政策调整前的独生子女家庭和农村计划生育双女家庭,继续实行现行各项奖励扶助制度和优惠政策。探索设立独生子女父母护理假制度。加强立法,保障响应党和国家号召、实行计划生育家庭的合法权益。

(二十三)建立健全计划生育特殊家庭全方位帮扶保障制度。根据经济社会发展水平等因素,实行特别扶助制度扶助标准动态调整。对符合条件的计划生育特殊家庭成员,落实基本养老、基本医疗保障相关政策;优先安排入住公办养老机构,提供无偿或低收费托养服务;对住房困难的,优先纳入住房保障。有条件的地方可对计划生育特殊家庭成员中的生活长期不能自理、经济困难的老年人发放护理补贴。落实好扶助所需资金,有条件的地方可探索建立公益金或基金,重点用于帮扶计划生育特殊家庭。

(二十四)建立健全政府主导、社会组织参与的扶助关怀工作机制。通过公开招投标方式,支持有资质的社会组织接受计划生育特殊家庭委托,开展生活照料、精神慰藉等服务,依法代办入住养老机构、就医陪护等事务。深入开展"暖心行动"。建立定期巡访制度,落实计划生育特殊家庭"双岗"联系人制度,扎牢织密帮扶安全网。

八、强化组织实施保障

(二十五)加强党的领导。各级党委和政府要提高政治站位,增强国情、国策意识,坚持一把手亲自抓、负总责,坚持和完善目标管理责任制,加强统筹规划、政策协调和工作落实,推动出台积极生育支持措施,确保责任到位、措施到位、投入到位、落实到位。

(二十六)动员社会力量。加强政府和社会协同治理,充分发挥工会、共青团、妇联等群团组织在促进人口发展、家庭建设、生育支持等方面的重要作用。积极发挥计划生育协会作用,加强基层能力建设,做好宣传教育、生殖健康咨询服务、优生优育指导、计划生育家庭帮扶、权益维护、家庭健康促进等工作。鼓励社会组织开展健康知识普及、婴幼儿照护服务等公益活动。以满足老年人生活需求和营造婴幼儿健康成长环境为导向,开展活力发展城市创建活动。

(二十七)深化战略研究。面向建设社会主义现代化强国和实现中华民族伟大复兴,持续深化国家人口中长期发展战略和区域人口发展规划研究,完善人口空间布局,优化人力资源配置。加强新时代中国特色人口学科和理论体系建设,发展人口研究高端智库,促进国际交流合作。

(二十八)做好宣传引导。加强政策宣传解读,把各地区各部门和全社会的思想行动统一到党中央重大决策部署上来,引导社会各界正确认识人口的结构性变化,弘扬主旋律、汇聚正能量,及时妥善回应社会关切,营造良好氛围。弘扬中华民族传统美德,尊重生育的社会价值,提倡适龄婚育、优生优育,鼓励夫妻共担育儿责任,破除高价彩礼等陈规陋习,构建新型婚育文化。

(二十九)加强工作督导。各省(自治区、直辖市)要按照本决定要求,制定实施方案,狠抓任务落实,及时研究解决苗头性、倾向性问题,确保优化生育政策取得积极成效。各省(自治区、直辖市)党委和政府每年要向党中央、国务院报告本地区人口工作情况,中央将适时开展督查。

（二）奖惩性决定

奖惩性决定分为奖励性决定和惩罚性决定两种。奖惩性决定是指按照有关政策、规定、章程，给予有功人员表彰或有过人员处分的正式书面决定。前者如《中共中央 国务院关于表彰改革开放杰出贡献人员的决定》《中共中央关于授予"七一勋章"的决定》《中共中央宣传部关于授予张桂梅同志"时代楷模"称号的决定》《中共上海市委关于表彰上海市优秀共产党员和上海市先进基层党组织的决定》，后者如《国务院关于大兴安岭特大森林火灾事故的处理决定》《关于对×××科技有限公司等单位违规问题的处理决定》等。

这类决定的正文一般要写以下三个部分的内容。

1. 被表彰或者受处分对象的基本情况。一般是叙述其先进事迹或由其导致的事故、问题情况。

2. 表彰或处分决定的具体内容。

3. 提出希望，发出号召。

奖惩性决定范例

共青团中央　全国青联
关于授予我国奥运健儿中国青年五四奖章的决定

在刚刚落幕的第32届奥林匹克运动会上，中国体育健儿牢记党和人民嘱托，敢于挑战、勇于争先，作风顽强、技艺精湛，斗志昂扬、品德高尚，勇夺38枚金牌、32枚银牌、18枚铜牌，取得竞赛成绩和比赛道德双丰收，极大激发了全体中华儿女的爱国热情，为全党全国各族人民在全面建设社会主义现代化国家新征程上团结奋斗注入强劲动力。尤其是我国青少年运动员自信自强、包容达观，敢于胜利、战绩骄人，向全世界展现了新时代中国青少年的良好形象和勃勃生机。

为表彰我国青少年运动员的突出贡献，共青团中央、全国青联决定，授予中国女子乒乓球队、中国男子乒乓球队2个青年集体"中国青年五四奖章集体"，授予杨倩、侯志慧、孙一文、王涵、李发彬、谌利军、姜冉馨、陈芋汐、张家齐、杨皓然、陈云霞、张灵、吕扬、崔晓桐、王宗源、谢思埸、张雨霏、杨浚瑄、汤慕涵、李冰洁、陈梦、汪顺、朱雪莹、王懿律、黄东萍、卢云秀、巩立姣、陈雨菲、汪周雨、刘洋、张常鸿、鲍珊菊、李雯雯、邹敬园、管晨辰、全红婵、刘诗颖、徐诗晓、孙梦雅等39名青年运动员"中国青年五四奖章"。庞伟、施廷懋、石智勇、马龙、吕小军、钟天使、曹缘等7名冠军运动员此前已获此奖章，不再重复授予。

共青团中央、全国青联号召全国广大青少年向中国体育健儿学习！学习他们勇担使命、团结奋斗的精神，恪守初心、坚毅笃行，厚植爱国主义情怀；学习他们敢于争先、敢于争冠的精神，勇立潮头、不断突破，砥砺永久奋斗品格；学习他们不畏艰难、苦练本领的精神，埋头钻研、扎实工作，创造青春无悔业绩。

全国广大青少年要紧跟以习近平同志为核心的党中央，以实现中华民族伟大复兴为己任，增强做中国人的志气、骨气、底气，不负时代，不负韶华，努力为祖国和人民争取更大光荣！

共青团中央　全国青联
2021 年 8 月 9 日

（三）变更性决定

变更性决定适用于变更某项法规或政策，以及撤销下级机关不适当的决策事项，包括：违背党的理论和路线方针政策、国家法律法规的决定事项，群众尚不能普遍认可的超前的决定事项，以及不适应当前现实或者已经过时的决定事项，等。如《国务院关于修改和废止部分行政法规的决定》《北京市人民政府关于修改部分市政府文件的决定》。

这类决定的正文一般要写以下三个部分的内容。

1. 决定的缘由。需简要说明此次变更的原因、目的或者依据。有的决定会直接指出要变更的法规或者决定是什么。

2. 决定的内容。一般会分条列项来说明变更的条款。

3. 决定的执行要求。一般会写明此决定的施行日期，或者写作"本决定自公布之日起施行"。决定的最后有时还会附上变更后的法规文本。

变更性决定范例

北京市人民政府关于修订部分文件的决定

京政发〔2020〕21 号

各区人民政府，市政府各委、办、局，各市属机构：

按照国家关于开展妨碍统一市场和公平竞争的政策措施清理工作的要求，本市对印发的涉及妨碍统一市场和公平竞争政策措施的规范性文件进行了全面清理。经清理，现决定对下列以市政府办公厅名义印发文件中的部分内容予以修订。

一、《北京市人民政府办公厅关于印发〈加快推进科研机构科技成果转化和产业化的若干意见（试行）〉的通知》（京政办发〔2014〕35号）

将文中第八条中"科研机构建设的科技企业孵化器，可以优先认定为市级孵化器，符合条件的可以推荐为国家级孵化器，并享受财政经费支持等政策优惠……"修改为"科研机构建设的科技企业孵化器，符合条件的可以认定为市级孵化器，并推荐为国家级孵化器，并享受财政经费支持等政策优惠……"。

二、《北京市人民政府办公厅关于加快发展装配式建筑的实施意见》（京政办发〔2017〕8号）

将文中第二条第（十一）项"确保工程质量安全"部分的内容中由"加强部品部件生产企业质量管控，实施装配式建筑部品认定和目录管理，对主要承重构件和具有重要使用功能的部品部件进行驻厂监造……"修改为"加强部品部件生产企业质量管控，对主要承重构件和具有重要使用功能的部品部件进行驻厂监造……"。

本决定自公布之日起施行。

北京市人民政府
2020年10月30日

第三节　决议

一、决议的特点

根据《条例》的规定，决议适用于会议讨论通过的重大决策事项。对比决定是"适用于对重要事项作出决策和部署、奖惩有关单位和人员、变更或者撤销下级机关不适当的决定事项"，可知这两种公文的异同。

决议和决定都是下行的指挥性公文，也都具有对重要事项作出决策的功能，同属于着眼全局的决策性公文。但同时，两者的区别也很明显。决议的适用范围里的"会议讨论通过"这几个字未出现在决定的适应范围中，这说明决议一定产生于会议，只有经过会议表决通过后才能发文，而决定则没有这样的限制。

二、决议的写法

决议的正文一般要写以下三个部分的内容。

1. 决议的缘由。包括此次会议召开的背景、会议简况等。

2. 决议的事项。这是决议的主体部分,撰写时要用"一""二""三""四"分条列出会议讨论通过的决议事项。

3. 要求与号召。很多决议还会在最后有一段话,就决议的事项发出号召或提出执行要求。

此外,决议的成文日期要加圆括号放在标题之下的居中位置,一般采用"×××× 年 × 月 × 日通过"的格式,有时也会加上会议名称。如《中国共产党第二十次全国代表大会关于〈中国共产党章程(修正案)〉的决议》的成文日期写作:"2022 年 10 月 22 日中国共产党第二十次全国代表大会通过"。

决议范例

中国共产党第二十次全国代表大会
关于《中国共产党章程(修正案)》的决议

(2022 年 10 月 22 日中国共产党第二十次全国代表大会通过)

中国共产党第二十次全国代表大会审议并一致通过十九届中央委员会提出的《中国共产党章程(修正案)》,决定这一修正案自通过之日起生效。

大会认为,推进马克思主义中国化时代化是一个追求真理、揭示真理、笃行真理的过程。党的十九大以来,以习近平同志为核心的党中央坚持把马克思主义基本原理同中国具体实际相结合、同中华优秀传统文化相结合,提出一系列治国理政新理念新思想新战略,不断丰富和发展习近平新时代中国特色社会主义思想,开辟了马克思主义中国化时代化新境界。习近平新时代中国特色社会主义思想是当代中国马克思主义、二十一世纪马克思主义,是中华文化和中国精神的时代精华。大会一致同意,把党的十九大以来习近平新时代中国特色社会主义思想新发展写入党章,以更好反映以习近平同志为核心的党中央推进党的理论创新、实践创新、制度创新成果。大会要求全党深刻领悟"两个确立"的决定性意义,全面贯彻习近平新时代中国特色社会主义思想,把这一思想贯彻落实到党和国家工作各方面全过程。

大会认为，在百年奋斗历程中，党始终践行党的初心使命，团结带领全国各族人民书写了中华民族几千年历史上最恢宏的史诗，创造了一系列伟大成就，积累了宝贵历史经验。大会同意把党的初心使命、党的百年奋斗重大成就和历史经验的内容写入党章。敢于斗争、敢于胜利，是党和人民不可战胜的强大精神力量。党和人民取得的一切成就，都是通过斗争取得的。大会同意把发扬斗争精神、增强斗争本领的内容写入党章。充实这些内容，对激励全党坚定历史自信、增强历史主动，坚守初心使命、传承红色基因，把握新的伟大斗争的历史特点，团结带领全国各族人民夺取中国特色社会主义新胜利，具有十分重大的意义。

大会认为，习近平同志在庆祝中国共产党成立一百周年大会上代表党和人民作出实现了第一个百年奋斗目标、全面建成了小康社会、正在向着全面建成社会主义现代化强国的第二个百年奋斗目标迈进的庄严宣告，党章据此作出相应修改。调整这些内容，有利于全党全面准确把握新时代新征程党和国家事业发展新要求，聚焦实现第二个百年奋斗目标、实现中华民族伟大复兴的中国梦，凝聚起全党全国各族人民共同奋斗的意志和力量。

大会认为，党的二十大提出以中国式现代化全面推进中华民族伟大复兴，并将此确定为新时代新征程中国共产党的中心任务。公有制为主体、多种所有制经济共同发展，按劳分配为主体、多种分配方式并存，社会主义市场经济体制等社会主义基本经济制度，是中国特色社会主义制度的重要支柱。大会同意把上述内容写入党章，同意把逐步实现全体人民共同富裕，把握新发展阶段，贯彻创新、协调、绿色、开放、共享的新发展理念，加快构建以国内大循环为主体、国内国际双循环相互促进的新发展格局，推动高质量发展，充分发挥人才作为第一资源的作用，促进国民经济更高质量、更有效率、更加公平、更可持续、更为安全发展等内容写入党章。作这些修改完善，有利于推动全党把思想和行动统一到党中央对国内外形势的科学判断与党和国家工作战略部署上来，更加自觉地贯彻党的基本路线，不断以发展新业绩续写新时代中国发展的伟大历史。

大会认为，全面建设社会主义现代化国家，是一项伟大而艰巨的事业，前途光明，任重道远。全面建成社会主义现代化强国，总的战略安排是分两步走：从二〇二〇年到二〇三五年基本实现社会主义现代化；从二〇三五年到本世纪中叶把我国建成富强民主文明和谐美丽的社会主义现代化强国。党章据此作出相应修改，有利于激励全党坚定信心、锐意进取，朝着既定奋斗目标勇毅前行。

大会认为，党的十九大以来，以习近平同志为核心的党中央围绕统筹推进"五位一体"总体布局、协调推进"四个全面"战略布局，提出一系列新理念新思想新战略。大会同意，把走中国特色社会主义法治道路，发展更加广泛、更加充分、更加健全的全过程人民民主,建立健全民主选举、民主协商、民主决策、民主管理、民主监督的制度和程序,统筹发展和安全等内容写入党章。作出这些充实,对全党更加自觉、更加坚定地贯彻党的基本理论、基本路线、基本方略,全面推进中国特色社会主义伟大事业,具有十分重要的作用。

大会认为,党的十九大以来,习近平同志就加强国防和军队建设、统战工作、外交工作提出一系列新理念新思想新战略。大会同意,把坚持政治建军、改革强军、科技强军、人才强军、依法治军,把人民军队建设成为世界一流军队;全面准确、坚定不移贯彻"一个国家、两种制度"的方针,坚决反对和遏制"台独";弘扬和平、发展、公平、正义、民主、自由的全人类共同价值,推动建设持久和平、普遍安全、共同繁荣、开放包容、清洁美丽的世界等内容写入党章。充实这些内容,有利于坚持走中国特色强军之路,有利于推动"一国两制"实践行稳致远、推进祖国统一,有利于推动构建人类命运共同体、引领人类进步潮流。

大会认为,党的十九大以来,党坚持打铁必须自身硬,坚持以党的政治建设为统领,推动全面从严治党向纵深发展,党的建设取得许多新的重大成果和成功经验,应该及时体现到党章中,使之转化为全党共同意志和共同遵循。大会同意,把弘扬坚持真理、坚守理想,践行初心、担当使命,不怕牺牲、英勇斗争,对党忠诚、不负人民的伟大建党精神,以伟大自我革命引领伟大社会革命等要求写入党章;把必须提高政治判断力、政治领悟力、政治执行力,增强贯彻落实党的理论和路线方针政策的自觉性和坚定性,推进马克思主义中国化时代化,党的自我革命永远在路上,不断健全党内法规体系,强化全面从严治党主体责任和监督责任,一体推进不敢腐、不能腐、不想腐等内容写入党章;把坚持新时代党的组织路线作为党的建设的基本要求之一写入党章。充实这些内容,有利于推动全党永葆自我革命精神,贯彻全面从严治党战略方针,深入推进新时代党的建设新的伟大工程,确保党在革命性锻造中更加坚强有力,始终成为中国特色社会主义事业的坚强领导核心。

大会认为,中国共产党是领导我们事业的核心力量,党的领导是实现中华民族伟大复兴的根本保证。大会同意把党是最高政治领导力量,坚持和加强党的全面领导等内容写入党章。这有利于充分发挥党总揽全局、协调各方的领导核心作用,把党的领导落实到党和国家事业各领域各方面各环节。

大会认为,总结吸收党的十九大以来党的工作和党的建设的成功经验,并同总纲部分修改相衔接,对党章部分条文作适当修改很有必要。学习党的历史,增强"四个意识"、坚定"四个自信"、做到"两个维护",是广大党员应尽的义务;加强医院党的建设,明确街道、乡、镇和村、社区党组织的地位和作用,完善国有企业党委(党组)加强党组织自身建设的职责任务,是发挥基层党组织战斗堡垒作用的现实需要;推进党史学习教育常态化制度化,要求党的各级领导干部反对特权思想和特权现象,完善党的纪律相关内容,明确派驻纪律检查组的范围,充实纪委的主要任务,调整充实党组的职责定位,等等,是党的十九大以来党的工作和党的建设成果的重要体现。把这些内容写入党章,有利于坚持和加强党中央集中统一领导、坚持不懈用习近平新时代中国特色社会主义思想凝心铸魂,有利于增强党组织政治功能和组织功能、坚持以严的基调强化正风肃纪、坚定不移推进全面从严治党。

大会认为,进入新时代,党和国家面临的形势之复杂、斗争之严峻、改革发展稳定任务之艰巨世所罕见、史所罕见,正是因为确立了习近平同志党中央的核心、全党的核心地位,确立了习近平新时代中国特色社会主义思想的指导地位,党才有力解决了影响党长期执政、国家长治久安、人民幸福安康的突出矛盾和问题,消除了党、国家、军队内部存在的严重隐患,从根本上确保实现中华民族伟大复兴进入了不可逆转的历史进程。"两个确立"是党在新时代取得的重大政治成果,是推动党和国家事业取得历史性成就、发生历史性变革的决定性因素。全党必须深刻领悟"两个确立"的决定性意义,更加自觉地维护习近平同志党中央的核心、全党的核心地位,更加自觉地维护以习近平同志为核心的党中央权威和集中统一领导,全面贯彻习近平新时代中国特色社会主义思想,坚定不移在思想上政治上行动上同以习近平同志为核心的党中央保持高度一致。

大会要求,党的各级组织和全体党员在以习近平同志为核心的党中央坚强领导下,高举中国特色社会主义伟大旗帜,弘扬伟大建党精神,增强"四个意识"、坚定"四个自信"、做到"两个维护",更加自觉地学习党章、遵守党章、贯彻党章、维护党章,为全面建设社会主义现代化国家、全面推进中华民族伟大复兴而团结奋斗!

第四节 纪要

一、纪要的特点和类型

纪要适用于记载会议主要情况和议定事项,党政机关、企事业团体都可以使用。如《××省政府开发区工作会议纪要》《××市人民政府20××年第10次办公会议纪要》《××县政府常务会议纪要》等。

纪要和我们一般所说的会议记录有很大的不同。会议记录重在实录,要求详细记录与会者的讨论发言,不会传达或传阅,一般只是作为资料存档、归档,属于常用事务公文;而会议纪要则是法定公文,有严格的格式,要概括整个会议的要点,一般要求在一定范围内传达、传阅或者贯彻执行。

根据会议性质的不同,纪要一般可分为决议性会议纪要、协议性会议纪要、研讨性会议纪要、日常办公会议纪要。

二、纪要的写法

纪要一般要写以下三个部分的内容。
1. 导言。介绍会议的基本情况,包括时间、地点、背景、议题、与会人员等。
2. 会议经过。如"会议学习了……""会议传达了……""会议听取了……"。
3. 会议成果。一般是议定的主要事项或明确的具体问题。如"会议确定如下事项:……"。

三、纪要的写作要点

写纪要,要把握其纪实性、概要性和条理性的特点,对原始的会议记录要有一个整理加工、分类归纳、条理化呈现的过程。写作时,要画龙点睛,更要注重实事求是,避免出现不切实际的拔高。

纪要范例

电力中长期交易专题会议纪要

2021年12月12日,省能源局在杭州主持召开2022年电力中长期交易专题会议,就电力中长期交易组织等问题进行专题研究。会议邀请浙江能源监管办出席,省电力公司、省能源集团、各中央发电集团浙江分公司、浙江电力交易中心、国网浙江综合能源服务有限公司相关负责同志共同参加会议。

会议强调,参会各部门、企业要认真贯彻中央经济工作会议精神,按照"稳字当头、稳中求进"的要求,稳妥有序推进电力市场化改革,全力做好2022年电力中长期交易组织工作。

会议认为,电力市场化改革要从浙江市场主体众多、民营经济活力足的实际出发,全力保障我省企业用电价格基本稳定;在改革起步阶段,实施售电公司兜底交易机制是保障广大工商业用户利益的有效举措,可避免触发电网代理1.5倍涨价风险。各地能源主管部门要发挥政治、组织优势,组织发动广大电力用户积极参与电力市场化改革;各级电网公司和电力企业要敢于担当、勇于担责,发挥电力

"铁军"作用,做好中长期交易签订工作,确保改革平稳有序推进。

会议要求,要全力以赴、形成专班细化落实兜底交易机制:

一、**兜底售电合同签订**。考虑目前煤价高企等因素,兜底售电公司根据兜底售电合同统一示范文本与用户签订2022年1月兜底售电合同。2022年2月起,兜底用户可选择延续合同;或自行选择售电公司参与交易,届时兜底售电合同自动失效。

二、**兜底售电交易结算**。兜底售电公司参与月度集中竞价交易,以报量不报价方式、作为价格接受者参与市场出清,月度集中竞价价格按照当月月度集中竞价交易加权平均价格确定。兜底售电交易谷电比参数根据《关于做好2022年度浙江省电力市场化交易相关工作的通知》确定,基准谷电占比不低于47%。用户分时结算政策根据国家和省最新文件执行。

三、**切实保障用户自主选择权**。兜底交易是对电力市场用户采取的应急保障措施,电力市场化改革应首先保障用户在市场中自由选择售电公司等相关权益。各兜底售电公司在进行兜底签约时,要和用户进行充分沟通、争取支持、获得理解,不得以"政府指定"等名义开展宣传,否则将予以惩处。

四、**兜底售电合同签订形式**。兜底售电合同应落实国家"六签"要求,与兜底用户进行面签。考虑当前合同签订工作量大、时间紧、疫情形势严峻,兜底售电合同可暂容缺签订,最终实现兜底用户合同100%签订。请浙江电力交易中心按照"六签"要求,做好相关技术及业务支撑。

五、**高耗能企业名单**。省能源局将尽快梳理明确首批高耗能企业名单,落实国家文件市场化交易电价加价要求。

六、**兜底售电公司清单及区域划分建议**。会议推荐8家国有控股、信用等级高、实力强的售电公司作为兜底售电公司。为有序开展售电公司与兜底用户的对接,会议提出区域划分建议清单(见附表)。请各兜底售电公司尽快与地方能源主管部门联系加快开展工作,请地方电网公司协同配合。

七、**政策宣传和舆情疏导**。各市、县(市、区)能源主管部门、电网公司要加强组织领导,发动各级供电企业、浙江电力交易中心、售电公司合力向电力用户做好组织发动和政策宣传。各地政府网站、省电力公司网上国网平台、浙江电力交易中心网站要向用户公布电力市场交易政策和已注册售电公司名单及联系方式。

(附表略)

第八讲 公文写作与范例(三)

第一节 通告

一、通告的特点

通告适用于在一定范围内公布应当遵守或者周知的事项。它与本讲第三节要介绍的公告虽然都是对外公布时所使用的公文文种,但在很多方面有所不同。

公告的发文机关级别更高(多为省、部级以上机关),宣布的事项更为重大,或告知的范围更广,有时还包含国外。发布时,一般不张贴,而是通过通讯社、电台、电视、报刊等媒体来宣告。

通告的使用机关范围最大,各种机关单位都可以发布。其内容有时具有专门性(如银行、交通方面的),而事项通告的内容则更为一般化。通告的发布方式有多种,可张贴,也可在通讯社、电台、电视、报刊等媒体发布。

根据效用的不同,一般可以把通告分为周知性通告和规定性通告两类。

二、通告的写法

通告的正文一般要写以下三个部分的内容。

1. 通告缘由。通告开头一般要简要写出发布这次通告的背景、目的、依据等,再用"现将……通告如下"或者"特通告如下"引出第二部分。

2. 通告事项。这是通告的主体内容,包括周知事项和执行要求。撰写这部分时,一定要注意思路清晰、条理分明。

3. 结语。一般用"特此通告"。有时也会以通告的执行时间作结,如:"本通告自20××年×月×日起施行。"

三、通告的类型

(一) 周知性通告

周知性通告重在告知,主要是告知业务性、事务性事项,与规定性通告不同,对告知对象一般没有强制性的执行要求。

周知性通告范例

杭州市文化广电旅游局
关于杭州市旅游咨询投诉热线"96123"并入市长公开电话"12345"的通告

杭文广旅游〔2022〕30号

根据《国务院办公厅关于进一步优化地方政务服务便民热线的指导意见》(国办发〔2020〕53号)、《文化和旅游部办公厅关于进一步优化文化和旅游系统政务服务便民热线的通知》(办综执发〔2021〕202号)、《浙江省人民政府办公厅关于进一步整合优化政务服务便民热线的通知》(浙政办发〔2021〕49号)等文件要求,为进一步优化整合文化和旅游系统政务服务便民热线,现已将原杭州市旅游咨询投诉热线"96123"并入市长公开电话"12345"统一管理,企业和群众可通过拨打"12345"咨询问题及反映诉求。

特此通告。

杭州市文化广电旅游局
2022年5月9日

(二)规定性通告

规定性通告适用于公布国家有关政策、法规或要求遵守的约束事项,具有行政约束力或法律效力,告知对象必须严格遵照执行。

规定性通告范例

关于调整本市海洋伏季休渔制度的通告

沪农委规〔2023〕5号

根据《中华人民共和国渔业法》《农业农村部关于调整海洋伏季休渔制度的通告》(农业农村部通告〔2023〕1号)有关规定,为更好地养护和合理利用海洋生物

资源,维护我市海洋渔业秩序,我委重新调整确定了本市海洋伏季休渔制度。现将有关规定通告如下:

一、休渔作业类型

除钓具(小型渔船除外)以外的所有作业类型,以及为捕捞渔船配套服务的捕捞辅助船。

二、休渔时间

本市所属东海海域为每年5月1日12时至9月16日12时,桁杆拖虾、定置张网等作业类型休渔时间均按上述规定执行。

"长江口禁捕管理区"内水域按照《农业农村部关于设立长江口禁捕管理区的通告》(农业农村部通告〔2020〕3号)、《关于本市实施长江口及其他内陆水域禁渔的通告》(沪农委规〔2021〕2号)等有关规定,实施常年禁捕。

三、专项特许捕捞

桁杆拖虾、笼壶类、刺网和灯光围(敷)网4种作业类型渔船可申请开展虾蟹类、中上层鱼类等资源专项捕捞许可,由市农业农村委核报农业农村部批准后执行。

其他特殊经济品种可执行专项捕捞许可制度,具体品种、作业时间、作业类型、作业海域由市农业农村委报农业农村部批准后执行。

根据《渔业捕捞许可管理规定》,专项捕捞作业严禁渔船跨海区界限作业。

四、休渔管理要求

我市休渔渔船原则上应当回船籍港休渔,因特殊情况确实不能回船籍港休渔的,须经休渔地和船籍港所在地区级渔业主管部门协商后报我委确认。外省籍渔船来我市休渔的或我市渔船跨省去外地休渔的,须经休渔地和船籍港所在地省级渔业主管部门协商后方可休渔。

五、实施时间

上述调整后的伏季休渔规定,自本通告公布之日起施行,有效期至2028年4月17日。《上海市农业农村委员会关于调整本市海洋伏季休渔制度的通告》(沪农委规〔2021〕6号)同时废止。

上海市农业农村委员会

2023年4月17日

第二节 通报

一、通报的特点

根据《条例》,通报适用于"表彰先进、批评错误、传达重要精神和告知重要情况"。在实际工作中,很多人容易混淆通报和上一节介绍的通告。两者虽然都属于对外公布时运用较多的公文文种,但在以下四个方面均有所区别:

1. 目的不同。通报主要是通过对典型事例或重要情况的传达,达到宣传教育或沟通信息的目的,一般不作具体的工作部署与安排。而通告多为规定性通告,所公布的一般是在一定范围内必须遵守的事项,有着较强的、直接的和具体的约束力。

2. 作用不同。通报有表扬和惩罚的作用,而通告没有。

3. 制发时间不同。通告文件的制作、发布多在事前,告诉人们应该周知的事项或者执行的要求,以达到预先传递信息的目的。通报一般是事后制发,在事情发生之后表彰或者批评相关人员或者单位,以起到宣传教育的目的。

4. 受文对象不同。通告所告知的对象是全部组织和群众,它所宣布的规定条文具有政策性、法规性和某种权威性,要求人们遵照执行。通报的受文对象比较明确,一般都是相关的下级单位或部门。

二、通报的类型和写法

通报一般首先对发出通报的缘由进行简单介绍,然后具体介绍通报的事项,最后提出要求和希望等。不同种类和不同内容的通报,写法不尽相同。

（一）表彰性通报

表彰性通报适用于表彰先进个人或单位。下面以《河南省人民政府关于表彰省体育局的通报》(豫政〔2017〕32号)为例,来说说这类公文的写法。

表彰性通报一般要写三个部分的内容。

首先介绍有关单位或个人的事迹。如,此通报第一段的前半部分写道:"在第十三届全国运动会上,省体育局精心组织我省运动员参加比赛,共获得25枚金牌、18枚银牌、20枚铜牌,金牌和奖牌总数为历届全运会之最,并荣获体育道德风尚奖……"撰写时要充分注意提炼文字,做到要言不烦。

然后评析事件的意义或介绍相应的奖励、支持措施。如,此通报第一段的后半部分写道:"……取得了运动成绩和精神文明双丰收,展现了河南人民健康向上、朝气蓬勃的精神风貌,为河南增添了光彩。为鼓励先进,省政府决定对省体育局予以通报表彰。"

最后提出希望或发出号召。如，此通报的第二段写道："希望省体育局戒骄戒躁、再接再厉，再创佳绩。各级、各部门要以省体育局为榜样，开拓进取，扎实工作，在我省经济社会发展中建功立业，为决胜全面小康、让中原更加出彩作出新的更大贡献。"写作这部分时，要结合当前形势恰如其分地发出号召，使通报具有感染力。

表彰性通报范例

国务院办公厅关于对"十三五"时期
实行最严格水资源管理制度成绩突出的省级人民政府给予表扬的通报

国办函〔2021〕87号

各省、自治区、直辖市人民政府，国务院各部委、各直属机构：

"十三五"时期，在党中央、国务院正确领导下，各地区、各部门采取有力措施，继续实行最严格水资源管理制度，节约用水、取用水监管、水资源保护、河湖管理等各项措施加快落实，取得显著成效。2020年，全国用水总量、用水效率和重要江河湖泊水功能区水质达标率均实现了"十三五"期末控制目标，为经济社会发展提供了重要支撑。

为表扬先进、宣传典型，经国务院同意，对"十三五"时期实行最严格水资源管理制度成绩突出的浙江、江苏、山东、安徽4个省人民政府予以通报表扬。希望受到表扬的地区珍惜荣誉，再接再厉，充分发挥示范引领和带动作用，取得新的更大成绩。

各地区、各部门要认真贯彻党中央、国务院决策部署，立足新发展阶段，完整、准确、全面贯彻新发展理念，构建新发展格局，全面落实"节水优先、空间均衡、系统治理、两手发力"的治水思路，强化水资源刚性约束，坚持以水定城、以水定地、以水定人、以水定产，合理规划人口、城市和产业发展，深入实施国家节水行动，促进经济社会发展方式绿色转型，为推动生态文明建设和经济社会高质量发展提供水安全保障。

国务院办公厅
2021年9月18日

（二）批评性通报

批评性通报是在一定范围内对事故和错误行为进行批评和处理，以达到令人吸取教训、引以为戒目的的通报，如《国务院办公厅关于督查问责典型案例的通报》《住房和城乡建设部 国家文物局关于部分保护不力国家历史文化名城的通报》等。

这类通报，首先要简明扼要地介绍被通报单位或个人的主要问题、情节，要着重写清所通报的错误、问题或事故的原因，然后根据原因有针对性地提出处理意见和作出决定，并在此基础上发出号召或提出告诫性要求，使人们引以为戒，防止类似事件再次发生。

批评性通报范例

<h3 style="text-align:center">关于部分单位未严格遵守会议纪律的通报</h3>

各乡（镇）人民政府，县属各部门：

×月×日，在县自然资源局四楼视频会议室召开了全省违建别墅问题清查整治"回头看"工作部署视频会议。会议结束后，继续召开了全州违建别墅问题清查整治"回头看"工作部署暨农村乱占耕地建房问题摸排工作动员部署视频会议。会议期间，绝大多数参会人员能认真听会，细致记录，严格遵守会议要求和会场纪律，但仍有个别单位对会议重视程度不够，未严格遵守会议纪律。其中：县××公司×××无视会场纪律，会议期间睡觉；××镇副镇长×××无视会场纪律，会议期间接打电话，严重影响了会议纪律、会议质量和有关工作落实。

为进一步端正会风、严肃会纪，经县人民政府研究，决定对违反会议纪律的××镇、县××公司及个人×××和×××予以通报批评。希望各乡（镇）、各部门汲取教训、引以为戒，进一步提高政治站位，强化"五精"理念，严格遵守各项纪律要求，营造良好的会风，以严实的纪律作风确保县委、县政府各项决策部署落到实处。

××县人民政府办公室
2020年×月×日

（三）情况通报

情况通报是通过描述，对相关事件、情况作重点性和有针对性的介绍，从而使受文单位了解全局和事态发展,以推进工作的一种通报形式。

这类通报一般要写以下三个部分的内容。

1. 基本情况介绍。交代所通报的情况,简明扼要地阐明有关主要情节。
2. 介绍相关做法、经验或发现的问题。
3. 在对以上客观事实进行分析的基础上,提出希望或要求。

情况通报范例

农业农村部关于2023年第二季度政府网站检查情况的通报

按照《国务院办公厅关于印发政府网站发展指引的通知》(国办发〔2017〕47号)有关部署,根据《国务院办公厅秘书局关于印发政府网站与政务新媒体检查指标、监管工作年度考核指标的通知》(国办秘函〔2019〕19号)有关要求和标准,农业农村部市场与信息化司组织开展了2023年第二季度政府网站检查。现将有关情况通报如下。

本季度重点对部政府网站可用性、信息更新情况、互动回应情况和服务实用情况进行了专项检查。经检查评测,我部政府网站符合合格标准。

下一步,农业农村部将按照国务院办公厅关于政府网站与政务新媒体检查指标要求,进一步完善政府网站有关功能,抓好网站内容管理与考核工作,强化网站日常运维和监测,做到及时发现问题、及时进行整改,确保监测无死角、政府网站达标运行。

农业农村部市场与信息化司

2023年6月28日

第三节　公告

一、公告的特点

公告,即公开宣告,是一种发布范围广泛的、适用于宣布重要事项或法定事项的晓谕性公文。1949年10月1日的开国大典上,中华人民共和国中央人民政府主席毛泽东在天安门城楼上庄严地宣读了《中华人民共和国中央人民政府公告》。

这一公告是标志着中华人民共和国成立的重要历史文献,史称《开国公告》。

在工作和生活中,我们既能看到国家高级权力机关、行政机关发布公告向国内外宣布重要事项或法定事项,也能看到其他机关部门、人民团体、企事业单位向有关方面或人民群众宣布重要事项。

二、公告的写法

公告的正文一般要写以下三个部分的内容。

1. 背景依据。开头一般要写出公告的背景、目的、依据,有时也可省略,直接写"现将……公告如下"。

2. 公告事项。告知性公告,一般事项简单,可以合成一段写。如果属于规定性公告,事项较多,就需要采用分条列点的方式写出。

3. 结语。一般用"特此公告""现予公告"等作结语,有时也会注明公告的执行时间。

公告日期有两种写法:一种是放在标题下方,一种是放在正文末尾发文机关的下面。重要的公告除了要在落款处注明发文机关和日期外,还须注明发布地点。

三、公告的类型

（一）重要事项公告

重要事项公告主要用于级别较高的国家机关向国内外宣布重要事项,如《国家税务总局 财政部 海关总署关于在综合保税区推广增值税一般纳税人资格试点的公告》《关于对原产于美国的进口丙酸进行反倾销立案调查的公告》等。

重要事项公告范例

国家税务总局 财政部 海关总署
关于在综合保税区推广增值税一般纳税人资格试点的公告

国家税务总局公告 2019 年第 29 号

根据《国务院关于促进综合保税区高水平开放高质量发展的若干意见》(国发〔2019〕3 号),国家税务总局、财政部、海关总署决定在综合保税区推广增值税一般纳税人资格试点,现就有关事项公告如下:

一、综合保税区增值税一般纳税人资格试点（以下简称"一般纳税人资格试点"）实行备案管理。符合下列条件的综合保税区，由所在地省级税务、财政部门和直属海关将一般纳税人资格试点实施方案（包括综合保税区名称、企业申请需求、政策实施准备条件等情况）向国家税务总局、财政部和海关总署备案后，可以开展一般纳税人资格试点：

（一）综合保税区内企业确有开展一般纳税人资格试点的需求；

（二）所在地市（地）级人民政府牵头建立了综合保税区行政管理机构、税务、海关等部门协同推进试点的工作机制；

（三）综合保税区主管税务机关和海关建立了一般纳税人资格试点工作相关的联合监管和信息共享机制；

（四）综合保税区主管税务机关具备在综合保税区开展工作的条件，明确专门机构或人员负责纳税服务、税收征管等相关工作。

二、综合保税区完成备案后，区内符合增值税一般纳税人登记管理有关规定的企业，可自愿向综合保税区所在地主管税务机关、海关申请成为试点企业，并按规定向主管税务机关办理增值税一般纳税人资格登记。

三、试点企业自增值税一般纳税人资格生效之日起，适用下列税收政策：

（一）试点企业进口自用设备（包括机器设备、基建物资和办公用品）时，暂免征收进口关税和进口环节增值税、消费税（以下简称进口税收）。

上述暂免进口税收按照该进口自用设备海关监管年限平均分摊到各个年度，每年年终对本年暂免的进口税收按照当年内外销比例进行划分，对外销比例部分执行试点企业所在海关特殊监管区域的税收政策，对内销比例部分比照执行海关特殊监管区域外（以下简称区外）税收政策补征税款。

（二）除进口自用设备外，购买的下列货物适用保税政策：

1. 从境外购买并进入试点区域的货物；

2. 从海关特殊监管区域（试点区域除外）或海关保税监管场所购买并进入试点区域的保税货物；

3. 从试点区域内非试点企业购买的保税货物；

4. 从试点区域内其他试点企业购买的未经加工的保税货物。

（三）销售的下列货物，向主管税务机关申报缴纳增值税、消费税：

1. 向境内区外销售的货物；

2. 向保税区、不具备退税功能的保税监管场所销售的货物（未经加工的保税货物除外）；

3. 向试点区域内其他试点企业销售的货物（未经加工的保税货物除外）。

试点企业销售上述货物中含有保税货物的,按照保税货物进入海关特殊监管区域时的状态向海关申报缴纳进口税收,并按照规定补缴缓税利息。

(四) 向海关特殊监管区域或者海关保税监管场所销售的未经加工的保税货物,继续适用保税政策。

(五) 销售的下列货物(未经加工的保税货物除外),适用出口退(免)税政策,主管税务机关凭海关提供的与之对应的出口货物报关单电子数据审核办理试点企业申报的出口退(免)税。

1. 离境出口的货物;

2. 向海关特殊监管区域(试点区域、保税区除外)或海关保税监管场所(不具备退税功能的保税监管场所除外)销售的货物;

3. 向试点区域内非试点企业销售的货物。

(六) 未经加工的保税货物离境出口实行增值税、消费税免税政策。

(七) 除财政部、海关总署、国家税务总局另有规定外,试点企业适用区外关税、增值税、消费税的法律、法规等现行规定。

四、区外销售给试点企业的加工贸易货物,继续按现行税收政策执行;销售给试点企业的其他货物(包括水、蒸汽、电力、燃气)不再适用出口退税政策,按照规定缴纳增值税、消费税。

五、税务、海关两部门要加强税收征管和货物监管的信息交换。对适用出口退税政策的货物,海关向税务部门传输出口报关单结关信息电子数据。

六、本公告自发布之日起施行。《国家税务总局 财政部 海关总署关于开展赋予海关特殊监管区域企业增值税一般纳税人资格试点的公告》(国家税务总局 财政部 海关总署公告2016年第65号)、《国家税务总局 财政部 海关总署关于扩大赋予海关特殊监管区域企业增值税一般纳税人资格试点的公告》(国家税务总局 财政部 海关总署公告2018年第5号)和《国家税务总局 财政部 海关总署关于进一步扩大赋予海关特殊监管区域企业增值税一般纳税人资格试点的公告》(国家税务总局 财政部 海关总署公告2019年第6号)同时废止。上述公告列名的昆山综合保税区等48个海关特殊监管区域按照本公告继续开展一般纳税人资格试点。

特此公告。

税务总局 财政部 海关总署
2019年8月8日

（二）法定事项公告

法定事项公告主要用于有关法律、法规规定使用的专门事项,如《国家药监局关于发布医疗器械唯一标识系统规则的公告》《关于发布〈教育部现行有效规章目录〉的公告》等。

法定事项公告范例

国家知识产权局公告

第 389 号

根据中共中央 国务院《法治政府建设实施纲要(2015—2020年)》关于建立行政法规、规章和规范性文件清理长效机制要求,按照《国家知识产权局规范性文件制定和管理办法》,对截至 2020 年 9 月 30 日发布的规范性文件进行清理,现将清理结果予以公布,保留规范性文件 45 件,拟修改规范性文件 2 件,宣布失效规范性文件 6 件,废止规范性文件 11 件。

特此公告。

附件:1. 继续有效的规范性文件目录
   2. 拟修改的规范性文件目录
   3. 宣布失效的规范性文件目录
   4. 废止的规范性文件目录

国家知识产权局
2020 年 12 月 2 日

(附件略)

第四节 公报

一、公报的特点

公报也称新闻公报,主要用于公布重要决定、重大事项或重要会议的情况。

作为党和国家经常使用的重要文种,公报和公告一样,都具有发文机关的权威性、发文内容的重要性和发文形式上的新闻性。不过,两者在使用权限上有明显不同:使用公告的机关更多,而公报一般限于党和国家的高级机关使用,如党中央、国务院、全国人大、政协等最高国家领导机关,省、市领导机关。

二、公报的类型和写法

根据性质和内容的不同,公报一般分为会议公报、事项公报和联合公报三种。

（一）会议公报

会议公报是用以报道重要会议或会谈的决定和情报的公报。这种公报一般用于党中央召开的会议,如《中国共产党第二十届中央委员会第二次全体会议公报》。

会议公报的正文一般要写以下三个部分的内容。

1. 会议简况。包括此次会议召开的时间、背景、出席者、列席者、主持者、会议议题和主要活动内容等。

2. 会议的主要精神、内容和重要的决议事项。这是会议公报的主体部分,撰写时要用"会议强调""会议指出""会议要求"等引领段落,根据具体会议的不同情况分开叙述。

3. 会议的要求与号召。会议公报的最后一般是提出号召、希望或者要求等。比如,《中国共产党第二十届中央委员会第二次全体会议公报》的最后一段就向全党全国各族人民发出了有力的号召:"全会号召,全党全国各族人民更加紧密地团结在以习近平同志为核心的党中央周围,高举中国特色社会主义伟大旗帜,弘扬伟大建党精神,牢记'三个务必',自信自强、守正创新,锐意进取、顽强拼搏,扎实推进中国式现代化建设,为实现党的二十大确定的目标任务而共同奋斗。"

会议公报范例

中国共产党广西壮族自治区
第十一届纪律检查委员会第八次全体会议公报

(2021年11月17日中国共产党广西壮族自治区
第十一届纪律检查委员会第八次全体会议通过)

中国共产党广西壮族自治区第十一届纪律检查委员会第八次全体会议,于2021年11月17日在南宁举行。出席全会的自治区纪委委员42人,列席88人。全会由自治区纪律检查委员会常务委员会主持。自治区党委常委、自治区纪委书记、自治区监委主任房灵敏讲话。

全会审议并通过了中国共产党广西壮族自治区第十一届纪律检查委员会向中国共产党广西壮族自治区第十二次代表大会的工作报告,同意将报告提请自治区党委十一届十二次全会审议。

全会认真学习党的十九届六中全会精神特别是习近平总书记重要讲话精神。一致认为,党的十九届六中全会,是在党成立一百周年的重要历史时刻,在党和人民胜利实现第一个百年奋斗目标、全面建成小康社会,正在向着全面建成社会主义现代化强国的第二个百年奋斗目标迈进的重大历史关头,召开的一次十分重要的会议。习近平总书记的重要讲话,从理论和实践、历史和现实、国内和国际相结合的高度,紧紧围绕实现中华民族伟大复兴这个主题,统揽伟大斗争、伟大工程、伟大事业、伟大梦想,高屋建瓴、立意深远,思想深邃、内涵丰富,鼓舞人心、催人奋进,通篇贯穿马克思主义立场观点方法,充分彰显了习近平总书记的高超政治智慧和卓越领导能力,全面展现了习近平新时代中国特色社会主义思想的强大真理力量、思想力量、实践力量,具有很强的政治性、思想性、理论性、指导性,为党和国家事业发展提供了根本遵循、指明了前进方向。党的十九届六中全会审议通过的《中共中央关于党的百年奋斗重大成就和历史经验的决议》,全面总结党的百年奋斗"四个历史时期"重大成就、"五个方面"历史意义、"十个坚持"历史经验,科学展望党和国家的光明前景和美好未来,深刻揭示"过去我们为什么能够成功、未来我们怎样才能继续成功",是一篇光辉的马克思主义纲领性文献,是新时代中国共产党人牢记初心使命、坚持和发展中国特色社会主义的政治宣言,是以史为鉴、开创未来、实现中华民族伟大复兴的行动指南,对推动全党进一步统一思想、统一意志、统一行动,团结带领全国各族人民夺取新时代中国特色社会主义新的伟大胜利,具有重大现实意义和深远历史意义。

全会要求,全区纪检监察机关要把学习贯彻党的十九届六中全会精神作为重大政治任务,深刻认识党的百年奋斗的重大成就、历史意义、历史经验,深刻理解党为国家和民族作出的伟大贡献,深刻领会"两个确立"对新时代党和国家事业发展、对推进中华民族伟大复兴历史进程的决定性意义,牢牢把握中国共产党是什么、要干什么这个根本问题,坚定自觉在"两个革命"中找准职责定位,坚定理想信念,胸怀"两个大局",心系"国之大者",保持"赶考"清醒,始终保证纪检监察工作正确政治方向,坚决把反腐败斗争进行到底,在确保党不变质、不变色、不变味中更好发挥职能作用。

全会认为,自治区第十一次党代会以来,在以习近平同志为核心的党中央坚强领导下,自治区党委团结带领全区各级党组织和广大党员干部,坚持以习近平新时代中国特色社会主义思想为指导,牢记习近平总书记对广西的殷切嘱托,全面落实党的十九大和十九届二中、三中、四中、五中、六中全会精神,紧紧围绕建设新时代中国特色社会主义壮美广西总目标,以政治建设为统领全面加强党的建设,坚决扛起管党治党政治责任,坚定落实中央八项规定及其实施细则精神,以全面从严治党引领和保障富民兴桂各项事业取得历史性成就。自治区纪委在中央纪委国家监委、自治区党委领导下,一以贯之深入学习贯彻习近平新时代中国特色社会主义思想和习近平总书记对广西工作系列重要指示精神,一以贯之督促推动党员干部自觉增强"四个意识"、坚定"四个自信"、做到"两个维护",一以贯之贯彻落实全面从严治党战略方针,忠实履行职责使命,坚持严的主基调,坚持稳中求进、坚定稳妥,坚持实事求是、依规依纪依法,坚持一体推进不敢腐不能腐不想腐,坚持严管厚爱结合、激励约束并重,始终保持惩治腐败的高压态势,持续纠"四风"树新风,持续推进扶贫领域腐败和作风问题专项治理,持续整治群众身边的腐败和作风问题,深入推进纪检监察体制改革,推动巡视巡察高质量全覆盖,反腐败斗争取得压倒性胜利并全面巩固,人民群众获得感幸福感安全感不断提升,有力保障了我区营造"三大生态"、实现"两个建成"。

全会强调,即将召开的自治区第十二次党代会,是在建设新时代中国特色社会主义壮美广西关键时刻召开的一次重要会议。全区纪检监察机关要以习近平新时代中国特色社会主义思想为指导,全面贯彻党的十九大和十九届二中、三中、四中、五中、六中全会精神,围绕自治区第十二次党代会确定的目标任务,忠实履行党章和宪法赋予的职责,大力推进以"政治清明、政府清廉、干部清正、社会清朗"为主要内容的清廉广西建设,坚定不移深化全面从严治党,持续强化政治监督,持之以恒正风肃纪反腐,坚持无禁区、全覆盖、零容忍,坚持重遏制、强高压、长震慑,坚持受贿行贿一起查,坚持"打虎""拍蝇""猎狐"不松劲,深化不敢腐不能腐不想腐一体推进,深化群众身边的腐败和作风问题治理,构建权力运行制约和监督体系,巩固拓展反腐败斗争压倒性胜利成果,充分发挥监督保障执行、促进完善发展作用,推动纪检监察工作高质量发展,努力实现政治环境山清水秀,为凝心聚力建设新时代中国特色社会主义壮美广西提供坚强保障。

全会号召,要更加紧密地团结在以习近平同志为核心的党中央周围,在中央纪委国家监委和自治区党委领导下,大力弘扬伟大建党精神,不忘初心、牢记使命,常怀远虑、居安思危,埋头苦干、勇毅前行,努力开创全区党风廉政建设和反腐败工作新局面,以优异成绩迎接党的二十大胜利召开,为凝心聚力建设新时代中国特色社会主义壮美广西,奋力实现第二个百年奋斗目标、实现中华民族伟大复兴的中国梦作出新的更大贡献!

(二) 事项公报

事项公报是党的高级领导机关用以发布重大情况、重要事件的公文。高层行政机关、部门向人民群众公布重大决策、重要事项或重大措施时,有时也使用此类公报。统计公报是典型的事项公报,如《2022年中国共产党党内统计公报》《第七次全国人口普查公报》等都属于事项公报。

事项公报正文的内容与前述的会议公报有很大的不同,一般只有前言和主体两个部分。前言部分简要介绍此次重大情况、重要事件的主要内容和相关背景。主体部分是事项公报的关键,是写作的重点。如《2022年中国共产党党内统计公报》的主体部分,就用分条列项的方式分别从党员队伍情况、发展党员情况、党内表彰情况、申请入党情况、党组织情况五大方面对此次统计的结果予以展示,内容具体,层次清晰。

事项公报范例

第七次全国人口普查公报[1](第一号)
——第七次全国人口普查工作基本情况

国家统计局
国务院第七次全国人口普查领导小组办公室
2021年5月11日

根据《中华人民共和国统计法》《全国人口普查条例》规定和《国务院关于开展第七次全国人口普查的通知》(国发〔2019〕24号)要求,我国进行了第七次全国人口普查[2]。一年多以来,在以习近平同志为核心的党中央坚强领导下,在各地区各有关部门的大力支持下,在全国各级普查机构和普查人员的共同努力下,在广大普查对象的积极配合下,第七次全国人口普查圆满完成普查现场登记和普查主要数据的汇总评估工作,取得重大成果和显著成效。

一、领导高度重视

习近平总书记参加人口普查现场登记并发表重要讲话,明确指出第七次全国人口普查是新时代开展的一次重大国情国力调查,是党和国家工作中的一件大事。李克强、栗战书、汪洋、王沪宁、赵乐际、韩正、王岐山等中央领导同志在中南海分别参加人口普查登记。李克强总理对人口普查工作作出重要指示。国务院成立了由韩正副总理担任组长的第七次全国人口普查领导小组,领导小组办公室设在国家统计局,由25个部门组成,全国乡镇、街道和县以上各级人民政府均建立普查机构,为普查工作开展提供了坚实的组织保障。地方各级政府全面加强组织领导,精心组织实施,确保人员到位、措施到位、经费到位。各成员单位积极主动履职,充分发挥各自职能,提供多方保障,确保了普查的顺利实施。

二、科学制定方案

按照"科学与可行、需要与可能、继承与创新"的原则,国务院第七次全国人口普查领导小组办公室(以下简称领导小组办公室)借鉴历次普查经验,广泛征求多方意见,切实加强顶层设计。在全国组织开展了6项专项试点和1项综合试点,着力提高普查的科学性、规范性和可操作性。研究制定了《第七次全国人口普查方案》和7项工作实施细则,对普查内容、普查方法,以及普查各个环节的工作流程、工作任务和工作要求作了明确规定,为人口普查工作有序开展提供了制度性保障。

三、坚持依法普查

把依法依规普查贯穿于人口普查全过程各方面,深入贯彻《关于深化统计管理体制改革提高统计数据真实性的意见》《统计违纪违法责任人处分处理建议办法》《防范和惩治统计造假弄虚作假督察工作规定》,认真实施《全国人口普查条例》,严格落实普查方案的各项要求,严肃普查纪律。将人口普查工作落实情况作为统计督察重要内容,加大统计执法监督力度,依法查处普查违法违纪行为,确保普查数据真实准确。

四、着力普查创新

为提高普查工作质量和效率,领导小组办公室充分利用信息化技术手段,对普查内容和普查方式进行创新。全面采用电子化数据采集方式,由普查员使用电子设备采集,实时直接上报数据;实现普查对象通过互联网进行自主填报;强化部门行政记录和大数据的应用;充分利用互联网云技术、云服务和云应用完成数据处理工作,按照国家网络安全三级等保标准对普查数据采集、传输、存储进行安全管理,确保公民个人信息安全;首次对 700 多万普查人员实行线上集中统一管理。

五、精心组织登记

组织各级普查机构认真选聘普查人员,强化各级培训,确保"两员"经考试合格后上岗。按时完成软件开发、户口整顿、区划绘图、入户摸底等前期准备工作。新冠肺炎疫情发生后,领导小组办公室及时研究疫情对人口普查工作的影响,制定工作预案,调整工作进度,扎实推进普查工作。从 2020 年 11 月 1 日到 12 月 10 日,全国 700 多万普查人员严格执行普查方案,认真落实常态化疫情防控的各项要求,对全国所有家庭和人口进行了全面普查,圆满完成普查入户登记任务。

六、确保数据质量

第七次全国人口普查实行严格的质量控制制度,建立健全普查数据追溯和问责机制,确保普查数据可核查、可追溯、可问责。充分利用部门行政记录和企业大数据,对普查数据开展精细化比对核查。各级普查机构严格执行质量控制要求,认真开展质量验收,确保普查各阶段工作质量。为客观全面评价全国人口普查登记质量,领导小组办公室统一组织了事后质量抽查,结果显示,第七次全国人口普查人口漏登率为 0.05%,普查结果真实可靠。

七、全面摸清家底

第七次全国人口普查全面查清了我国人口数量、结构、分布等方面情况,掌握了人口变化的趋势性特征,为完善我国人口发展战略和政策体系、制定经济社会发展规划、推动经济高质量发展提供了准确统计信息支持。这次普查,既摸清了我国人口总量,掌握了人口规模的变化趋势;也查清了人口结构和分布状况、人口迁移流动状况,反映了人口结构演变和人口社会变迁等情况。

注释:

[1] 本公报数据均为初步汇总数据。

[2] 普查标准时点为 2020 年 11 月 1 日零时,普查对象是普查标准时点在中华人民共和国境内的自然人以及在中华人民共和国境外但未定居的中国公民,不包括在中华人民共和国境内短期停留的境外人员。

(三)联合公报

联合公报是一种有特殊用途的公报,用以发布国家之间、政党之间、团体之间经过会议达成的某种协议,如《中华人民共和国和美利坚合众国关于建立外交关系的联合公报》《共建"一带一路" 开创美好未来——第二届"一带一路"国际合作高峰论坛圆桌峰会联合公报》等。

联合公报一般要写以下三个部分的内容。

1. 基本情况。包括时间、地点、人物、事件等。
2. 双方议定事项。这是联合公报的主体部分,要用分条列项的方式展开。
3. 签署日期、地点,以及双方签署人的身份、姓名。

联合公报范例

中华人民共和国和所罗门群岛关于建立外交关系的联合公报

中华人民共和国和所罗门群岛,根据两国人民的利益和愿望,兹决定自公报签署之日起相互承认并建立大使级外交关系。

两国政府同意在互相尊重主权和领土完整、互不侵犯、互不干涉内政、平等互利、和平共处的原则基础上发展两国友好关系。

所罗门群岛政府承认世界上只有一个中国,中华人民共和国政府是代表全中国的唯一合法政府,台湾是中国领土不可分割的一部分。所罗门群岛政府即日断绝同台湾的"外交关系",并承诺不再同台湾发生任何官方关系,不进行任何官方往来。中华人民共和国政府对所罗门群岛政府的上述立场表示赞赏。

中华人民共和国政府和所罗门群岛政府商定,将根据1961年《维也纳外交关系公约》规定和国际惯例,尽早互派大使,并在对等基础上在各自首都为对方设立使馆和履行职务提供一切必要的协助。

双方签署代表受各自政府授权,于二〇一九年九月二十一日在北京签署公报中、英文本一式两份,两种文本同等作准。

中华人民共和国政府	所罗门群岛政府
代表	代表
王毅	杰里迈亚·马内莱

第九讲　公文写作与范例(四)

第一节　命令(令)

一、命令(令)的特点

依据《条例》,命令(令)适用于公布行政法规和规章、宣布施行重大强制性措施、批准授予和晋升衔级、嘉奖有关单位和人员。要注意的是,从古至今,命令(令)这一文种都具有明显的权力象征意味,有着严格的使用规范和审批权限,在日常工作中不能随便使用。

二、命令(令)的类型和写法

从上述定义出发,命令(令)可划分为公布令、行政令、任免令和嘉奖令四大类。

（一）公布令

公布令,又称"发布令""颁布令",是用来发布法律、法规、规章、规定、办法等的一种命令,有着极强的权威性和规定性,强调法随令出,一经发布就要求全体公民、有关单位和人员无条件地遵照执行。其正文简洁明了,有的甚至只有一句话,一般按照以下模板写作即可:

《×××》(此为发布对象)已由×××会议于20××年×月×日通过(此为发布依据),现予公布,自20××年×月×日起施行(此为执行要求)。

公布令范例

中华人民共和国主席令

第十一号

《全国人民代表大会常务委员会关于修改〈中华人民共和国民事诉讼法〉的决定》已由中华人民共和国第十四届全国人民代表大会常务委员会第五次会议于

2023年9月1日通过,现予公布,自2024年1月1日起施行。

中华人民共和国主席　习近平
2023年9月1日

（二）行政令

行政令,也称行政法令,是国家行政机关宣布施行重大强制性行政措施时发布的一种命令。戒严令、动员令等也属于此类。

行政令一般要写以下三个部分的内容。

1. 发令缘由。包括施行这一重大强制性行政措施的原因、目的或依据。
2. 命令事项。即施行的行政措施的具体内容。
3. 施行要求。如《黑龙江省人民政府2023年森林草原防火命令》在最后用言简意赅的一句话——"任何单位和个人发现森林草原火情,应立即拨打12119森林草原火警电话报警",对此命令中的四项措施进行了补充,突出体现了命令（令）这一文种的强制性特点。

行政令范例

鄂州市人民政府森林防火戒严令

为预防在干燥、大风等高火险天气发生森林火灾,保障国家、集体和人民生命财产安全,依据《中华人民共和国森林法》、国务院《森林防火条例》和《湖北省森林防火条例》有关规定,特发布森林防火戒严令。

一、森林防火戒严区域为我市所辖行政区域所有林区、旅游景区、森林公园、林业苗圃基地及周边500米范围内区域。

二、全市森林防火戒严期为2022年8月20日至2023年4月30日。

三、国有、集体林场和其他重点防火区域以及森林火灾多发区应当组织力量,开辟森林防火隔离带,栽种生物隔离带,避免火灾造成损失。

四、森林防火戒严期内,戒严区实行封山,禁止烧荒、烧灰积肥、烧田埂地边的杂草,禁止乱丢烟头、火柴梗及其他引火物品,禁止烧火取暖或野炊,禁止打火把、燃放鞭炮,禁止在墓地进行点灯、烧纸、点蜡烛等祭祀活动,以及其他一切野外用火行为。

森林防火戒严期内,在戒严区野外用火的,由区级以上林业主管部门或者公安机关责令其停止违法行为,并处500元以上5000元以下罚款;造成损失的,依法承担赔偿责任。

五、森林防火戒严期内,各级人民政府森林防火指挥机构和森林、林木、林地的经营单位或者个人,应当根据森林火险预报,采取相应的预防和应急准备措施。

未履行森林防火责任的,由区级以上人民政府林业主管部门责令限期改正,对个人处500元以上5000元以下罚款,对单位处1万元以上5万元以下罚款。森林防火区内的有关单位或者个人拒绝接受森林防火检查或者接到森林火灾隐患整改通知书逾期不消除火灾隐患的,由区级以上地方人民政府林业主管部门责令改正,给予警告,对个人并处200元以上2000元以下罚款,对单位并处5000元以上1万元以下罚款。

六、发生森林火灾时,当地政府和森林防火指挥机构有权优先使用交通、通信工具和其他扑火物资组织扑救。必要时,可依法征用。公民应当服从当地政府和森林防火指挥机构的指挥和调遣,依法履行扑救森林火灾的义务。

七、森林防火工作中负有责任的领导和人员,违反相关法律法规和本戒严令的,根据其职责和情节轻重,由主管机关或者监察机关分别给予批评教育、行政处分;构成犯罪的,依法追究刑事责任。

八、违反本防火戒严令造成森林火灾的,依照《中华人民共和国治安管理处罚法》和《中华人民共和国刑法》追究法律责任。

九、市、区森林火灾报警电话:
鄂州市森林火警电话:027-60876666
鄂城区森林火警电话:0711-3895555
华容区森林火警电话:0711-3587918
梁子湖区森林火警电话:0711-2410226
葛店开发区森林火警电话:027-53080000
临空经济区森林火警电话:027-60670001

鄂州市人民政府
2022年8月17日

(三)任免令

任免令是任免国家高级干部和其他重要工作人员职务时使用的一种命令。如:以国家主席令任免的工作人员,是经全国人民代表大会及其常务委员会决定的部长级以上干部;国务院总理签署任免的工作人员是副部长级干部。

在写作中要注意的一点是,与嘉奖令常见于地方不同,地方上的人事任免现在一般很少使用"命令(令)"这一文种,而多用"决定"或"通知"代替。

任免令一般只写任免依据和任免事项两部分内容即可。

任免令范例

中华人民共和国主席令

第一号

根据中华人民共和国第十四届全国人民代表大会第一次会议的决定,任命李强为中华人民共和国国务院总理。

中华人民共和国主席　习近平

2023 年 3 月 11 日

（四）嘉奖令

嘉奖令是为表彰、奖励作出卓越贡献的单位或个人时使用的一种命令。与公布令的简短不同,嘉奖令的篇幅相对较长,内容丰富。为了通过嘉奖来表彰先进、树立典型、鼓舞群众,嘉奖令在写作上要讲究文势,彰显号召力。

嘉奖令一般要写以下三个部分的内容。

1. 嘉奖原因。扼要介绍嘉奖对象的主要事迹。

2. 嘉奖内容。宣布此次嘉奖的决定,即给予怎样的荣誉称号或奖励措施等。

3. 号召和希望。号召有关人员向嘉奖对象学习哪些方面、实现怎样的目标。这部分也可以省略。

嘉奖令范例

中华人民共和国主席令

第五十三号

为了隆重表彰在抗击新冠肺炎疫情斗争中作出杰出贡献的功勋模范人物,弘扬他们忠诚、担当、奉献的崇高品质，根据第十三届全国人民代表大会常务委员会第二十一次会议的决定，授予下列人士国家勋章、国家荣誉称号：

一、授予钟南山"共和国勋章"。

二、授予张伯礼、张定宇、陈薇（女）"人民英雄"国家荣誉称号。

中华人民共和国主席　习近平
2020 年 8 月 11 日

第二节　意见

一、意见的特点

依据《条例》，意见适用于对重要问题提出见解和处理办法。作为使用范围较广的文种，意见既可用于上行文，也可用于下行文和平行文。我们可以据此把意见分为三大类：

1. 上行文的意见，即自下而上行文的意见。这类意见一般称为请批性意见，如《吉林省人民政府办公厅转发省农委省旅游局关于加快发展休闲旅游农业意见的通知》就是针对吉林省农业委员会、吉林省旅游局请批性意见的发文。作为上行文的意见与请示不同，主要表现在：请示主要是向上级请求解答问题或者请求批准；此类意见主要是下级机关或职能部门就开展、推动某项工作提出初步设想后，因为其权限无法要求其他单位执行，故发文请求上级机关予以批示或者批转。

2. 平行文的意见，即平行机关之间互相行文的意见。这类意见一般称为参考性意见。如果对涉及某一重要问题所提的见解和处理办法仅供对方参考而不需要对方回复，一般使用"意见"；如果需要对方协助解决并予以回复，则常常使用下一讲要讲解的另一文种"函"。

3. 下行文的意见，即从上至下行文的意见。主要是对全局性的问题提出基本看法和解决办法。下级机关在具体执行的过程中可以根据本部门的实际加以细化、具体化。这类意见一般称为指导性意见，如《国家卫生健康委关于加强卫生健康统计工作的指导意见》《国务院办公厅关于加快推进"一件事情一次办"打造政务服务升级版的指导意见》。值得注意的是，同样是针对重大问题，如果所提出的解决方法相对具体而且规定性较强，一般会使用前面讲的"决定"这一文种。如果所针对的问题并非全局性的问题，则可以使用"通知"。

二、意见的写法

意见一般要写以下三个部分的内容。

1. 发文缘由。包括发布意见的背景、依据、目的或意义等。说明这些内容之后,一般以"现提出如下意见""特制订本实施意见"等转入意见的主体部分。

2. 具体意见。主要是对重要问题提出见解或者具体的处理办法。一般采用直接列条或者使用小标题分条列写的形式。在实际工作中,分条列项式是意见最主要的结构模式。

3. 落实要求。有些意见会对贯彻执行提出一些要求。如无必要,此项也可省略不写。

拟写意见,重在把握两点:一是在结构模式上要做到逻辑清晰,分条列项,围绕问题层层深入。二是要注意措辞。一般来说,上行意见要注意语气的谦敬,下行意见要注意语气的严肃,平行意见则要注意语气的谦和。

意见范例

国务院办公厅关于依托全国一体化政务服务平台
建立政务服务效能提升常态化工作机制的意见

国办发〔2023〕29 号

各省、自治区、直辖市人民政府,国务院各部委、各直属机构:

近年来,国务院办公厅会同各地区各有关部门,深入贯彻习近平总书记关于网络强国的重要思想,认真落实党中央、国务院决策部署,依托全国一体化政务服务平台不断提升政务服务效能,"一网通办"能力显著增强,为创新政府治理、优化营商环境提供了有力支撑。但聚焦企业和群众所思所盼,实现政务服务从"能办"向"好办"转变仍然面临制度规范不够健全、业务办理不够便捷、平台支撑能力不足等问题,需加大力度持续推进和迭代创新,不断提升企业和群众的获得感和满意度。为系统总结政务服务效能提升"双十百千"工程经验,全面巩固实践成果,围绕为民办实事、惠企优服务、"高效办成一件事",提高创造性执行效能,经国务院同意,现就依托全国一体化政务服务平台建立政务服务效能提升常态化工作机制提出以下意见。

一、聚焦急难愁盼,建立健全办事堵点发现解决机制

(一)畅通渠道,健全办事堵点主动发现机制。加强全国一体化政务服务平

台投诉建议体系与"好差评"体系、12345 政务服务便民热线、线上线下"办不成事"反映窗口、媒体机构留言板、领导信箱等渠道的对接联动,打造央地协同、部门联动、便捷高效的政务服务"总客服",畅通堵点问题直达反馈通道。各地区各有关部门要多措并举强化与企业和群众的常态化沟通互动,主动发现办事堵点,及时掌握企业和群众办事中的急难愁盼问题。加强一体化政务服务工作联系和创新示范,建立全国一体化政务服务平台建设应用基层联系点,注重发挥市县级平台在直接联系和服务群众中的作用。

(二)接诉即办,健全办事堵点高效解决机制。针对企业和群众反映的政务服务办事堵点,各地区各有关部门应建立健全快速响应、限时整改、监督反馈的管理模式,实现受理、转办、办理、反馈、办结等全流程闭环管理。针对企业和群众普遍关注、反映强烈、反复出现,涉及责任不明或职责交叉等问题,通过建立专门台账、专班负责、联席会议等方式,强化跨部门、跨层级集中会商、协同办理,推动清单管理、责任到人、限时办结。建立完善解决办事堵点办结回访、"回头看"核查等工作制度,确保堵点问题真正解决到位。

(三)趋势感知,健全堵点数据分析应用机制。各地区各有关部门要加强针对办事堵点的数据分析研究,查找政务服务优化、效能提升的薄弱环节,对苗头性、典型性、集中性问题提前研判,推动破解问题的关口前移,为优化流程、创新服务等提供参考,实现通过解决一个诉求带动破解一类问题、优化一类服务,不断推动解决发展所需、改革所急、基层所盼、民心所向的难点堵点问题,以民生"小切口"撬动政务服务能力"大提升"。

二、强化好办易办,建立健全服务体验优化机制

(四)建立高频服务清单管理、闭环优化机制。国务院各有关部门要聚焦与企业和群众生产生活密切相关的高频政务服务事项,加强各业务领域的工作统筹,逐步实现服务名称、服务内容等基本要素统一。各地区各有关部门要按照成熟一批、发布一批的工作原则,依托政务服务平台实现高频服务清单动态管理并定期发布。对于纳入高频服务清单的政务服务及便民服务,要组织专业机构、用户代表等开展测试使用并反馈优化意见,形成清单发布、应用建设、使用反馈、服务优化的闭环,切实将企业和群众经常使用的高频服务打造成为"好用""爱用"的精品服务。各地区各有关部门要探索开展"我陪群众走流程""政务服务体验员"等工作,邀请企业和群众体验政务服务,鼓励政务服务部门负责同志走进政务大厅、登录办事平台,看政策"懂不懂"、流程"通不通"、服务"优不优"、体验"好不好",推动服务流程优化、体验提升。围绕"高效办成一件事"加强协同配合,依托全国一体化政务服务平台持续推动更多跨部门、跨层级"一件事一次办",扩大"跨

省通办""区域通办"范围,实现更多服务异地能办、就近可办。鼓励推广延时、错峰、"周末不打烊"等服务模式,满足群众差异化办事需求。

(五)强化新技术应用赋能机制。依托全国一体化政务服务平台,探索利用大数据、人工智能、区块链等新技术,分析预判企业和群众办事需求,通过智能问答、智能预审、智能导办等方式,建设企业服务空间和个人服务空间,提供智能化、个性化、精准化服务,推动惠企利民政策和服务"免申即享、直达直享、快享快办"。以政务服务码为载体,推进各类卡、码、证承载的数据互通和服务融合,以"码上办"推动服务"马上办"。持续梳理标准化、可复制、可推广的新技术应用,加强创新应用快速复用推广,及时对新技术赋能的效果、安全性等进行评估,降低新技术应用成本。

(六)完善经验推广和服务宣传机制。加强政务服务创新先进经验做法总结,建立经验推广常态化机制,选取一批在开展政务服务效能提升"双十百千"工程中形成的典型经验做法和有效制度机制在全国范围内复制推广(清单见附件),发挥创新示范作用,推动实现"一地创新、多地复用"。建设数字化创新应用案例库和应用推广中心,对地方和部门服务优化的先进经验和典型案例进行推广和共享应用。完善全国一体化政务服务平台服务宣传推广矩阵,多样化展示和推广"一网通办"服务应用,便利企业和群众了解和获取政务服务应用。

三、加强协同联动,建立健全平台支撑能力提升机制

(七)强化政务服务渠道统筹和线上线下协同服务机制,更好发挥公共入口作用。强化网上办事入口统筹管理和一体化服务,各地区各有关部门要依托全国一体化政务服务平台统一提供政务服务,推动涉及企业和群众办事的平台、网站、移动端等向各级政务服务平台整合。深化政务服务线上线下一体化,统筹线上线下政务服务资源,逐步实现线上线下无差别受理、同标准办理、同质量服务。进一步做好政务服务向基层延伸工作,依托基层服务中心、银行、邮政、公安等,推动更多政务服务以自助办、视频办、政务服务地图、数字化服务门牌等方式延伸至企业和群众身边。围绕老年人、残疾人等特殊群体需求,完善线上线下服务渠道,加快推进适老化改造和信息无障碍建设。

(八)优化政务数据有序共享机制,更好发挥公共通道作用。加快推动制定政务数据共享条例,明确数据提供、使用部门的权责义务,规范政务数据采集、共享、使用等流程。依托全国一体化政务服务平台数据共享枢纽,推动政务数据跨地区、跨部门、跨层级、跨系统、跨业务共享利用。强化政务数据目录编制,做好动态更新、同源发布。不断丰富和完善政务服务业务场景,提出数据和系统对接需求,分批次纳入国务院部门数据共享责任清单和垂直管理信息系统对接清单,强

化条块联动、上下协同。各地区各有关部门要按照统一标准规范,持续做好政务数据汇聚、治理和大数据分析等工作,不断提高数据质量,以数据多跑路助力群众少跑腿。

(九)深化全国一体化政务服务平台持续赋能机制,更好发挥公共支撑作用。进一步发挥国家政务服务平台作为全国政务服务总枢纽的作用,强化跨地区、跨部门、跨层级业务协同和公共支撑。加大电子证照应用协同推进力度,动态化管理电子证照发证用证清单、建立健全共享服务体系,不断完善跨地区、跨层级互通互认、异议处理等工作流程,更好支撑企业和群众"免证办""免提交"。强化电子印章对接互认,推动制定电子印章管理办法,规范电子印章制发、管理和使用流程,建立健全电子印章跨层级签章和跨地区可信核验的配套管理体系,满足电子印章跨地区、跨部门流转验证需求。提升身份认证支撑能力,依托国家网络身份认证基础设施、国家法人单位信息资源库等,提高各级政务服务平台对自然人、法人用户及其他社会组织的核验能力,增加核验方式,增强安全性,防范化解冒用他人身份注册风险。

(十)细化全国一体化政务服务平台协同运营机制,持续提升平台服务能力。强化全国一体化政务服务平台业务、技术和安全的工作联动,顺畅央地之间、地方之间、国务院部门之间的对接协同渠道,强化跨地区、跨部门、跨层级堵点发现解决、政务服务协同、业务需求对接、经验交流分享等,推动一体化协同发展。各地区各有关部门要加强政务服务平台日常运营和运维工作,加大建设和运营经费保障力度,不断丰富平台功能、优化服务内容,增强用户使用黏性,健全平台安全管理制度,提升平台技术防护能力,确保平台安全稳定运行。

四、做好制度支撑,建立健全效能提升保障机制

(十一)健全政务服务法规制度和标准规则迭代机制。加强国家层面"一网通办"相关法规制度研究,固化政务服务效能提升经验做法,加强制度保障。围绕政务服务改革需要,各地区各有关部门要推进现有法规、规章和规范性文件立改废释工作。围绕创新政务服务、提高"一网通办"水平,按照"急用先行、分批推进"的方式建立健全政务服务效能提升标准规范体系,加强政务服务标准化、规范化建设。

(十二)健全政务服务评估评价机制。持续做好一体化政务服务能力第三方评估工作,以企业和群众获得感为第一评价标准,推动政务服务从政府供给导向向企业和群众需求导向转变。强化数据采集、无感评估、实时监测,提升评估方法的科学性和客观性,切实减轻基层负担,杜绝数据造假和数字形式主义。加强评估结果运用,及时反馈评估发现的问题,推广先进经验。各地区各有关部门应以

推动政务服务效能提升为导向,完善以评估促问题整改、以评价促服务优化的工作闭环。

(十三)健全数字素养能力提升机制。依托全民数字素养与技能发展培育体系,创新政务服务人才引进、培养、选拔和评价机制,壮大数字化专业人才队伍,提升群众使用政务服务平台的技能。常态化开展政务服务培训交流,持续提升干部队伍数字思维、数字技能和数字素养,为持续提升政务服务效能提供坚实保障。各地区各有关部门可通过社区和专业服务机构等开展面向不同群体,特别是老年人、残疾人等特殊群体运用智能技术的教育培训、知识讲座,全方位增强群众便捷获取政务服务能力。

各地区各有关部门要高度重视,健全完善政务服务效能提升常态化工作机制,加强组织领导和统筹协调,细化任务分工,压实工作责任,适时出台政策措施,持续优化各级政务服务平台功能和服务,抓好督促落实,加强经费和人员保障,切实保障各项机制高效运行,对标借鉴典型经验做法,推出更多利企便民举措,不断提升企业和群众的获得感和满意度。

附件:政务服务效能提升典型经验案例

国务院办公厅
2023 年 8 月 18 日

(附件略)

第三节 议案

一、议案的特点和类型

议案是各级人民政府按照法律程序向同级人民代表大会或者人民代表大会常务委员会提请审议事项的议事原案,属于建议性公文。议案是各级政府使用较为频繁的一个文种,涉及国家政治、经济、科技、教育、文化、卫生、体育等各方面。

议案的制发须经过提出、初步审议、正式辩论、修正、表决、通过和公布等过程。议案一般由享有提案权的机关或个人提出,所提内容必须是属于议事机关职权范围内的事项。经审查通过的议案,具有较强的法律效力。

需要注意的是,议案的主送机关只能是同级人民代表大会或其常务委员会中的一个,不能有其他并列机关。主送机关名称要采用全称或规范化简称,不得随意简化。

根据立案内容的不同,议案可分为立法性议案(如《国务院关于提请审议〈中华人民共和国学前教育法(草案)〉的议案》)、重大事项的决策性议案(如《国务院关于提请全国人民代表大会常务委员会就香港特别行政区第六届立法会继续运作作出决定的议案》《上海市人民政府关于提请审议〈上海市城市总体规划(2016—2040)(送审稿)〉的议案》)、任免性议案(如《××市人民政府关于提请审议×××同志任职的议案》)、建议性议案(如《上海市人民政府关于提请审议授予×××和×××"上海市荣誉市民"称号的议案》)。

二、议案的写法

议案一般要写以下三个部分的内容。

1. 提出议案的缘由。又叫案据,即提请审议此议案的根据、目的或意义,篇幅可长可短。如果属于重大事项,这部分就应该全面详尽。比如,《国务院关于提请审议兴建长江三峡工程的议案》的案据部分有近千字,《国务院关于提请审议〈中华人民共和国企业所得税法(草案)〉的议案》这部分则较为简短,属于最常见的"目的式"写法,原文为"为了适应对外开放的新形势,统一内资、外资企业所得税,创造企业公平竞争的市场环境,促进社会主义市场经济健康发展"。

2. 提请审议的具体事项。这部分一般写提请审议的事项或建议的内容,要一案一事,以免影响审议。写法根据类型各有不同:

(1) 如果是提请审议已制定的法律法规,解决问题的方案已在法律法规之中,那么这里只需写明提请审议的法律法规的名称即可,但要把法律或法规的文本作为附件附后。

(2) 如果是提请审议重大决策事项,要把决策的内容一一列出,供大会审议。

(3) 如果是任免性议案,要将被任免人的姓名和拟担任的职务写明。

(4) 如果是建议采取行政手段解决某方面的问题,要把实施这一行政手段的方案详细列出,以便于审议。不能只指出问题,而没有解决问题的方案。

3. 结语。一般用"请予审议""现提请审议""请审议决定"等作结。

议案范例

××市××区人民政府关于提请审议×××同志任职的议案

×府议〔2023〕×号

××市××区人民代表大会常务委员会：

  提请任命×××为××市××区国防动员办公室主任。

  请予审议。

区长：×××
2023 年×月×日

第四节　函

一、函的特点

  《条例》规定，函是不相隶属机关之间商洽工作、询问和答复问题，或者向有关主管部门请求批准事项时所使用的公文。根据行文方向的不同，函有去函、复函两种。

  在当前党政公文实践中，函作为一个十分活跃的文种，在加强各机关单位的互动交流、推动相关工作高质量发展方面作用明显，值得重点关注。有一篇报道《从"发公函"到"微信群"，上海枫泾与浙江嘉善是如何进行深度联动的？》，就对这两个不相隶属的机关是如何通过函这一文种将彼此之间的合作推向纵深作了深入的介绍。

二、函的写法

  函的正文一般要写以下三个部分的内容。

  1. 发函缘由。包括发函原因、背景和依据。如商洽函一般会在开始说明此次来函商洽的原因，答复函会在公文开端部分注明所引来文的标题及发文字号等，如"你（贵）×（局、集团等）《关于××××的函》（×函〔20××〕×号）收悉。经研究，现函复如下:"。

2. 发函事项。也就是商洽、询问、申请、回复的具体事项。如果内容较多,可以分条书写。如果属于复函,还要注意答复事项的针对性和明确性。

3. 结语。去函的结语包括"特此函达""望请复函""特此函询(商)""敬请回复""可否,请审核"(此为请批函常用结语)。复函的结语一般用"此复""特此函复""特此函告"。

三、函的写作要点

与其他公文不同,函采用的是一种有别于"文件格式"的"信函格式"。而且,不相隶属的国家级部门和乡镇科级机关尽管级别相差悬殊,但只要采用函的方式行文,就都属于平行文。这些都决定了函的特色鲜明,适用范围广泛。写作时,要注意做到以下几个方面。

1. 事理清晰,简洁明了

尽管函采取了有别于"文件格式"的"信函格式",但它仍是一种代表各级机关单位去和其他单位商洽、询问、告知工作事宜,请求和回应相关支持帮助的公文。所以,要想最后能够获得圆满结果,一定要在动笔前充分掌握材料。写作中,尽量做到事理清晰,用简洁明了的语言还原事件,开门见山,切忌拖泥带水。这样对方才能在见到来函后即明了来龙去脉,从而充分理解己方的想法和需求。

2. 换位思考,用语平和

函是在平行或者互不隶属的不同级单位之间的行文,用语一定要把握好分寸,大方得体,不能用命令的语气,也不可太谦卑。要避免使用"你们要……""你们不要……""承蒙关照"等用语,可选择使用"你省(市/局/厂)""贵省(市/局/厂)"来称呼对方。尤其是遇到有纠纷的情况,需要发函来交涉时,更要换位思考,不要出现如"限你们……"等过激用语。行文中所提出的意见、请求或者方案,也要符合对方的实际情况。这样才能就事论事,达到解决问题、推进工作的理想结果。

3. 态度明朗,注重时效

去函时要注意态度明朗,避免语意含糊笼统。复函时,尤其要注意时效性,不要超过办理相关事项的时间节点,以免误事。

四、函的类型

按照行文作用的不同,函可分为商洽函、请批函、答复函、告知函等类型。

（一）商洽函

商洽函适用于不相隶属机关之间商洽工作、联系有关事宜，或请求协助解决某一问题，如商调干部人员函、联系参观学习函、商洽业务函、请求支持函等。

商洽函范例

关于商请选派两名"三支一扶"高校毕业生的函

××政协办函〔20××〕××号

县就业局：

由于我单位工作人员少，加之近期在我单位西部计划志愿者、高校毕业生实习人员相继到期离岗，为确保县政协办公室工作有序开展，现商请贵局为我单位选派两名"三支一扶"高校毕业生（汉语言文学专业、财会专业毕业生各一名）。

请予以协助为盼。

政协××县委员办公室

20××年×月×日

（二）请批函

请批函即请求批准函，是就某一工作事项请求批准的函。要注意作为平行文的"请批函"与上行文"请示"的不同。2012年10月，国家税务总局根据《条例》修订形成的《全国税务机关公文处理办法》指出："请求批准函仅用于向平级机关或有关主管部门请求批准相关事项。"

请批函范例

上海市宝山区水务局关于顾村工业园区雨水泵站申请用电的函

上海市电力公司市北供电公司：

我局建设的顾村工业园区雨水泵站工程，建设地点位于宝山区潘泾河以东、友谊西路以南。主要工作量为新建雨水泵站1座，新建配套进、出水箱涵等，闸门井 1 座,变配电间 1 座。泵站占地面积约为 3000 m²。泵站建成后配泵规模 18.5 m³/s,截流污水泵房配泵规模 0.10 万 m³/d,主要服务范围:西起潘泾,东至星星河,南起宝安公路,北至盘古路,服务面积 148 hm²,旨在解决该区域的防汛安全问题。

本项目的外电申请节点为九月中旬,项目建设的配套用电为原宝安 22 万伏变电站,但目前该变电站的建设尚未启动,根据建设周期将无法满足泵站的用电需求。若泵站一旦建成时无外电接入,将导致泵站无法运营,直接影响顾村工业园区整个区域的防汛安全,间接辐射影响到泵站服务范围 148 hm² 内的雨水排放及防汛工作,对区域内的正常排水工作带来极大影响。

望贵单位综合考虑泵站运行对区域的影响,就泵站的外电给予支持。

特此致函。

上海市宝山区水务局
2017 年 7 月 5 日

（三）答复函

答复函是上级答复下级询问、平级相互答复事项,以及审批答复时使用的函。

答复函范例

<h3 style="text-align:center">国家发展改革委等部门关于同意长三角地区
启动建设全国一体化算力网络国家枢纽节点的复函</h3>

发改高技〔2022〕211 号

上海市、江苏省、浙江省、安徽省发展改革委、网信办、工业和信息化主管部门、通信管理局、能源局:

转来《关于报送<全国一体化算力网络长三角国家枢纽节点建设方案>的请示》(沪发改高技〔2021〕151 号)收悉。经研究,现函复如下:

一、同意在长三角地区启动建设全国一体化算力网络国家枢纽节点(以下简称"长三角枢纽")。

二、长三角枢纽要充分发挥本区域在市场、技术、人才、资金等方面的优势,发展高密度、高能效、低碳数据中心集群,提升数据供给质量,优化东西部间互联网络和枢纽节点间直连网络,通过云网协同、云边协同等优化数据中心供给结构,扩展算力增长空间,实现大规模算力部署与土地、用能、水、电等资源的协调可持续。

三、长三角枢纽规划设立长三角生态绿色一体化发展示范区数据中心集群和芜湖数据中心集群。其中,长三角生态绿色一体化发展示范区数据中心集群起步区为上海市青浦区、江苏省苏州市吴江区、浙江省嘉兴市嘉善县。芜湖数据中心集群起步区为芜湖市鸠江区、弋江区、无为市。围绕两个数据中心集群,抓紧优化算力布局,积极承接长三角中心城市实时性算力需求,引导温冷业务向西部迁移,构建长三角地区算力资源"一体协同、辐射全域"的发展格局。

四、长三角生态绿色一体化发展示范区、芜湖数据中心集群应符合新型数据中心发展要求,尽快启动起步区建设,逐步落地重点建设项目。项目建设主体原则上为数据中心相关行业骨干企业,支持发展大型、超大型数据中心,建设内容涵盖绿色低碳数据中心建设、网络服务质量提高、算力高效调度、安全保障能力提升等,落实项目规划、选址、资金等条件。

五、长三角生态绿色一体化发展示范区、芜湖数据中心集群应抓紧完成起步区建设目标:数据中心平均上架率不低于65%。数据中心电能利用效率指标控制在1.25以内,可再生能源使用率显著提升。网络实现动态监测和数网协同,服务质量明显提升,电力等配套设施建设完善,能高质量满足"东数西算"业务需要。形成一批"东数西算"典型示范场景和应用。安全技术、措施和手段同步规划、同步建设、同步使用。

六、长三角枢纽要统筹好区域内在建和拟建数据中心项目,设置合理过渡期,确保平稳有序发展。自2022年3月起,有关进展情况于每季度末报国家发展改革委、中央网信办、工业和信息化部、国家能源局。

国家发展改革委 中央网信办 工业和信息化部 国家能源局
2022年2月7日

(四)告知函

告知函适用于周知事宜,一般不要求对方答复。

告知函范例

自然资源部办公厅关于国土空间规划编制资质有关问题的函

自然资办函〔2019〕2375号

各省、自治区、直辖市及计划单列市自然资源主管部门,新疆生产建设兵团自然资源局,省会城市自然资源主管部门:

  为深入贯彻落实《中共中央 国务院关于建立国土空间规划体系并监督实施的若干意见》,加强国土空间规划编制的资质管理,提高国土空间规划编制质量,我部正加快研究出台新时期的规划编制单位资质管理规定。新规定出台前,对承担国土空间规划编制工作的单位资质暂不作强制要求,原有规划资质可作为参考。

自然资源部办公厅

2019年12月31日

第十讲　讲话类文书写作与范例

讲话稿通常指领导讲话稿,是各级领导在特定场合发表的政治站位较高、思想观点明确、针对性较强、条理清楚的讲话文稿,可以分为总结部署工作类讲话稿、传达贯彻类讲话稿、纪念庆祝类讲话稿和会议活动类讲话稿。

领导讲话稿不同于一般的发言。讲话者的身份,决定了其内容的指示性、导向性、总结性和号召性。执笔者一般都要根据领导的指示起草和修改讲话稿,从而达到领导的要求。

第一节　总结部署工作类讲话稿

总结部署工作类讲话稿是领导在会议上对重要工作进行评价总结、研究部署的讲话文稿。

（一）标题的写法

这类讲话稿标题的写法一般有两种:最简单的写法是事由加文种,如《在"不忘初心、牢记使命"主题教育工作会议上的讲话》《在×××工作部署会议上的讲话》;较为常见的写法是包括讲话人、事由和文种等要素,如《×××同志在2023年上半年工作总结会上的讲话》。

（二）日期及署名的写法

会议或活动日期用圆括号标注在标题正下方,署名位于日期之下,均居中排列。如果标题里已经有了讲话人姓名,那么这里略去署名。

（三）称谓的写法

称谓要顶格书写,一般根据讲话对象的不同,写作"同志们""各位××"等。

（四）正文的写法

正文一般要写以下四个部分的内容。

1. 开场白

开场白一般先说明本次讲话的背景或者主旨,再介绍有关情况,引出主体内容。

2. 主体

应根据具体情况采用不同的结构模式,如:①工作回顾+具体要求;②工作意义+具体要求;③主要问题+具体要求;④工作回顾+主要形势+总要求+具体要求;⑤具体要求。

3. 结束语

结束语要照应开头,对整场讲话作提纲挈领的总结和展望。

4. 致谢语

致谢语一般只有一句,但一定要独立成段,如"谢谢大家",或者"今天我就讲到这里,谢谢大家"。

"结束语"和"致谢语"有时可以省略不写。

总结部署工作类讲话稿范例

加强基础研究　实现高水平科技自立自强※

习近平

今天,中央政治局进行第三次集体学习,内容是加强基础研究。安排这次集体学习,目的是分析我国基础研究现状和挑战,了解国外加强基础研究的主要做法,探讨加快推进我国基础研究发展的措施。

加强基础研究,是实现高水平科技自立自强的迫切要求,是建设世界科技强国的必由之路。党和国家历来重视基础研究工作。新中国成立后,党中央发出"向科学进军"号召,广大科技工作者自力更生、艰苦奋斗,取得"两弹一星"关键科学问题、人工合成牛胰岛素、多复变函数论突破、哥德巴赫猜想证明等重大基础研究成果。改革开放后,我国迎来"科学的春天",先后实施"863计划""攀登计划""973计划",基础研究整体研究实力和学术水平显著增强。党的十八大以来,党中央把提升原始创新能力摆在更加突出的位置,成功组织一批重大基础研究任务、建成一批重大科技基础设施,基础前沿方向重大原创成果持续涌现。

当前,新一轮科技革命和产业变革深入发展,学科交叉融合不断推进,科学研究范式发生深刻变革,科学技术和经济社会发展加速渗透融合,基础研究转化周期明显缩短,国际科技竞争向基础前沿前移。应对国际科技竞争、实现高水平科技自立自强,推动构建新发展格局、实现高质量发展,迫切需要我们加强基础研究,从源头和底层解决关键技术问题。正因为如此,党的二十大报告突出强调要加强基础研究、突出原创、鼓励自由探索,作出战略部署,要切实落实到位。

第一,强化基础研究前瞻性、战略性、系统性布局。基础研究处于从研究到应用、再到生产的科研链条起始端,地基打得牢,科技事业大厦才能建得高。加强基础研究要突出前瞻性、战略性需求导向,优化资源配置和布局结构,为创新发展提供基础理论支撑和技术源头供给。

要坚持"四个面向",坚持目标导向和自由探索"两条腿走路",把世界科技前沿同国家重大战略需求和经济社会发展目标结合起来,统筹遵循科学发展规律提出的前沿问题和重大应用研究中抽象出的理论问题,凝练基础研究关键科学问题。要把握科技发展趋势和国家战略需求,加强基础研究重大项目可行性论证和遴选评估,充分尊重科学家意见,把握大趋势、下好"先手棋"。要强化国家战略科技力量,有组织推进战略导向的体系化基础研究、前沿导向的探索性基础研究、市场导向的应用性基础研究,注重发挥国家实验室引领作用、国家科研机构建制化组织作用、高水平研究型大学主力军作用和科技领军企业"出题人""答题人""阅卷人"作用。要优化基础学科建设布局,支持重点学科、新兴学科、冷门学科和薄弱学科发展,推进学科交叉融合和跨学科研究,构筑全面均衡发展的高质量学科体系。

第二,深化基础研究体制机制改革。世界已经进入大科学时代,基础研究组织化程度越来越高,制度保障和政策引导对基础研究产出的影响越来越大。我国支持基础研究和原始创新的体制机制已基本建立但尚不完善,必须优化细化改革方案,发挥好制度、政策的价值驱动和战略牵引作用。

要稳步增加基础研究财政投入,通过税收优惠等多种方式激励企业加大投入,鼓励社会力量设立科学基金、科学捐赠等多元投入,提升国家自然科学基金及其联合基金资助效能,建立完善竞争性支持和稳定支持相结合的基础研究投入机制。要优化国家科技计划基础研究支持体系,完善基础研究项目组织、申报、评审和决策机制,实施差异化分类管理和国际国内同行评议,组织开展面向重大科学问题的协同攻关,鼓励自由探索式研究和非共识创新研究。要处理好新型举国体制与市场机制的关系,健全同基础研究长周期相匹配的科技评价激励、成果应用转化、科技人员薪酬等制度,长期稳定支持一批基础研究创新基地、优势团队和重点方向,打造原始创新策源地和基础研究先锋力量。提高基础研究投入是大趋势,同时要考虑国家财力,保持合理投入强度,加强实施过程绩效评估,确保"好钢用在刀刃上"。

第三,建设基础研究高水平支撑平台。过去很长一段时间,我国基础研究存在题目从国外学术期刊上找、仪器设备从国外进口、取得成果后再花钱到国外期刊和平台上发表的"两头在外"问题。近年来,我国着力打造世界一流科技期刊、建成一批大国重器,基础研究支撑平台建设取得长足进步,但是从根本上破解"两头在外"问题还任重道远。

我们要协同构建中国特色国家实验室体系,布局建设基础学科研究中心,加快建设基础研究特区,超前部署新型科研信息化基础平台,形成强大的基础研究骨干网络。要科学规划布局前瞻引领型、战略导向型、应用支撑型重大科技基础设施,强化设施建设事中事后监管,完善全生命周期管理,全面提升开放共享水平和运行效率。要打好科技仪器设备、操作系统和基础软件国产化攻坚战,鼓励科研机构、高校同企业开展联合攻关,提升国产化替代水平和应用规模,争取早日实现用我国自主的研究平台、仪器设备来解决重大基础研究问题。要加快培育世界一流科技期刊,建设具有国际影响力的科技文献和数据平台,发起高水平国际学术会议,鼓励重大基础研究成果率先在我国期刊、平台上发表和开发利用。

第四,加强基础研究人才队伍建设。加强基础研究,归根结底要靠高水平人才。近年来,我国深入实施人才强国战略,深化人才体制机制改革,取得显著成效,但基础研究人才队伍仍有明显短板。必须下气力打造体系化、高层次基础研究人才培养平台,让更多基础研究人才竞相涌现。

要加大各类人才计划对基础研究人才支持力度,培养使用战略科学家,支持青年科技人才挑大梁、担重任,积极引进海外优秀人才,不断壮大科技领军人才队伍和一流创新团队。要明确"破四唯"后怎么"立"的评价方式和标准,完善基础研究人才差异化评价和长周期支持机制,赋予科技领军人才更大的人财物支配权和技术路线选择权,构建符合基础研究规律和人才成长规律的评价体系。要加强科研学风作风建设,坚持科学监督与诚信教育相结合,纵深推进科研作风学风治理,引导科技人员摒弃浮夸、祛除浮躁,坐住坐稳"冷板凳"。要坚持走基础研究人才自主培养之路,深入实施"中学生英才计划""强基计划""基础学科拔尖学生培养计划",优化基础学科教育体系,发挥高校特别是"双一流"高校基础研究人才培养主力军作用,加强国家急需高层次人才培养,源源不断地造就规模宏大的基础研究后备力量。

第五,广泛开展基础研究国际合作。当前,国际科技合作面临少数国家单边主义、保护主义的冲击和挑战。人类要破解共同发展难题,比以往任何时候都更需要国际合作和开放共享,没有一个国家可以成为独立的创新中心或独享创新成果。我国要坚持以更加开放的思维和举措扩大基础研究等国际交流合作,营造具有全球竞争力的开放创新生态。

我们要构筑国际基础研究合作平台，牵头实施国际大科学计划和大科学工程，设立面向全球的科学研究基金，加大国家科技计划对外开放力度，围绕气候变化、能源安全、生物安全、外层空间利用等全球问题，拓展和深化中外联合科研。要前瞻谋划和深度参与全球科技治理，参加或发起设立国际科技组织，支持国内高校、科研院所、科技组织同国际对接，完善法律法规、伦理审查规则和监管框架。我们要敢于斗争、善于斗争，努力增进国际科技界开放、信任、合作，以更多重大原始创新和关键核心技术突破为人类文明进步作出新的更大贡献，并有效维护我国的科技安全利益。

第六，塑造有利于基础研究的创新生态。开展基础研究既需要物质保障，更需要精神激励。我国几代科技工作者通过接续奋斗铸就的"两弹一星"精神、西迁精神、载人航天精神、科学家精神、探月精神、新时代北斗精神等，共同塑造了中国特色创新生态，成为支撑基础研究发展的不竭动力。

要在全社会大力弘扬追求真理、勇攀高峰的科学精神，广泛宣传基础研究等科技领域涌现的先进典型和事迹，教育引导广大科技工作者传承老一辈科学家以身许国、心系人民的光荣传统，把论文写在祖国的大地上，把科研成果应用在全面建设社会主义现代化国家的伟大事业中。要加强国家科普能力建设，深入实施全民科学素质提升行动，线上线下多渠道传播科学知识、展示科技成就，树立热爱科学、崇尚科学的社会风尚。要切实推进科教融汇，在教育"双减"中做好科学教育加法，播撒科学种子，激发青少年好奇心、想象力、探求欲，培育具备科学家潜质、愿意献身科学研究事业的青少年群体。

各级党委和政府要把加强基础研究纳入科技工作重要日程，加强统筹协调，加大政策支持力度，推动基础研究实现高质量发展。各级领导干部要学习科技知识、发扬科学精神，主动靠前为科技工作者排忧解难、松绑减负、加油鼓劲，把党中央关于科技创新的一系列战略部署落到实处。

※这是习近平总书记2023年2月21日在二十届中央政治局第三次集体学习时的讲话。

第二节　传达贯彻类讲话稿

传达贯彻类讲话稿是领导在会上传达、贯彻上级重要会议精神、有关指示和决定等的讲话文稿。

(一) 开场白的写法

开场白一般要说明本次会议召开的原因。

(二) 主体的写法

主体一般先传达上级会议概况和主要精神,再就贯彻落实会议精神提出具体的意见或措施。有的也会省略前一部分,直接提出贯彻落实上级会议精神的几点意见或措施。

传达贯彻类讲话稿范例

在全国工会学习贯彻习近平总书记
在庆祝中国共产党成立 100 周年大会上的重要讲话精神座谈会上的讲话

(2021 年 7 月 2 日)

王东明

今天,我们召开座谈会,主要任务是:认真学习贯彻习近平总书记在庆祝中国共产党成立 100 周年大会上的重要讲话精神,结合学习贯彻习近平总书记关于工人阶级和工会工作的重要论述,不断深化对中国共产党百年奋斗的光辉历程和伟大成就的认识,增进对马克思主义中国化成果特别是习近平新时代中国特色社会主义思想的理解,从百年党史中汲取智慧和力量,进一步坚定信仰、增强信念、提振信心,团结动员广大职工为全面建成社会主义现代化强国、实现中华民族伟大复兴的中国梦而奋斗。

习近平总书记在庆祝大会上发表的重要讲话,通篇贯穿党领导人民为实现中华民族伟大复兴而奋斗这一主题,全面回顾了一百年来党的光辉历程和伟大成就,深刻阐述了在这一历史进程中积累的宝贵经验特别是中国共产党的伟大建党精神,代表党和人民向全世界庄严宣告,经过全党全国各族人民持续奋斗,我们实现了第一个百年奋斗目标,在中华大地上全面建成了小康社会,历史性地解决了绝对贫困问题,正在意气风发向着全面建成社会主义现代化强国的第二个百年奋斗目标迈进,明确提出了党在新征程上以史为鉴、开创未来必须牢牢把握的九个方面的重大要求。总书记代表党中央向全体党员郑重发出号召,要求全体党员牢记初心使命,坚定理想信念,践行党的宗旨,永远保持同人民群众的血肉联系,始终同人民想在一起、干在一起,风雨同舟、同甘共苦,继续为实现人民对美好生活的向往不懈努力,努力为党和人民争取更大光荣。这一号召既是面对中华民族伟大复兴战略全局,站在"两个一百年"奋斗目标历史交汇点上,对全党发出的为全面建成社会主义现代化强国而奋斗的进军号角,也是面对世界百年未有之大变局和极其复杂严峻的国际形势,对全党发出的团结奋斗、众志成城,战胜一切艰难险阻,向着既定目标坚定前行的伟大号召。

总书记的讲话高瞻远瞩、总揽全局,思想深刻、内涵丰富,通篇闪耀着马克思主义真理的光辉,具有很强的政治性、思想性、指导性,既有历史纵深感,又紧扣时代脉搏,反映人民期待,是新时代坚持和发展中国特色社会主义的纲领性文献,也为指导党的工运事业和工会工作提供了强大思想武器,对于激励和动员广大职工群众更加紧密地团结在以习近平同志为核心的党中央周围,满怀信心投身全面建设社会主义现代化国家新征程,具有重大而深远的意义。

学习贯彻习近平总书记重要讲话,是当前和今后一个时期各级工会组织的首要政治任务,必须全面领会、准确把握、持之以恒、不断深化,结合工会工作实际抓好贯彻落实。下面,围绕学习领会、贯彻落实总书记重要讲话精神,我讲几点意见。

一、要深刻认识中国共产党百年奋斗的光辉历程和伟大成就

习近平总书记指出,一百年来,中国共产党团结带领中国人民,以"为有牺牲多壮志,敢教日月换新天"的大无畏气概,书写了中华民族几千年历史上最恢宏的史诗。回望百年党史,我们党从成立之日起,就把为中国人民谋幸福、为中华民族谋复兴作为自己的初心使命,团结带领人民筚路蓝缕、艰苦奋斗,创造了新民主主义革命的伟大成就,创造了社会主义革命和建设的伟大成就,创造了改革开放和社会主义现代化建设的伟大成就,创造了新时代中国特色社会主义的伟大成就,使中华民族迎来了从站起来、富起来到强起来的伟大飞跃,实现中华民族伟大复兴进入了不可逆转的历史进程。

党的光辉历程充满艰辛,党的伟大成就来之不易,是党带领包括工人阶级在内的全体人民团结奋斗的结果。一百年来,我们党始终重视加强对工人运动的领导,始终贯彻全心全意依靠工人阶级方针,始终注重发挥工人阶级主力军作用。新征程上,要用伟大成就激励广大职工,进一步坚定信心、凝聚力量,为实现中华民族伟大复兴接续奋斗,创造新的更大辉煌。要牢牢把握我国工人运动时代主题,围绕进入新发展阶段、贯彻新发展理念、构建新发展格局、推动高质量发展,聚焦"十四五"时期国家重大战略、重大工程、重大项目、重点产业,广泛深入持久开展各种形式的劳动和技能竞赛,充分调动广大职工的积极性主动性创造性,踊跃投身全面建设社会主义现代化国家的伟大实践。要扎实推进产业工人队伍建设改革,加快打造一支宏大的知识型、技能型、创新型高素质产业工人大军,引导亿万职工群众立足岗位、辛勤劳动、勇于创新、甘于奉献、拼搏奋斗、苦干实干,最大限度凝聚起共同奋斗的力量,为实现第二个百年奋斗目标建功立业。

二、要深刻认识中国共产党的坚强领导是实现国家富强、民族复兴、人民幸福的根本保证

习近平总书记指出,办好中国的事情,关键在党。中国共产党领导是中国特色社会主义最本质的特征,是中国特色社会主义制度的最大优势,是党和国家的根本所在、命脉所在,是全国各族人民的利益所系、命运所系。一百年来,我们党从稚嫩到成熟、从弱小到强大,一次次遭受挫败,一次次力挽狂澜,一次次浴火重生,紧紧团结和依靠人民,战胜无数艰难险阻,夺取了革命、建设、改革一个又一个伟大胜利,建立了彪炳史册的伟大功勋。中华民族近代以来180多年的历史、中国共产党成立以来100年的历史、中华人民共和国成立以来70多年的历史都充分证明,没有中国共产党,就没有新中国,就没有中华民族伟大复兴。

党的领导地位不是自封的,是历史和人民选择了中国共产党。只有中国共产党才能肩负起民族复兴的历史使命,才能带领中国人民实现民族复兴的伟大梦想。工会作为党领导下的工人阶级群众组织,在坚持党的领导这个根本问题上必须头脑十分清醒、立场十分坚定、行动十分坚决。坚持党的领导,是工会的政治立场和政治原则,也是工作准则和具体要求。只有坚持党的领导,工会工作才能方向正确、不走偏路,才能做得有声有色、扎实有效,才能把党的领导落实到广大职工群众中去。坚持党的领导,最关键的是要坚决维护习近平总书记党中央的核心、全党的核心地位,坚决维护党中央权威和集中统一领导。当前,我国发展面临的形势之复杂、风险之多、挑战之大前所未有。越是在严峻复杂的形势面前,越是在艰巨繁重的任务面前,越需要全党上下紧密团结、步调一致,越需要全国上下万众一心、众志成城。各级工会要进一步提升政治站位,始终胸怀"两个大局",不断增强"四个意识"、坚定"四个自信"、做到"两个维护",牢记"国之大者",始终在思想上政治上行动上同以习近平同志为核心的党中央保持高度一致,特别是要不断增强做到"两个维护"的思想自觉、政治自觉、行动自觉,把"两个维护"体现到行动上、落实到工作中,努力为党分忧解愁、为民尽心担责。

三、要深刻认识伟大建党精神是中国共产党的精神之源

习近平总书记指出,一百年前,中国共产党的先驱们创建了中国共产党,形成了坚持真理、坚守理想,践行初心、担当使命,不怕牺牲、英勇斗争,对党忠诚、不负人民的伟大建党精神,这是中国共产党的精神之源。在一百年的奋斗历程中,一代又一代中国共产党人顽强拼搏、不懈奋斗,形成了一系列伟大精神,构筑起了中

国共产党人的精神谱系,为我们立党兴党强党提供了丰厚滋养。百年历史充分证明,伟大建党精神诠释了我们党的红色基因,蕴含着我们"从哪里来、到哪里去"的精神密码,是全党同志用以滋养初心、淬炼意志、汲取信仰力量、查找党性差距、校准前进方向的动力源泉。

站在"两个一百年"奋斗目标历史交汇点上,面对中华民族伟大复兴的光明前景,要继续弘扬光荣传统、赓续红色血脉,把伟大建党精神继承下去、发扬光大。在百年奋斗历史进程中,我国工人阶级和广大劳动群众铸就形成了劳模精神、劳动精神、工匠精神,这是中国共产党人精神谱系的重要组成部分,是以爱国主义为核心的民族精神和以改革创新为核心的时代精神的生动体现,是鼓舞全党全国各族人民风雨无阻、勇敢前进的强大精神动力,诠释了中国人民具有的伟大创造精神、伟大奋斗精神、伟大团结精神、伟大梦想精神,是伟大建党精神在新时代的具体实践。新征程上,我们要学习贯彻习近平总书记2020年11月24日在全国劳动模范和先进工作者表彰大会上的重要讲话精神,更好贯彻尊重劳动、尊重知识、尊重人才、尊重创造方针,大力弘扬劳模精神、劳动精神、工匠精神,唱响劳动最光荣、劳动最崇高、劳动最伟大、劳动最美丽的主旋律,激励广大职工群众争做新时代的奋斗者。要以社会主义核心价值观引领职工,积极弘扬中华优秀传统文化,深化群众性精神文明创建活动,加强以职业道德为重点的"四德"建设,形成健康文明、昂扬向上的职工文化,凝聚起亿万职工建功新时代、奋进新征程的磅礴力量。

四、要深刻认识人民对美好生活的向往是中国共产党的奋斗目标

习近平总书记指出,江山就是人民、人民就是江山,打江山、守江山,守的是人民的心。中国共产党根基在人民、血脉在人民、力量在人民。人民至上的根本政治立场体现了党的理想信念、性质宗旨、初心使命,是贯穿党百年历史的一根红线。在长期的革命、建设和改革实践中,中国共产党始终坚持一切为了人民,一切依靠人民,始终代表最广大人民根本利益,与人民休戚与共、生死相依,把为中国人民谋幸福、为中华民族谋复兴作为初心使命,把人民对美好生活的向往作为奋斗目标,坚持全心全意为人民服务的根本宗旨,尊重人民首创精神,始终保持与人民群众的血肉联系,实现好、维护好、发展好最广大人民根本利益,团结带领中国人民不断为美好生活而奋斗。

包括工人阶级在内的全体人民是我们党执政的最大底气,是党最可靠、最伟大的力量源泉。我们党自成立以来,就始终把工人阶级作为自己最坚实最可靠的阶级基础,全心全意依靠工人阶级,不断巩固提高工人阶级主人翁地位,切实维护职工群众合法权益。新征程上,工会要坚持以职工为中心的工作导向,认真履行维权服务基本职责。要切实维护职工劳动经济权益,加大对供给侧结构性改革、产业转型升级过程中职工就业、收入分配、社会保障、劳动安全卫生等方面权益的维护力度,加强货车司机、网约车司机、快递员、外卖配送员等新就业形态群体的权益保障。要做实服务职工工作,健全困难职工家庭常态化帮扶机制,巩固拓展城市困难职工解困脱困成果,不断提升职工生活品质,继续叫响做实送温暖、金秋助学、阳光就业、职工医疗互助、工会法律援助、关爱农民工子女等传统品牌,加强"劳动者港湾"、爱心驿站等工会户外劳动者服务站点建设,推进智慧工会建设,着力解决职工群众急难愁盼问题,把党和政府的关心关怀送到职工群众心坎上。要积极推动构建和谐劳动关系,认真落实《中共中央 国务院关于构建和谐劳动关系的意见》,抓住构建和谐劳动关系这条主线,促进构建和谐劳动关系评估机制、协调机制等建设,深化和谐劳动关系创建活动,推动建立规范有序、公正合理、互利共赢、和谐稳定的劳动关系,从根本上维护职工合法权益。

五、要深刻认识坚持马克思主义的指导地位是中国共产党的立党之本

习近平总书记强调,马克思主义是我们立党立国的根本指导思想,是我们党的灵魂和旗帜。中国共产党为什么能,中国特色社会主义为什么好,归根到底是因为马克思主义行。一百年来,我们党坚持解放思想和实事求是相统一、培元固本和守正创新相统一,从中国实际出发,洞察时代大势,把握历史主动,不断开辟马克思主义新境界,产生了毛泽东思想、邓小平理论、"三个代表"重要思想、科学发展观、习近平新时代中国特色社会主义思想,为党和人民事业发展提供了科学理论指导。习近平新时代中国特色社会主义思想坚持马克思主义基本原理,根植于中国特色社会主义新的伟大实践,在指导实践、推动实践中展现出强大的真理力量,是马克思主义中国化最新成果,是当代中国马克思主义、21世纪马克思主义,是全党全国人民为实现中华民族伟大复兴而奋斗的行动指南。

历史和实践证明,我们党之所以能够完成近代以来各种政治力量不可能完成的艰巨任务,就在于在实践中不断丰富和发展马克思主义,推进马克思主义中国化时代化。百年来党领导的工运事业之所以历经风雨不断壮大,同样在于党始终坚持把马克思主义工运理论同我国工人运动的具体实际相结合,形成发展了符合中国国情、体现时代特点、适应工会实际、反映职工需求的工运理论。习近平总书记关于工人阶级和工会工作的重要论述,把我们党对工运事业和工会工作的规律性认识提升到一个新高度。当前和今后一个时期,我们要把学习贯彻习近平新时代中国特色社会主义思想作为第一位任务,与学习贯彻习近平总书记关于工人阶级和工会工作的重要论述相结合,与开展党史、新中国史、改革开放史、社会主义发展史宣传教育相结合,在学懂弄通做实上下功夫,用马克思主义观察时代、把握时代、引领时代,用党的创新理论武装头脑、指导实践、推动工作。

六、要深刻认识中国特色社会主义是实现中华民族伟大复兴的正确道路

习近平总书记指出,走自己的路,是党的全部理论和实践立足点,更是党百年奋斗得出的历史结论。中国特色社会主义是党和人民历经千辛万苦、付出巨大代价取得的根本成就,是实现中华民族伟大复兴的正确道路。我们党坚持和发展中国特色社会主义,创造了中国式现代化新道路,创造了人类文明新形态。我们党在百年奋斗的历程中,坚持科学社会主义基本原则,又根据时代条件,开辟了中国特色社会主义道路,形成了中国特色社会主义理论体系,确立了中国特色社会主义制度,发展了中国特色社会主义文化。实践充分证明,只有社会主义才能救中国,只有社会主义才能发展中国,只有坚持和发展中国特色社会主义才能实现中华民族伟大复兴。

站在"两个一百年"奋斗目标历史交汇点上,踏上全面建设社会主义现代化国家的新征程,我们要树立必胜信心,更加坚信我们的道路是正确的、前途是光明的,我们的制度具有无可比拟的巨大优越性。要引导职工从"中国之治"和"西方之乱"的鲜明对比中看清优劣、明辨是非,提振信心、凝聚共识,更加深刻地领悟中国共产党为什么能、马克思主义为什么行、中国特色社会主义为什么好,更加坚定中国特色社会主义道路自信、理论自信、制度自信、文化自信,增强对中国共产党领导和中国特色社会主义制度的政治认同、思想认同、情感认同。要切实肩负起加强对职工思想政治引领的政治责任,引导各级工会干部和广大职工群众知史爱党、知史爱国,进一步增强对党的伟大、光荣、正确的认知,更加紧密地团结在以习近平同志为核心的党中央周围,坚定不移听党话、感党恩、跟党走,永远做党最坚实的依靠力量和最牢固的阶级基础、群众基础。要坚定不移走中国特色社会主义工会发展道路,保持战略定力,增强坚持和拓展这条道路的责任心和使命感,不断深化对劳动关系发展规律、工人阶级队伍发展规律、工人运动和工会工作发展规律的认识,努力使这条道路越走越宽广。

七、要深刻认识敢于斗争善于斗争是中国共产党的鲜明特质和特点

习近平总书记指出,敢于斗争、敢于胜利,是中国共产党不可战胜的强大精神力量。实现伟大梦想就要顽强拼搏、不懈奋斗。发展中国特色社会主义是一项长期的艰巨的历史任务,必须准备进行具有许多新的历史特点的伟大斗争。要充分认识这场伟大斗争的长期性、复杂性、艰巨性,发扬斗争精神,提高斗争本领,不断夺取伟大斗争新胜利。中华民族的历史尤其是近现代史,就是一部为了争取民族独立和人民解放而进行的不屈不挠的斗争史。中国共产党继承和发扬了斗争传统,逐渐成长为一个敢于斗争、敢于胜利的伟大政党,党的历史上任何成就和胜利的取得，都是孜孜以求、不断斗争的结果。党的十八大以来，以习近平同志为核心的党中央，以顽强的斗争意志、充沛的斗争精神，勇于应对各个领域的重大风险挑战，确保经济社会持续健康发展，社会大局和谐稳定。没有伟大斗争，就没有新时代的历史性成就、历史性变革。

当前，世界正面临百年未有之大变局，百年不遇的大疫情加速了大变局的演进。我们必须增强忧患意识、始终居安思危，认真贯彻总体国家安全观，保持斗争精神、增强斗争本领，敢于斗争、善于斗争，努力战胜一切风险挑战。要按照这些年在维护劳动领域政治安全工作实践中探索形成的工作格局，加大工作力度，狠抓工作落实，做好防范化解，以实际行动把"五个坚决"要求落到实处。

八、要深刻认识不断推进党的建设新的伟大工程是党和人民事业发展的坚强政治保证

习近平总书记指出，勇于自我革命是中国共产党区别于其他政党的显著标志。一百年，我们党一路走来，从1921年成立时的50多名党员，发展成为拥有9500多万名党员、领导着14亿多人口大国、具有重大全球影响力的世界第一大执政党。我们党建立了彪炳史册的伟大功勋，历经千锤百炼而朝气蓬勃，一个很重要的原因就是我们始终坚持党要管党、全面从严治党，不断应对好自身在各个历史时期面临的风险考验，确保我们党在世界形势深刻变化的历史进程中始终走在时代前列，在应对国内外各种风险挑战的历史进程中始终成为全国人民的主心骨。

新征程上，我们要战胜来自各方面的风险挑战，必须坚定不移推进党的建设新的伟大工程，敢于清除一切侵蚀党的健康肌体的病毒，不断自我净化、自我完善、自我革新、自我提高，保持党的先进性和纯洁性。在百年党史中，工会工作是党治国理政的一项经常性、基础性工作，工会组织党的建设是党的建设的重要组成部分。要认真贯彻新时代党的建设总要求，以党的政治建设为统领，坚持全面从严治党，严守政治纪律政治规矩，推动基层党组织全面进步、全面过硬，深入推进党风廉政建设和反腐败斗争，提高党的建设质量，不断营造风清气正、干事创业的良好政治生态。要坚持党建带工建，不断加强基层工会建设，树立落实到基层、落实靠基层理念，把力量和资源向基层倾斜投放，使基层工会真正建起来、转起来、活起来。要坚持保持和增强工会组织政治性、先进性、群众性的改革方向，在建机制、强功能、增实效上下功夫，努力把工会组织建设得更加充满活力、更加坚强有力。要强化工会干部队伍建设，加强对工会干部的教育、管理、监督，不断提高做群众工作的本领，完善联系职工群众的制度机制，以工会干部赴基层蹲点为牵引，引导工会干部经常深入基层一线、密切联系职工群众、加强调查研究、推动解决问题,让职工群众真正感受到工会是职工之家,工会干部是职工最可信赖的娘家人、贴心人。

同志们,百年征程波澜壮阔,百年初心历久弥坚。回顾历史,我们无比骄傲、备感自豪;展望未来,我们信心百倍、激情满怀。让我们更加紧密地团结在以习近平同志为核心的党中央周围,高举中国特色社会主义伟大旗帜,不忘初心、牢记使命,锐意进取、开拓创新,更好地团结动员亿万职工群众在新的征程上,为实现全面建成社会主义现代化强国的目标、实现中华民族伟大复兴的中国梦不懈奋斗!

第三节　纪念庆祝类讲话稿

纪念庆祝类讲话稿是领导在纪念重要节日、重大事件或重要历史人物时召开的会议上的讲话文稿。这类讲话稿的主体,应根据讲话目的、讲话人的身份、出场顺序和讲话内容的侧重点的不同来展开。一般要对历史进行追溯,在肯定和颂扬历史事件的重要意义或历史人物的伟大功绩的基础上展望未来,号召大家发扬光荣传统,勇挑时代重担,努力取得更大成绩。

纪念庆祝类讲话稿范例

在纪念辛亥革命110周年大会上的讲话

(2021年10月9日)

习近平

同志们,朋友们:

110年前,以孙中山先生为代表的革命党人发动了震惊世界的辛亥革命,推翻了清朝政府,结束了在中国延续几千年的君主专制制度,近代以来中国发生的深刻社会变革由此拉开了序幕。这是中国人民和中国先进分子为实现民族独立、人民解放进行的一次伟大而艰辛探索。

今年是辛亥革命110周年,是中国共产党成立100周年,中国人民正意气风发向着全面建成社会主义现代化强国的第二个百年奋斗目标迈进。在这个重要时刻,我们在这里隆重集会,缅怀孙中山先生等革命先驱的历史功勋,就是要学习和弘扬他们为振兴中华而矢志不渝的崇高精神,激励和团结海内外全体中华儿女为实现中华民族伟大复兴而共同奋斗。

  同志们、朋友们！

  辛亥革命的发生，有着深刻的社会历史背景，是近代以来中国社会矛盾激化和中国人民顽强斗争的必然结果。中华民族是世界上古老而伟大的民族，有着5000多年源远流长的文明历史，为人类文明进步作出了不可磨灭的贡献。1840年鸦片战争以后，西方列强在中华大地上恣意妄为，封建统治者孱弱无能，中国逐步成为半殖民地半封建社会，国家蒙辱、人民蒙难、文明蒙尘，中国人民和中华民族遭受了前所未有的劫难。英雄的中国人民始终没有屈服，在救亡图存的道路上一次次抗争、一次次求索，展现了不畏强暴、自强不息的顽强意志。

  从那时起，实现中华民族伟大复兴就成为中华民族最伟大的梦想。

  孙中山先生是伟大的民族英雄、伟大的爱国主义者、中国民主革命的伟大先驱。孙中山先生大声疾呼"亟拯斯民于水火，切扶大厦之将倾"，高扬反对封建专制统治的斗争旗帜，提出民族、民权、民生的三民主义政治纲领，率先发出"振兴中华"的呐喊。在孙中山先生领导和影响下，大批革命党人和无数爱国志士集聚在振兴中华旗帜之下，广泛传播革命思想，积极兴起进步浪潮，连续发动武装起义，推动了革命大势的形成。

  1911年10月10日，武昌城头枪声一响，拉开了中国完全意义上的近代民族民主革命的序幕。辛亥革命极大促进了中华民族的思想解放，传播了民主共和的理念，打开了中国进步潮流的闸门，撼动了反动统治秩序的根基，在中华大地上建立起亚洲第一个共和制国家，以巨大的震撼力和深刻的影响力推动了中国社会变革，为实现中华民族伟大复兴探索了道路。

  孙中山先生和辛亥革命先驱为中华民族建立的历史功绩彪炳千秋！在辛亥革命中英勇奋斗和壮烈牺牲的志士们名垂青史！辛亥革命永远是中华民族伟大复兴征程上一座巍然屹立的里程碑！

  同志们、朋友们！

  历史发展总是螺旋式上升、波浪式前进的。由于历史进程和社会条件的制约，由于没有找到解决中国前途命运问题的正确道路和领导力量，辛亥革命没有改变旧中国半殖民地半封建的社会性质和中国人民的悲惨境遇，没有完成实现民族独立、人民解放的历史任务。辛亥革命之后，在这场革命中接受洗礼的中国人民和中国先进分子继续探寻救国救民道路。十月革命一声炮响，给中国送来了马克思列宁主义，促进了中国人民的伟大觉醒，在马克思列宁主义同中国工人运动的紧密结合中，中国共产党应运而生。中国共产党一经诞生，就把为中国人民谋幸福、为中华民族谋复兴确立为自己的初心和使命，点亮了实现中华民族伟大复兴的灯塔。

中国共产党人是孙中山先生革命事业最坚定的支持者、最忠诚的合作者、最忠实的继承者。中国共产党在成立之初就提出反帝反封建的民主革命纲领，并同孙中山先生领导的中国国民党携手合作，帮助国民党完成改组，建立最广泛的革命统一战线，掀起轰轰烈烈的大革命，给北洋军阀反动统治以沉重打击。

孙中山先生逝世后，中国共产党人继承他的遗愿，同一切忠于他的事业的人们继续奋斗，不断实现和发展了孙中山先生和辛亥革命先驱的伟大抱负。中国共产党团结带领中国人民浴血奋战、百折不挠，打败国内外一切反动势力，取得了新民主主义革命伟大胜利，建立了人民当家作主的中华人民共和国，完成了民族独立、人民解放的历史任务，开启了中华民族发展进步的历史新纪元。

新中国成立后，中国共产党团结带领中国人民，自力更生、发愤图强，创造了社会主义革命和建设的伟大成就；解放思想、锐意进取，创造了改革开放和社会主义现代化建设的伟大成就；自信自强、守正创新，统揽伟大斗争、伟大工程、伟大事业、伟大梦想，创造了新时代坚持和发展中国特色社会主义的伟大成就。

抚今追昔，孙中山先生振兴中华的深切夙愿，辛亥革命先驱对中华民族发展的美好憧憬，近代以来中国人民梦寐以求并为之奋斗的伟大梦想已经或正在成为现实，中华民族迎来了从站起来、富起来到强起来的伟大飞跃，中华民族伟大复兴进入了不可逆转的历史进程！

同志们、朋友们！

孙中山先生在《建国方略》中说："吾心信其可行，则移山填海之难，终有成功之日。"今天，经过长期奋斗，实现中华民族伟大复兴具备了更为完善的制度保证、更为坚实的物质基础、更为主动的精神力量。前景光明辽阔，但前路不会平坦。我们要以史为鉴、开创未来，在全面建设社会主义现代化国家新征程上继续担当历史使命，掌握历史主动，不断把中华民族伟大复兴的历史伟业推向前进。

——辛亥革命110年来的历史启示我们，实现中华民族伟大复兴，必须有领导中国人民前进的坚强力量，这个坚强力量就是中国共产党。中国共产党领导是历史的选择、人民的选择，是党和国家的根本所在、命脉所在，是全国各族人民的利益所系、命运所系。没有中国共产党，就没有新中国，就没有中华民族伟大复兴。

新的征程上，我们必须坚持和加强党的全面领导，充分发挥党总揽全局、协调各方的领导核心作用，提高党科学执政、民主执政、依法执政水平。要弘扬伟大建党精神，推进党的建设新的伟大工程，增强自我净化、自我完善、自我革新、自我提高能力，确保中国共产党始终成为中国人民和中华民族最可靠的主心骨。

——辛亥革命110年来的历史启示我们,实现中华民族伟大复兴,道路是最根本的问题。中国特色社会主义是实现中华民族伟大复兴的唯一正确道路。这条道路符合中国实际、反映中国人民意愿、适应时代发展要求,不仅走得对、走得通,而且也一定能够走得稳、走得好。

新的征程上,我们必须坚持和发展中国特色社会主义不动摇,继续推进马克思主义中国化时代化,坚定志不改、道不变的决心,牢牢把中国发展进步的命运掌握在自己手中。我们要统筹推进"五位一体"总体布局、协调推进"四个全面"战略布局,全面深化改革和扩大开放,推进国家治理体系和治理能力现代化,不断满足人民过上美好生活的新期待,不断推进全体人民共同富裕。

——辛亥革命110年来的历史启示我们,实现中华民族伟大复兴,必须依靠中国人民自己的英勇奋斗。历史发展从来不是风平浪静的,而是充满曲折和艰辛的。正如毛泽东同志所说的:"我们的先人以不屈不挠的斗争反对内外压迫者,从来没有停止过","中国人民的不屈不挠的努力必将稳步地达到自己的目的"。

新的征程上,我们必须统筹中华民族伟大复兴战略全局和世界百年未有之大变局,抓住历史机遇,增强忧患意识、始终居安思危,保持革命精神和革命斗志,勇于进行具有许多新的历史特点的伟大斗争,以敢于斗争、善于斗争的意志品质,坚决战胜任何有可能阻碍中华民族复兴进程的重大风险挑战,坚决维护国家主权、安全、发展利益。

——辛亥革命110年来的历史启示我们,实现中华民族伟大复兴,中国人民和中华民族必须同舟共济,依靠团结战胜前进道路上一切风险挑战。孙中山先生说过:"要恢复民族的地位,便先要恢复民族的精神。"近代以来,中国人民和中华民族弘扬伟大爱国主义精神,心聚在了一起、血流到了一起,共同书写了抵御外来侵略、推翻反动统治、建设人民国家、推进改革开放的英雄史诗。统一战线始终是中国共产党凝聚人心、汇聚力量的重要法宝。

新的征程上,我们必须大力弘扬爱国主义精神,树立高度的民族自尊心和民族自信心,铸牢中华民族共同体意识,紧紧依靠全体中华儿女共同奋斗,坚持大团结大联合,不断巩固和发展最广泛的爱国统一战线,广泛凝聚中华民族一切智慧和力量,形成海内外全体中华儿女万众一心、共襄民族复兴伟业的生动局面。

——辛亥革命110年来的历史启示我们,实现中华民族伟大复兴,不仅需要安定团结的国内环境,而且需要和平稳定的国际环境。孙中山先生曾经说过:"中国如果强盛起来,我们不但是要恢复民族的地位,还要对于世界负一个大责任。"中华民族的血液中没有侵略他人、称王称霸的基因,中国人民不仅希望自己发展得好,也希望各国人民都能拥有幸福安宁的生活。

新的征程上，我们必须始终高举和平、发展、合作、共赢旗帜，推动构建人类命运共同体，推动完善全球治理体系，弘扬和平、发展、公平、正义、民主、自由的全人类共同价值，加强同世界各国人民的团结，共同反对霸权主义和强权政治，做世界和平的建设者、全球发展的贡献者、国际秩序的维护者，努力为人类作出新的更大贡献。

同志们、朋友们！

孙中山先生说过："'统一'是中国全体国民的希望。能够统一，全国人民便享福；不能统一，便要受害。"台湾问题因民族弱乱而产生，必将随着民族复兴而解决。这是中华民族历史演进大势所决定的，更是全体中华儿女的共同意志，正像孙中山先生所说："世界潮流，浩浩荡荡，顺之则昌，逆之则亡。"

以和平方式实现祖国统一，最符合包括台湾同胞在内的中华民族整体利益。我们坚持"和平统一、一国两制"的基本方针，坚持一个中国原则和"九二共识"，推动两岸关系和平发展。两岸同胞都要站在历史正确的一边，共同创造祖国完全统一、民族伟大复兴的光荣伟业。

中华民族具有反对分裂、维护统一的光荣传统。"台独"分裂是祖国统一的最大障碍，是民族复兴的严重隐患。凡是数典忘祖、背叛祖国、分裂国家的人，从来没有好下场，必将遭到人民的唾弃和历史的审判！台湾问题纯属中国内政，不容任何外来干涉。任何人都不要低估中国人民捍卫国家主权和领土完整的坚强决心、坚定意志、强大能力！祖国完全统一的历史任务一定要实现，也一定能够实现！

同志们、朋友们！

经过近代以来的长期艰苦奋斗，中国人民创造了令世界刮目相看的伟大成就，迎来了民族复兴的光明前景。实现中华民族伟大复兴是全体中华儿女的共同光荣，也是全体中华儿女的共同使命。孙中山先生说："惟愿诸君将振兴中国之责任，置之于自身之肩上。"我呼吁，海内外全体中华儿女更加紧密地团结起来，发扬孙中山先生等辛亥革命先驱的伟大精神，携手向着中华民族伟大复兴的目标继续奋勇前进！

第四节　会议活动类讲话稿

一、开幕词

（一）开幕词的特点

按照惯例，在重要会议或重大活动开始时，都要先请主持人或者主要领导人致辞——这就是开幕词。作为一种讲话类文书，开幕词是重要会议或活动开始的标志,给会议或活动定下基调,具有宣告性和引导性,对于保证其圆满成功有着重要的意义。

开幕词可分为两种:侧重性开幕词和一般性开幕词。前者往往重点阐述会议或活动的历史背景、重大意义、中心内容等,后者则只对会议或活动的目的、过程、主题和来宾等作简要阐述。

(二) 开幕词的写法

1. 标题的写法

开幕词标题最常见的写法是事由加文种,如《×××大会开幕词》。也有的只写文种,如《开幕词》。有的标题包括了致辞人、会议(或活动)全称和文种等要素,如《×××(人名+职位或称呼语)在×××会议上的开幕词》。还有的采用"主+副"的复式标题,如《学习陶行知,积极推进教育改革与发展——全国第七期陶研骨干培训班开幕词》。

2. 日期及署名的写法

会议或活动日期用圆括号标注在标题正下方,署名位于日期之下,均居中排列。这部分有时也可以省略。

3. 称谓的写法

开幕词的称谓一般根据参与者的不同,写作"同志们""各位××""女士们,先生们"等。如有特邀嘉宾参加,应放在最前,写作"尊敬的××先生/××女士,各位××,朋友们"等。

4. 正文的写法

开幕词的正文一般要写以下四个部分的内容。

(1) 开场白

一般是直接宣布开幕,写作"××××大会(或活动)今天开幕了",独立成段。同时,可以对会议(或活动)的规模、参与者的身份等作简要介绍,并对会议的召开或活动的举行表示祝贺,对参与者的到来表示欢迎。

(2) 主体

正文的主体部分一般包括以下三个方面:

① 阐明会议(或活动)的性质及重要性;

② 阐明会议(或活动)的目的及中心任务,说明主要议程或相关安排;

③ 提出要求和希望。

(3) 结束语

结束语力求简短、有力,一般使用带有鼓动性的语言,如"让我们……",或者"预祝大会(或活动)获得圆满成功"。与开场白的宣布开幕和简介会议情况一样,结束语也应该独立成段。

(4) 致谢语

致谢语一般只有一句,如"谢谢大家",但一定要独立成段。

(三) 开幕词的写作要点

一般来说,领导人在大会上或活动现场会照着开幕词来致辞,开幕词这种正式讲话文稿的重要性不言而喻。写作时,一定要严格按照其格式要求来撰写,做到层次清晰,了了分明。同时,要注意内容的简洁生动和语言的平易近人。

开幕词范例

<h2 style="text-align:center">共创开放繁荣的美好未来</h2>

——在第五届中国国际进口博览会开幕式上的致辞

中华人民共和国主席　习近平

尊敬的各位国家元首、政府首脑,

尊敬的各位国际组织负责人,

尊敬的各代表团团长,

各位来宾,

女士们,先生们,朋友们:

大家好! 我谨代表中国政府和中国人民,并以我个人名义,向出席第五届中国国际进口博览会的各位嘉宾,表示热烈的欢迎和诚挚的问候!

5年前,我宣布举办进博会,就是要扩大开放,让中国大市场成为世界大机遇。现在,进博会已经成为中国构建新发展格局的窗口、推动高水平开放的平台、全球共享的国际公共产品。

开放是人类文明进步的重要动力,是世界繁荣发展的必由之路。当前,世界百年未有之大变局加速演进,世界经济复苏动力不足。我们要以开放纾发展之困、以开放汇合作之力、以开放聚创新之势、以开放谋共享之福,推动经济全球化不断向前,增强各国发展动能,让发展成果更多更公平惠及各国人民。

女士们、先生们、朋友们!

中国共产党第二十次全国代表大会强调,中国坚持对外开放的基本国策,坚定奉行互利共赢的开放战略,坚持经济全球化正确方向,增强国内国际两个市场两种资源联动效应,不断以中国新发展为世界提供新机遇,推动建设开放型世界经济。

——中国将推动各国各方共享中国大市场机遇,加快建设强大国内市场,推动货物贸易优化升级,创新服务贸易发展机制,扩大优质产品进口,创建"丝路电商"合作先行区,建设国家服务贸易创新发展示范区,推动贸易创新发展,推进高质量共建"一带一路"。

——中国将推动各国各方共享制度型开放机遇,稳步扩大规则、规制、管理、标准等制度型开放,实施好新版《鼓励外商投资产业目录》,深化国家服务业扩大开放综合示范区建设;实施自由贸易试验区提升战略,加快建设海南自由贸易港,发挥好改革开放综合试验平台作用。

——中国将推动各国各方共享深化国际合作机遇,全面深入参与世界贸易组织改革谈判,推动贸易和投资自由化便利化,促进国际宏观经济政策协调,共同培育全球发展新动能,积极推进加入《全面与进步跨太平洋伙伴关系协定》和《数字经济伙伴关系协定》,扩大面向全球的高标准自由贸易区网络,坚定支持和帮助广大发展中国家加快发展,推动构建人类命运共同体。

女士们、先生们、朋友们!

"山重水复疑无路,柳暗花明又一村。"路就在脚下,光明就在前方。中国愿同各国一道,践行真正的多边主义,凝聚更多开放共识,共同克服全球经济发展面临的困难和挑战,让开放为全球发展带来新的光明前程!

谢谢大家。

二、闭幕词

(一) 闭幕词的特点

闭幕词与开幕词相对应,是在重要会议(或活动)结束时,由主持人或者主要领导人宣告会议(或活动)结束的具有总结性的致辞文稿,有以下五个特点:

1. 口语性

闭幕词和开幕词一样,用语应平易近人,适合口头表达。

2. 简明性

闭幕词曲终奏雅,应该简洁明快,不宜连篇累牍。

3. 总结性

闭幕词要概括会议(或活动)历程,总结主要内容和基本精神。

4. 评估性

闭幕词要肯定会议(或活动)成果,评估其影响。

5. 号召性

闭幕词应充满热情,用号召性的语言对参加者提出希望。

(二) 闭幕词的写法

闭幕词正文之外三个部分的写法与开幕词的基本相同。下面重点介绍闭幕词正文部分的写法。

1. 开场白

闭幕词的开场白一般首先宣告会议(或活动)已经完成了预定任务,即将闭幕,然后概述其进程和具体情况,并恰当评估其成果、意义和影响。

2. 主体

一般包括以下三个方面的内容:

(1) 会议(或活动)达成的成果和基本精神;

(2) 会议(或活动)的重要性和深远影响;

(3) 落实以上成果和基本精神的要求和希望。

3. 结束语

应独立成段,一般是郑重宣布会议(或活动)闭幕。

4. 致谢语

和开幕词一样,闭幕词的致谢语一般只有一句,如"谢谢大家",但一定要独立成段。

(三) 闭幕词的写作要点

想要写好闭幕词,要把握其口语性、简明性、总结性、评估性和号召性五个特点。同时,还一定要注意其与开幕词的联系,力争做到前后照应,全面体现会议(或活动)圆满成功的情况。

闭幕词范例

中国作家协会第十次全国代表大会闭幕词

铁　凝

各位代表,同志们、朋友们:

在以习近平同志为核心的党中央的亲切关怀和全体代表的共同努力下,中国作家协会第十次全国代表大会圆满完成了各项议程,今天就要闭幕了。

此时此刻,我真切地感受到,一群人的心与无数人们的心息息相通,文学的心与时代的心一起跳动。在这里,激扬着创造历史的豪情;在这里鼓荡着的力量正在汇入中华大地上开辟未来的浩荡洪流。我坚信,未来的人们将会永远记住中华民族的2021年,未来的文学史将会铭记着2021年召开的这次盛会,铭记着在中华民族的新征程上所书写的中国文学的新征程,铭记中国作家创造新时代文学的志向与决心。

2021年是中国共产党成立100周年。习近平总书记庄严宣告,经过全党全国各族人民持续奋斗,我们实现了第一个百年奋斗目标,在中华大地上全面建成了小康社会,历史性地解决了绝对贫困问题,正在意气风发向着全面建成社会主义现代化强国的第二个百年奋斗目标迈进,实现中华民族伟大复兴进入了不可逆转的历史进程。

总书记在天安门广场上的庄严宣告久久地回荡在我们心中,广大的中国作家深切地感到,我们正行进在历史之中,我们正创造着壮阔恢宏的历史。生当这伟大的时代,我们心中澎湃着崇高的信仰和强大的信念。为中国人民谋幸福、为中华民族谋复兴是中国共产党百年奋斗的初心和使命,也是中国文学在党的领导下走过的百年道路的初心和使命。一代又一代的中国作家与党和人民一道前进,书写党和人民气壮山河的英雄史诗,雕刻中华民族昂扬奋发的精神气概,中国文学由此分享着伟大历史的荣光。

在中国人民奋进新征程的号角吹响之际,来自全国各地的作家代表汇聚北京,召开中国作家协会第十次全国代表大会。在开幕式上,我们聆听了习近平总书记的重要讲话。这是站在新的历史起点上,站在中华民族伟大复兴战略全局和世界百年未有之大变局的历史高度上,向着新征程,向着正在展开的辉煌的历史前景,向中国广大文艺工作者发出的动员令。聆听着总书记的声音,我们每一个人都深刻地感受到宏伟的历史携带着它的方向与力量,正以移山倒海的意志展开人类历史上最为宏大而独特的实践。在总书记的讲话中,我们每一个人都听到了党和人民的嘱托,听到了时代与历史的召唤。辽阔雄奇的艺术天地正在向着我们一往无前地展开,让所有的日子都来吧,我们将以灵魂和心血、理想和热情、才华和汗水在大时代的光与热中淬炼出文学的群峰挺秀。这几天的大会上,围绕总书记的重要讲话,我们展开了深入学习和热烈讨论,由此而来的感悟,既是思想的、认识的、情感的,也是方法的、实践的、创作的。由此凝聚的力量,必将结出丰硕灿烂的文学果实。

这次大会,是中国文学迈向新时代新征程的动员会。大会高举中国特色社会主义伟大旗帜,以习近平新时代中国特色社会主义思想为指导,深入贯彻习近平总书记关于文艺工作的重要论述和党中央繁荣发展文艺事业的决策部署,回顾总结了十八大以来,特别是过去五年来我们取得的成就和经验,把握新时代文学的使命任务和要求,面向新时代新征程,对今后五年乃至更长时期作协工作和文学事业的高质量发展作出了规划和部署。这是一次胜利的大会,是高举旗帜,服务大局,民主团结,鼓劲繁荣的大会。

这次大会选出了中国作家协会新一任领导机构。在此,我谨代表中国作家协会第十届主席团和全委会,向大家表示诚挚的感谢。这是莫大的信任,更是沉甸甸的责任。中国作家协会永远是广大作家和文学工作者的家,我们将竭诚为广大作家和文学工作者服务。在每一位作家前行的道路上,请记住,你们的家一直陪伴着你们,在后方也在前方。

此时此刻,我要向今天在座和不在座的文学界的老领导、老前辈、老同志表示崇高的敬意和深切的感谢。你们为中国社会主义文学事业作出的贡献将被永远铭记。在新时代文学的前进道路上你们必将作出新的贡献,你们的指教和支持将有力地激励我们。现在我提议,让我们大家以热烈的掌声向老领导、老前辈、老同志们致敬!

同志们,朋友们,这些日子,会场内外,我们听到最多的词是"新时代新征程",是"新时代文学"。我相信,我们每一个人对我们所处的历史方位有了更深刻的体会,对新时代文学的壮阔前景满怀信心和期待。"新时代文学"不在别处,它就在我们前行的路上,经由我们笃定恒心,精益求精的创造而徐徐展开。

今天,大会就要结束了,我们每一个人都要回到自己的书桌前,回到寂寞和艰苦的创作。这是我们的天职,更是我们的光荣。这寂寞而艰苦的创作,包含着远远大于我们自身的意义。那是时代精神的灯火,是人民前进的号角,我们知道,我们的创作属于伟大的事业和伟大的历史。这一代的中国作家必将在中华民族伟大复兴的新征程中以深挚的激情和热情,以澎湃的想象力和创造力在文学的天空上书写新时代文学的云蒸霞蔚,群星灿烂。

现在,我宣布,中国作家协会第十次全国代表大会闭幕!

祝大家工作顺利、创作丰收!谢谢大家!

三、主持词

(一) 主持词的特点

主持词是指主持人为了使会议各项议程顺利衔接、推进而使用的带有指挥性、引导性的串联词。会议主持人在主持会议时,要根据会议安排,对有关内容和事项作出说明,对一些重要问题进行强调,对领导讲话作出简要评价,并对如何贯彻落实会议精神提出相应要求。一般大型会议都需要提前准备好主持词。

根据会议内容和性质的不同,主持词可分为工作会议主持词、交流会议主持词、表彰会议主持词等。

(二) 主持词的写法

主持词标题和称谓的写法比较简单,可参照本节所附范例。下面重点介绍正文部分的写法。

1. 头部的写法

这一部分主要介绍会议召开的背景意义、参会人员和议程、内容等。

(1) 宣布大会开始。如"今天,我们在这里召开××会议"。

(2) 说明会议召开的缘起和重要性。如"这次会议是经×××提议(或批准、同意)召开的,受到了×××、×××的高度重视"。

(3) 介绍参会人员。如"出席今天会议的领导有:×××、×××,参加今天会议的有:×××、×××、×××"。

(4) 介绍会议的背景、主要任务和目的,如"这次会议是在……的情况(背景)下召开的,是为了……"。

(5) 介绍会议内容。为了使与会者对整个会议有一个总体的了解,主持人一般要在会议具体议程进行之前,先逐一介绍会议内容,如"今天的会议有三项议程:一是××××;二是××××;三是××××"。如果会议时间较长,可以分开来介绍,如"今天上午的会议有×项议程""今天下午的会议有×项议程""明天上午的会议有×项议程"。

2. 中部的写法

这一部分要根据会议安排依次介绍每项议程,如"下面,进行会议第×项议程,请××局的×××发言,大家欢迎",或者"下一个议程是×××,请×××发言,请×××做准备"。

3. 尾部的写法

这一部分是写主持词时需要重点关注的地方,一般包括三方面的内容:

(1) 宣布会议即将结束,如"同志们,为期几天的××会议就要结束了"。

(2) 总结整个会议,并对重要领导讲话的内容、意义作一个概括和提炼,如"××书记的讲话,在××、××、××三方面对我们下一步工作的开展,具有很强的针对性和指导性,请与会的各位同志做好学习传达和贯彻执行"。

(3) 就如何落实本次会议精神提出要求或作出部署,如"下面,就落实今天的会议精神,我再强调几点意见:一是要……二是要……三是要……四是要……"。

（三）主持词的写作要点

主持词在整个会议进程中扮演着重要的角色——它控制着全场的节奏，不仅能确保大会按计划顺利进行，也能赋予大会一种仪式感，使参与者的注意力更加集中。

要想写好主持词，除了要把握好上述框架结构外，还要注意三点：一是在会议开始介绍大会背景和主要任务时，既要有较高的站位，又要做到具体、全面而不琐碎；二是在概括、总结时，不能对会议内容进行简单重复，而应突出重点、画龙点睛；三是最后就如何落实会议精神提出要求时，应做到语言简洁明了、要求明确具体、任务布置全面，使与会者对整个会议的主要内容、精神实质和相应部署能够入脑入心，拥有更为清晰的了解和把握。

主持词范例

2023年第一季度××工作会议主持词

同志们：

今天，我们在这里召开全区××工作会议，主要目的是总结第一季度××工作，研究部署第二季度工作。出席今天会议的领导有：××（职务）××同志、××（职务）××同志，参加今天会议的有：区××办主任××、区××办主任××、区××委副书记、区××局长×××，各乡镇（街道）、区级各部门分管领导。

今天的会议有两项议程：一是总结2023年第一季度××工作，安排部署第二季度工作；二是××（职务）××同志作重要讲话。

现在进行第一项议程，请区××办主任××同志总结2023年第一季度××工作，安排部署第二季度工作。

（××发言……）

下面进行第二项议程，请××（职务）××同志作重要讲话，大家欢迎！

（××作讲话……）

同志们，刚才，××（职务）××同志进一步从××、××、××三方面对我区××工作提出了具体的要求，具有很强的针对性和指导性，请与会的各位同志做好学习传达和贯彻执行。下面，就落实今天的会议精神，我再强调几点意见：一是要……二是要……三是要……四是要……

四、祝词

（一）祝词的特点

祝词用于在庆祝节日以及举行庆典、宴会等社交活动时向来宾或相关单位表示祝贺、欢迎或者感谢，适用范围十分广泛，可以用来交流思想、沟通感情、鼓舞斗志，能够起到促进不同国家、政党、组织和群体之间友好往来的作用。

（二）祝词的写法

1. 标题的写法

祝词标题的写法有三种。一是只写文种，如《祝词》；二是"事由+文种"，如《在第二届"一带一路"国际合作高峰论坛欢迎宴会上的祝酒辞》《为庆贺朱总司令六十大寿的祝辞》；三是"致辞人+事由+文种"，如《亚丁湾护航169编队除夕致交通运输部的新春祝辞》。

2. 日期及署名的写法

一般标注在标题正下方，也有的会置于正文右下方。

3. 称谓的写法

祝词的称谓要根据所祝贺、欢迎或者感谢的对象来确定，如"各位来宾""各位××代表"等。

4. 正文的写法

祝词的正文一般要写以下三个部分的内容。

（1）开场白

开场白有两种写法：一是开门见山表达祝贺之意，二是使用一定的修辞手法和技巧来烘托气氛。

（2）主体

一般要写祝贺相关人和事的缘由、作用以及对未来的展望。这部分内容是祝词的核心，要围绕一个中心话题展开，尽可能写得深有感触又富有新意。

（3）结语

结语要表达美好的祝愿。比如，祝酒词的结语可以这样写："最后，我提议，大家共同举杯，为……干杯。"

祝词范例

在杭州第十九届亚洲运动会开幕式欢迎宴会上的致辞

(2023年9月23日,杭州)

中华人民共和国主席　习近平

尊敬的各位同事,
尊敬的辛格代理主席,
尊敬的巴赫主席,
女士们,先生们,朋友们:

很高兴同各位新老朋友相聚美丽的西子湖畔,共同迎接第十九届亚洲运动会。首先,我谨代表中国政府和中国人民,并以我和我夫人的名义,对各位嘉宾的到来表示热烈欢迎!

今天是中国农历的秋分节气。在这个寓意丰收和团圆的日子,亚运会圣火将再次在中国点燃。自申办以来,中国认真履行承诺,全力推进各项筹办工作。我们愿同亚奥理事会和各国各地区代表团共同努力,为世界呈现一届"中国特色、亚洲风采、精彩纷呈"的体育盛会,为亚洲和国际奥林匹克运动发展作出新贡献。

女士们、先生们、朋友们!

亚洲运动会承载着亚洲人民对和平、团结、包容的美好向往。

过去几十年,亚洲地区总体保持稳定,经济持续快速增长,成就了"风景这边独好"的亚洲奇迹。亚运会正是这一奇迹的见证者、参与者、推动者。作为山海相连、人文相亲的命运共同体,我们要以体育促和平,坚持与邻为善和互利共赢,抵制冷战思维和阵营对抗,将亚洲打造成世界和平的稳定锚。

本届亚运会报名规模、项目数量均创历史新高,彰显了亚洲人民对杭州亚运会的热切期盼和坚定支持。当前,人类面临的全球性挑战前所未有,我们要以体育促团结,把握历史机遇,合作应对挑战,践行"永远向前"的亚奥理事会格言,把共同发展、开放融通的亚洲之路越走越宽。

亚洲是人类文明的重要发祥地,创造了璀璨的文明。亚运会设置了诸多富有亚洲特色的比赛项目,为体育和文化交相辉映提供了舞台,是亚洲文化兼收并蓄、博采众长、充满活力的生动写照。我们要以体育促包容,增强文明自信,坚持交流互鉴,续写亚洲文明新辉煌。

女士们、先生们、朋友们!

千百年来,杭州以"山水登临之美,人物邑居之繁"享誉世界,被马可·波罗誉为"世界上最美丽华贵之天城"。我曾在浙江工作多年。浙江坚持改革开放,跑出了高质量发展的加速度,正在建设共同富裕示范区,是中国式现代化的先行者。祝愿大家在诗画浙江度过难忘的时光,在亚运会圣火下留下美好的记忆。

现在,我提议,大家共同举杯,

为本届亚运会取得圆满成功,

为奥林匹克运动蓬勃发展,

为亚洲人民团结和友谊,

为各位嘉宾和家人健康,

干杯!

第十一讲　调研总结类文书写作与范例

第一节　调研报告

一、调研报告的特点

调研报告是对某些情况、某个事件或问题进行深入调查,并经综合分析后写成的书面报告,有时也称为"调查分析""考察报告"。与同样要上呈领导部门的法定公文"报告"不同,调研报告往往还要送达各有关单位、部门,有时候还会发表在报刊上。

与其他公文相比,调研报告的篇幅较长。掌握好调研报告的写作方法,可以帮助我们全面认识事物,大大提高工作水平和思想水平。

二、调研报告的写法

(一) 标题的写法

调研报告的标题一般有三种形式:

(1) 公文式标题。由发文机关、事由和文种构成,如《××市关于××问题的调研报告》。

(2) 常规文章式标题。可以直接陈述事实,如《××省大学毕业生就业情况调查分析》;也可以用问题作标题,如《昆山为什么成功?》。

(3) 复合式标题。这类标题由正、副标题组成。正标题揭示调研报告的主旨,副标题标明调查的对象、范围、性质等,如《面向未来　小额贷款行业何去何从?——××市小额贷款行业调研报告》。

(二) 正文的写法

调研报告的正文一般要写以下三个部分的内容。

1. 前言

又叫导语,一般简要概括调查的背景、时间、地点、经过和主要内容等。例如,《大学生社会主义核心价值观认知与践行的调研报告》的开头就涵盖了这些要素:

"为了强化大学生'社会主义核心价值观'(以下简称'核心价值观')的培育,增强思想政治工作的针对性、科学性和有效性,按照校党委要求,2015年6月,我校关工委课题调研组向全校12个学院不同年级的部分大学生分发了《大学生价值观状况调查问卷》930份(实际回收895份),获得了20多万条有关大学生'核心价值观'认知与践行状况的信息。为我校各级关工委更好地配合学校党政部门,突出以培育大学生'核心价值观'为引领,进一步深入开展对大学生富有针对性和实效性的思想政治教育及其理论研究工作提供翔实的资料与依据。"

2. 主体

主体是调研报告的核心部分,主要包括三个方面的内容:一是调查得到的基本情况或者总体印象,二是分析材料得出的主要经验或教训,三是提出的建议或者得到的启示。

3. 结语

结语的写法根据具体情况有所不同:或总结全文点明主旨,或提出希望,或敲响警钟,不一而足。有时会省略结语。

(三)落款的写法

落款包括署名和成文日期。有的按常规格式写在正文的右下方,有的会省略成文日期,也有的会把署名放在标题正下方。

三、调研报告的写作要点

撰写调研报告时,要注意它和报告、总结的区别。报告侧重于向上级机关汇报工作和反映情况;总结一般采用第一人称总结本单位一段时间以来的工作,全面系统总结经验教训,以利再战;而调研报告则是从全局出发选点,有针对性地进行深入调查后写就的,立足于回答并解决一两个实际问题,一般使用第三人称叙述,专题性较强。写作前,要着重做到以下三点:

1. 深入调查,充分占有材料

1930年5月,毛泽东同志在《反对本本主义》(原名《调查工作》)中第一次提出了"没有调查,没有发言权""中国革命斗争的胜利要靠中国同志了解中国情况"等著名论断,揭示了调查的重要意义。要想让调研报告的内容针对性强、社会影响力大,就一定要做到深入调查,充分占有材料。真实性是调研报告的生命力所在,只有围绕明确的目的深入调查,获取各方面材料,才能去粗取精、去伪存真,不为假象所蒙蔽,抓住最能反映本质的典型材料。

2. 着力研究,揭示本质规律

调研报告不是事实现象的堆砌和罗列,执笔者一定要对调查的全部情况和材料进行由此及彼、由表及里的分析研究,扬弃表面的东西,抓住事物的主要矛盾和矛盾的主要方面。只有将来自各方、彼此孤立甚至对立的材料联系起来考察研究,努力挖掘深层意义,找出规律性,然后将其上升到理论的高度,才能发现真正有价值的地方,才能确保得出的结论、提炼出的主旨富于时代特色,能够真正指导实际。

3. 精心设计,合理安排框架

调研报告的类型较为丰富,撰写时要根据具体情况选择恰当的写法,精心设计好框架。有两种结构可选用:一是纵式结构,即以调查过程为序结构全篇。要按照时间顺序或事物的产生、发展和变化顺序,夹叙夹议,逐步完成概括、归纳及升华。二是横式结构,即以调查材料的性质归类结构全篇,每部分用小标题提炼呈现,做到材料翔实、逻辑严密。后一种结构在调研报告中使用得较多。

调研报告范例

关于支持民营企业发展政策落实情况的调研

人民日报社内参部青年理论学习小组

近一年来,面对国内经济下行压力,我国部分民营企业发展出现困难。为此,各级政府出台了一系列利好民营经济的政策。在实际运行中,这些政策是否落地落实?企业实际获得感如何?面临哪些新情况?针对这些问题,人民日报社内参部调研组走访北京、上海、江苏、浙江、福建、湖北6省市83家民营企业进行了调研。

营商环境在改善,企业获得感增强

调研显示,国家的系列减税举措、降低社保费率、改善营商环境带给企业很大实惠,部分地方政府出台实招破解融资难题,也让企业看到了希望。浙江万正电子科技有限公司总经理王德瑜表示,"这种变化让我们企业能够更加集中精力,真正做好企业自身产品"。

减税降费措施"给力",助企业"轻装上阵"。政府收入做"减法",换来企业效益的"加法"和市场活力的"乘法"。金拱门(中国)有限公司首席财务官黄鸿飞表示,新一轮减税政策力度空前,每月仅进货所需的资金就能为企业节约近千万元。"这将加速企业流动资金的运转,帮助企业快速发展。"深化增值税改革为企业送上"大礼包"。泉州匹克体育负责人称,税率由16%降至13%,大部分供应商的采购价格由此降低,企业实实在在享受到降税福利,"预计这次减税至少可以给企业带来3000万左右的利润"。社保费率企业上缴比率下调也为企业节约大量成本。

温州康奈集团有限公司副总裁吴圣能表示,随着降低企业社会保险缴费政策的逐步落实,康奈集团预计两年能减少约 400 万元人力成本。

"放管服"持续推进,让企业"脚底生风"。多地政府持续推进"放管服"改革,积极探索为企业做好服务工作。例如,为从根本上破解企业"准入不准营"难题,上海首创性地推出"一业一证"改革,将一个行业准入涉及的多个许可证,整合为一张行业综合许可证。企业只需要一张行业综合许可证,就可以开业。平均每个行业实现审批事项压减 76%,审批时限压减 88%,申请材料压减 67%,填表要素压减 60%。在北京,新建社会投资简易低风险工程项目审批流程大为优化。建设单位只需要跑 5 个办事环节,整个流程最多仅需 20 天。

政府聚焦融资难题,促企业"焕发生机"。多名企业家表示,融资依旧是企业发展的"老大难",但政府出台的一系列措施已经让企业看到希望。厦门恒星集团介绍,厦门市级财政拿出了 10 亿元作为小微企业应急还贷基金,一定程度上帮助民营企业缓解了融资难题。江苏省创新推出"小微创业贷",在利好银行的同时,也使小微企业迎来"及时雨"。苏州原创独行学堂文化旅游发展股份有限公司总经理袁润说,今年 1 月,凭借信用企业的"标签",他们以 4.35% 的基准利率获得"小微创业贷"200 万元,流动资金得到及时补充。

千条万条,不落地就是"白条"

整体环境的改善并不足以让企业彻底甩掉发展负担。一些企业反映,融资、外贸等领域部分利好政策落地遇阻,少数地方政府失信、乱收费、乱作为等个别情况仍然存在。

"期盼好政策赶快落地。"美国加征关税对外贸企业的销售额、利润、用工产生负面冲击。对美贸易依存度较高的企业,对简化手续、缩短退税、征税返还等政策落地的期待十分迫切。部分外贸企业反映,"国家层面一直强调加大对外贸企业的信贷支持力度,稳定出口退税政策……但已有银行开始停贷,甚至有计划抽贷。企业本就面临较大困境,这种情况下抽贷,将直接影响企业的生死存亡"。

"下雨收伞",破解融资难题仍待发力。多家企业反映,今年以来多地政府成立引导或担保基金,鼓励专利权和合同质押贷款,但落地情况并不理想。"一些信用贷款,到头来还是要看看土地厂房,外加担保。"此外,还有三方面问题企业反映较为集中,值得关注。一是部分企业过桥续贷遭金融"掮客"高利盘剥。多家民营企业谈到,随着金融形势的恶化,如何续贷成为一大难题。受此影响,曾一度遭遇严打的金融"掮客"死灰复燃。中部某设计装修公司负责人介绍说,该公司一笔贷款面临续贷,银行工作人员推荐了一家小贷公司办理过桥。"一问才知道,年化利率竟高达 48%。由于融资渠道被堵死,我们敢怒而不敢言,只能通过高利贷借新还旧。"二是部分银行试图将坏账风险转嫁给贷款企业。有民营企业透露,融资难和融资贵还表现在一些附加条件和隐性成本之上。例如,想要获得融资,企业就要替银行承担一定的不良资产化解任务,"向银行申请1亿元贷款,须购买银行500万元不良贷款,损失也全部由企业负担"。三是银行贷款给正常企业,并要求该企业将部分已贷得的资金通过重组、借贷等方式转移至已出现还款风险的银行客户,实现不良资产的延后暴露或化解。

"**肠梗阻**"**花样多,营商环境仍有改进空间**。在调研过程中,"注销难"成为企业反映的突出问题。华北某商贸公司负责人郭女士想注销一家公司,耗时两年仍未成功。"第一次以'照片不清晰'为由退件,第二次因'签字没用碳墨笔'退件,第三次又说股东签字与10年前注册时存在差异,整个过程,我们好似盲人摸象。"

少数地方政府失信、乱收费现象并未彻底杜绝。有企业表示,招商是一套,执行又是一套,"高新区组织架构和人事调整了,原先承诺提供给公司的租房补助也就不作数了,我们先后询问了12次,至今没搞清楚"。多家外贸企业也表示,近5年来,以内陆包干费为主的"乱收费"现象在个别港区愈演愈烈。每到节假日更甚,只有支付"额外的费用"才能顺利完成提货。与其他地区同行业的企业相比,竞争力自然就降低了。

以更大决心和更实举措打通堵点、激活经济

受访企业表示,目前国家发展民营经济的"药方"正确合理,效果很大程度上取决于力度和执行程度。希望各级政府以更大的决心、更实的举措帮助一些民营企业渡过暂时的难关,具体有如下建议:

对现存问题解决情况开展一次"政策回头看"。建立网上公示制度,哪些能解决,哪些不能解决,解决的责任主体和完成时限,都清清楚楚地告知企业。把企业的口碑作为考核政策落实、营商环境优化的重要指标,关键看企业投资积极性是不是更高了,企业的创新活力是不是增强了,企业的满意度是不是提升了。因政策调整对企业可能带来的关停并转等事项,要按照法治原则和市场经济公平交易原则妥善处理。

将营商环境改善列为"一把手工程"。营商环境涉及企业设立、运营、发展、退出等方方面面,涉及基础设施建设、政府的政务审批、工信部门的产业政策、金融部门的资金支持、政府执法等各个领域。如果没有统一的顶层协调机制,单靠一个部门的力量,很容易出现推而不动的问题,部分职能部门出现不作为现象。

分类分行业施策,建立企业信息"直通车"。对于不同类型的企业,在营商环境上给予不同的政策支持,提升政策措施的精准度、一致性。比如,初创企业更关心的是给予补贴,中等以上成长型企业关心的是税收和政策扶持上的优惠,大型

企业可能更关心政策方面的内容。同时,应设立企业对痛点堵点解决措施的评价反馈机制,从而有效了解所采取措施的效果。

进一步畅通中小微企业"供血"渠道。 金融机构的尽职免责机制要落实,出台操作细则,免除一线信贷员压力。对困难企业要考虑区别对待,特别是对暂时存在困难的新技术、新产业、新业态、新模式的"四新"企业,实施个性化帮扶,帮其度过危险期。

政策的制定和实施要避免虎头蛇尾,防止重出台、轻落实。 很多政策的制定和出台都很及时、全面、有针对性,但有的仅是"墙上文件",没有落实到位。名义上,企业享有了政策的福利,但实际上却得不到真正的实惠。建议做好政策文件公开和解读工作,顺畅企业获取渠道,完善政策咨询和解答机制,帮助企业了解政策的适用性和具体流程。

(执笔人:杨倩、侯云昊、刘润函)

第二节 总结

一、总结的特点

总结适用于对过去一定时期的工作或某一项工作进行回顾、分析、评价。按时间分,有月份总结、季度总结、半年总结、年度总结等;按内容分,有综合总结、专题总结等。

作为一种指导今后工作的回顾反思性文书,总结本身不具有行政约束力,却具有重要的提高认识的作用,有以下特点:

1. 指导性

总结通过对以往活动成败因果的充分挖掘和深入剖析,肯定成绩,找出问题,用找到的经验教训来指导今后的工作。

2. 主体性

总结是以自身的实践活动为基础的,在写法上使用第一人称,如"本单位""本局""本公司"等。

3. 客观性

总结必须注重实践内容的客观性,以客观发生和存在的事实为分析研究的基础,这样才能保证结论的科学准确。

4. 规律性

总结是对过往的总鉴定和总结论,不仅要陈述工作中的基本情况,而且要从感性认识上升到理性认识，揭示其规律，从而找到今后努力的方向。这也是衡量一篇总结是否优秀的重要标准。

二、总结的写法

（一）标题的写法

通常有以下三种：

（1）公文式标题。由发文机关、事由和文种构成，主要用于正式公文，如《××省政府发展研究中心关于20××年××活动开展情况的总结》。

（2）四项式标题。由单位、时限、事由和文种构成，如《××集团20××年××工作总结》。

（3）新闻式标题，又称文章式标题。这类标题中还有"主+副"复式标题的形式，即在以上常见标题的基础上，再加上一个点明总结的主旨或基本经验的主标题，如《夯实基层党建基石——20××年××社区党建工作总结》。

（二）正文的写法

总结的正文一般要写以下五个部分的内容。

1. 总说。简要概述所完成工作的基本情况，如时间、地点、背景、大致经过、总体评价等，使阅者对整个总结的内容有一个大致的了解。

2. 基本做法。梳理做了哪些方面的工作，具体获得了哪些成果。

3. 经验特色。总结采取了哪些独特的或者有借鉴意义的做法。

4. 问题教训。坚持一分为二的两点论，在总结基本做法和经验特色的基础上，找出存在的不足之处和尚待解决的问题。

5. 后续打算。可以针对工作中存在的问题，提出切实有效的改进措施；也可以提出新的奋斗目标，展望今后的努力方向。这部分内容有时也可以省略。

（三）落款

落款包括署名和成文日期。在标题中已表明总结主体或标题下已有署名的情况下，落款也可以省略。

总结范例

国家税务总局北京市税务局2022年度工作总结

2022年，在北京市委、市政府和税务总局的正确领导下，国家税务总局北京市税务局（以下简称我局）认真学习宣传贯彻党的二十大精神，持续深化打造首善税务机关、打造智慧北京税务、打造一流税收营商环境"三个打造",强化基层建设和人才建设"两个支撑",扎实有效推动各项税收工作,为新时代首都发展贡献了税务力量。全年预计完成各项税费收入21300亿元,同口径增长14.4%;其中,完成税收收入13630亿元,同口径增长2.8%,完成中央级税收收入8722亿元,同口径增长2.9%,完成地方级税收收入4908亿元,同口径增长2.5%;社会保险费收入5179亿元,增长10.6%;非税收入2489亿元,增长3.4倍(主要是征收新划转的国有土地使用权专项收入2156亿元)。现就有关情况报告如下:

一、2022年工作完成情况

(一)首善税务机关创建取得新成效

始终坚持"看北京首先要从政治上看",凡事都从政治上考量、在大局下行事,持续深入创建首善税务机关,完善"政治铸魂、纪律固本、创先争优、效率提升"四项工程,设定"五好"首善税务所和"五好"首善党支部标准,营造"人人争先、事事创优"的良好氛围。党的二十大召开后,全市税务系统迅速掀起学习宣传贯彻党的二十大精神热潮,通过参加北京市宣讲报告会、全国税务系统司局级领导干部网络培训班、组织党委理论中心组学习等方式,原原本本、逐字逐句学习党的二十大报告、新修订的党章和相关重要文件精神,深入开展"税收现代化服务中国式现代化"大讨论,确保党的二十大精神在全市税务系统落地生根。今年以来,全市税务系统获得全国工人先锋号、全国五一劳动奖状等省部级以上荣誉24次。第四税务分局被党中央、国务院授予全国"人民满意的公务员集体"荣誉称号。

(二)落实退税减税政策展现新作为

深入贯彻党中央、国务院实施的新的组合式税费支持政策,市、区两级税务局党委靠前指挥,坚持"快退、狠打、严查、外督、长宣"五措并举,配套建立20个工作方案、18项内外部制度机制,梳理11类100项重点工作任务,推出"定制e服务""智能算税"等举措,为纳税人缴费人提供集咨询、导税、预审于一体的服务体验。推动建立"政府牵头、部门协作、税务主责"的工作机制,深化与财政、人民银行等部门协同,与市场监管、网信等部门持续加强沟通,确保政策落地落实。以"分类引导、分步实施、精准宣传、注重实效"为原则,大力开展组合式税费支持政策宣传。依托税收大数据,健全以"信用+风险"为基础的税务监管新体系,完善"事前预审、事中审核、事后抽检"的风险防控机制。预计全年新增减税降费及退税缓税缓费超2000亿元,其中增值税留抵退税1095亿元左右,新增减税降费750亿元左右。

(三)组织收入工作质效实现新提升

克服国内疫情反复、经济恢复步伐受阻等诸多困难,按照"平稳、协调、安全、持续"的要求,坚持依法征收、应收尽收,比较圆满完成了市委、市政府和税务总局确定的收入目标。全年预计完成各项税费收入21300亿元,同口径增长14.4%;其中,完成税收收入13630亿元,同口径增长2.8%,完成中央级税收收入8722亿元,同口径增长2.9%,完成地方级税收收入4908亿元,同口径增长2.5%;社会保险费收入5179亿元,增长10.6%;非税收入2489亿元,增长3.4倍(主要是征收新划转的国有土地使用权专项收入2156亿元)。分区域看,东城、西城、朝阳、海淀、经济技术开发区对全市地方级税收收入贡献居前五位,合计3590亿元,占全市的比重达到73%,其中东城同口径增长3.1%、西城同口径增长0.5%、朝阳同口径下降3.3%、海淀同口径增长5.8%、经济技术开发区同口径增长9.6%。其他各区中,石景山、门头沟、顺义、房山、燕山、平谷、延庆7个区(地区)同口径增幅超过5%。

(四) 智慧北京税务建设打造新亮点

全面深化税收征管改革,扎实推进精确执法、精细服务、精准监管、精诚共治,确保智慧北京税务建设走深走实。不断加强电子税务局平台建设,推出上线"股权转让线上事前辅导"功能、实现不动产交易"一网通办"、优化升级社会保险费缴费证明开具功能等一系列改革措施。创新打造智慧税务"云厅",推介"委托代征实时电子缴税""移动办税一手掌握"等10项场景,实现问办不见面、服务不断线的网上办税缴费新模式。做强事中"在线导办"服务,完善诉求响应机制,追踪高频诉求和热点问题,更新扩充"一问一答"知识库,累计解决在线提问104.39万户次,满意率达99%左右。深化税收共治,与市市场监管、公安等30个部门开展数据共享,向市大数据平台汇聚各类税收数据898万条,助力北京市智慧城市建设。

(五) 优化税收营商环境开创新局面

立足首都"四个中心"功能定位,围绕"五子"大事要事,聚焦解决首都纳税人缴费人急难愁盼问题,助力首都打造一流营商环境高地。一是服务首都发展办实事。服务京津冀自贸区发展,累计公布100项涉税政务服务同事同标事项清单,统筹推进支持"两区"建设15项创新举措,全力确保中关村新一轮先行先试政策精准落地,全市10139户科技型中小企业享受研发费用加计扣除政策,加计扣除金额334.26亿元。圆满完成北京冬奥会期间退税工作,离境退税商店数量同比增长41.8%,重点商圈覆盖率100%,位居全国首位。二是优化营商环境见实效。"三位一体"推进世界银行营商环境评价、国家营商环境创新试点改革任务和北京市5.0版改革措施,创新试点城市改革牵头任务全部完成,其中"十七税(费)合一"综合申报、个人存量房交易代开电子发票等改革任务在六个创新试点城市中率先落地。深入推进"我为纳税人缴费人办实事暨便民办税春风行动",按计划圆满完成121条措施。在全国税务系统首创"元宇宙+税收"服务"走出去"企业。加大对12345企业工单办理力度,将"接诉即办"作为"双月点评会"重要点评内容,找准问题、督促改进,"接诉即办"三率成绩保持高位。三是深化税收分析出实招。紧跟经济波动及时开展疫情影响分析,紧扣经济热点开展"独角兽""国高新""专精特新"等专题分析,全年完成各类分析报告200篇,其中88篇获领导批示。

(六)加强干部队伍建设激发新活力

坚持人才兴税战略,将领导职务选任、干部交流转任和公务员职级晋升工作有机结合,真正将优秀人才选拔到关键岗位,共选任正处级领导干部7名、副处级领导干部36名,实现10名"城五区"税务所长跨区域交流任职。印发《关于进一步加强新时代人才工作的意见》,不断完善"总局—市局—区局"三级人才库体系,召开首次系统青年工作会议,打造可堪大用、能担重任的高素质专业化干部队伍。积极完善"察实情办实事"税情机制,开展"机关接地气 干部走基层"活动,主动问需基层,尽全力解决基层单位遇到的难点堵点,筑牢基层战斗堡垒。

(七)推进全面从严治党构建新格局

扛牢压实管党治党政治责任,持续构建完善"六位一体"全面从严治党新格局。推行基层税务所专职监督员制度,向基层税务所选派专职监督员,实现274个税务所全覆盖,有力发挥基层监督"探头"作用,发现并处理苗头性问题200余个,推动整改300余项。健全完善机关纪委建设,纵向上整合派出机构专职纪检干部资源,横向上压实机关党支部纪检委员责任,统筹机关和派出机构同步开展纪律作风等日常监督检查,实现监督全覆盖。一体推进"三不腐"体制机制建设,以"一案双查"为抓手,推动以案促改,督促完善内控机制建设10余项,整改问题200余个。制定落实廉洁文化建设任务清单,开展"严管就是厚爱"主题教育活动,召开警示教育大会,开展廉政沙龙、家属助廉等活动100余次,营造风清气正的良好政治生态。

二、2023年工作安排

2023年,我局将进一步提升政治站位,树牢首善意识、坚持首善标准,围绕"三个打造"固本、"两个支撑"强基,进一步细化优化深化各项举措,确保首都税收工作再上新台阶。一是持续深入学习贯彻党的二十大精神。二是全力以赴组织各项税费收入。三是主动作为服务首都发展大局。四是持续发力优化税收营商环境。五是勇于实践深化税收征管改革。六是从严从实加强干部队伍建设。

2023年,我局将以党的二十大精神为指引,持续深入学习贯彻中央经济工作会议精神、市委十三届二次全会精神,按照市委、市政府和税务总局工作部署,坚持首善标准,忠诚履职尽责,奋力谱写首都税收现代化建设新篇章,为新时代首都发展作出新的更大贡献。

第三节　简报

一、简报的特点

曾有人把机关工作归纳为"文、会、报",其中的"报"指的就是简报。简报适用于党政机关、人民团体、企事业单位及时反映情况、汇报工作、交流经验、沟通信息,使用范围很广,可用于上报、下发,或在平行机构、不相隶属机构间互发。

简报具有"快、新、简"三大特点。其中,"快"指的是简报具有较强的时效性。"天下武功,唯快不破",只有编发迅速及时,才能及时反映情况、汇报工作、交流经验、沟通信息。"新"指的是简报立意要新、内容要新,这样才能更好地发挥其指导和沟通作用。"简"指的是篇幅简短、语言简练。没有实质内容、可发可不发的信息,简报一律不发。为了能够将最新信息连续快速地报道出去,简报切忌烦冗堆砌,务必言简意明。

按照内容性质,简报可以分为会议简报、工作简报和专题简报等。

1. 会议简报。是专门报道、交流有关重要会议的内容和情况的简报,主要报道会议期间的情况,包括会议的进程、讨论的内容、领导讲话、与会者的重要发言、提出的问题和建议,以及会议的决议事项。

2. 工作简报。也称"工作动态",是反映本部门、本系统各方面工作情况的简报,主要介绍经验和做法,报告情况,揭露问题、分析矛盾,提出解决问题的办法。

3. 专题简报。是针对特定专题进行专项采集和内容处理分析后形成的简报。如农业农村部新闻办公室《党史学习教育简报》第 55 期《"我为群众办实事"实践活动专题》。

二、简报的写法

简报一般由三部分组成:报头、报核和报尾。

（一）报头的写法

简报的报头通常由名称、期号、编印单位、编印日期组成。

1. 名称

位于报头中央,如"××简报""××动态"等,用印刷体或书写体书写。为醒目大方,一般用套红大号字体。

如果属于保密性简报,在报头的左上方可根据实际需要标明"绝密""机密""秘密"或"内部资料,注意保存"等字样。

2. 期号

位于简报名称的正下方,一般以一年为期依次序编号,也有的标明总期数,如"第×号""第×期"。

3. 编印单位

在期号左下侧、横隔线的上方,顶格标明编印单位或部门的名称。一般应写全称,如"××大会秘书处编""××董事会办公室编"。

4. 编印日期

在期号右下侧、横隔线的上方,顶格用阿拉伯数字写明简报的编印日期。

在编印单位和编印日期之下,用一条与版心等宽的红色间隔线把报头和报核分隔开来。

(二)报核的写法

简报的报核主要由标题、导语、主体、结语组成。

1. 标题

标题要简洁醒目,一般有三种形式,即一行式、两行式、三行式。一行式主要是用一句话概括简报内容或揭示全文主旨,如《××市巧用"五力"就业扶贫显实效》;两行式就是常见的主副标题形式;三行式则由引题、主题和副题构成。

2. 导语

导语是简报的开头,简要概括全文,以引起读者注意。可以分为叙述式导语、描写式导语、提问式导语、结论式导语等。

3. 主体

主体是简报的核心部分,要围绕本期简报主旨,按照时间顺序或逻辑顺序分层列项地展开。

4. 结语

结语对主体内容加以总结、评价,或说明意义,或发出号召,等。篇幅较小的简报,也可以省略结语。

(三)报尾的写法

报尾在简报末页,用红色间隔横线与报核分开。报尾包括简报的发送对象和印刷份数。简报一般要写明"报"什么机关、"送"什么机关、"发"什么单位:呈报上级单位用"报",送往同级单位或不相隶属的单位用"送",发放给下级单位用"发"。如果要临时增加发送对象,一般还应注明"本期增发×××(单位)"。

简报范例

教育部简报

〔2023〕第 14 期

教育部办公厅编　　　　　　　　　　　　　　　2023 年 7 月 18 日

上海市积极推进高校有组织科研 服务高水平科技自立自强

上海市认真学习贯彻党的二十大精神，深入落实习近平总书记关于教育、关于科技创新的重要论述，以服务国家和区域重大战略、服务高水平科技自立自强为着力点，扎实推进高校有组织科研，聚焦重点领域深化产教融合、科教融汇，集聚力量加强原创性、引领性科技攻关，努力为实现高水平科技自立自强、加快建设世界重要人才中心和创新高地作出新的更大贡献。

注重系统设计，加强科研规划引导。制定高校"双一流"建设若干意见和实施方案，出台《高等学校学科建设与优化布局规划（2021—2025 年）》《高校创新策源能力提升行动方案（2021—2025 年）》等配套文件，引导高校科学定位、聚焦重点、特色发展。坚持任务驱动和问题导向，积极承担国家和区域重大战略任务，切实发挥高校重大原始创新策源地的作用。深化高校科研体制机制改革，推动上海市关于进一步放权松绑激发科技创新活力的若干意见落实，分类制定绩效目标，健全差异化的绩效评价指标体系，以"综合授权+负面清单"方式，扩大高校科研活动自主权。落实教育部、上海市关于深入推进上海市高等教育综合改革先行先试战略合作协议（2023—2025 年），着力在服务区域经济社会发展、优化教育布局结构上先行先试，在全面提高人才自主培养质量、造就拔尖创新人才上深入探索，充分发挥教育的基础性、战略性支撑作用，努力推动科教兴国、人才强国、创新驱动发展战略在上海高质量落地落实。

完善科研布局，提升科技创新能力。聚焦"国之重器"，建设 8 个国家重大科技基础设施（含"十四五"储备项目）。围绕国家实验室体系建设，支持高校与国家实验室联合开展科研攻关和人才培养，推动以高校为依托单位的 25 家国家重点实验室完成重组。支持高校牵头建设国家技术创新中心、国家工程研究中心、国家产教融合创新平台、国家临床医学研究中心等一系列高水平创新平台。充分发挥高校基础研究主力军作用,深化落实基础研究十年行动方案和关于加快推动基础研究高质量发展的若干意见,支持复旦大学、上海交通大学等5所高校开展"基础研究特区"改革试点。围绕基础学科领域,支持高校建设数学中心、李政道研究所、费林加诺贝尔奖科学家联合研究中心等高水平基础研究机构。近几年,高校年均获国家自然科学基金资助项目总数超4000项,约占全市总数85%。

坚持引育并举,建强科技人才队伍。通过国家和上海市人才计划以及高等教育人才揽蓄行动等,积极引育高水平人才,打造"人才蓄水池"。截至目前,已建设一支由100余位"两院"院士领衔,3000余名各类高层次人才、近3万名高级职称教师组成的高校人才队伍。支持上海大学、上海应用技术大学等参加科技人才评价综合改革试点。深化人才供给侧改革,实施基础学科招生改革试点,支持推动基础学科拔尖人才培养基地、数理化生国家高层次人才培养中心、国家卓越工程师创新研究院建设,聚焦集成电路、生物医药、人工智能三大先导产业开展工程硕士、博士培养,进一步提升拔尖创新人才培养能力和水平。建立健全产教融合协同育人体系,实施《深化产教融合协同育人行动计划(2021—2025年)》,围绕区域重点产业、重大任务和紧缺人才需求,推动学校与行业企业开展产教融合协同育人项目;实施"国家产教融合研究生联合培养基地"建设计划,推进现代产业学院、未来技术学院建设,打造就业型、教学型、践习型三类产教融合协同育人基地,不断提升人才培养质量。截至目前,已建成国家级现代产业学院3个、市级重点现代产业学院30个。

深化供需对接,服务经济社会发展。加强高校与企业产学研协同创新,以国家重大任务和产业发展需求为牵引,打通科学研究、技术开发到产业化的创新链条,推动高校创新要素向企业集聚。围绕重点产业布局,建设42个协同创新中心,聚焦商用航空发动机、重型燃机等领域实施联合创新计划,支持高校在集成电路、海洋装备、氢能技术等领域建设集成攻关大平台。加强高校知识产权管理和运用,支持上海交通大学等高校开展国家科技成果转化专项改革试点和赋权改革试点等工作。2022年全市高校转让、许可、作价投资项目和技术开发、咨询、服务项目合同总金额达88亿元。推动上海市关于加快推进大学科技园高质量发展的指导意见落实落细,支持上海交通大学、同济大学开展未来产业科技园试点建设。制定《推进"大零号湾"科技创新策源功能区建设方案》,依托上海交通大学、华东师范大学创新资源和创新能力,瞄准前沿技术方向,在高校周围布局未来新兴产业。截至目前,已入驻"硬科技"企业3000余家,进一步提升科技创新和服务区域经济社会发展能力。

第四节　典型材料

一、典型材料的特点

典型材料适用于介绍先进人物或先进单位的典型事迹，一般可以分为单位典型材料和个人典型材料两种。

作为一种常见事务公文，典型材料具有以下几个方面的特点：

1. 代表性

典型材料总结、交流和推广的经验或事迹，具备典型意义，一般能够代表主流或某种发展趋势。

2. 指导性

这是典型材料的生命力所在。它最后总结出的经验教训，一般都具有普遍指导意义，可供人们学习或参考。

3. 真实性

典型材料的素材都是具体的真人真事，无论是介绍先进集体还是先进个人，都很讲究真实性。

4. 充实性

典型材料所用材料丰富、具体。所谓"充实之谓美"，以精益求精的精神打造材料，用事实说话，才能够真正打动人、激励人。

二、典型材料的写作要点

写作典型材料时，要根据具体情况选择恰当的架构：或是纵向架构，即以时间脉络为线索，层层深入地梳理事件的前因后果或发展过程；或是横向架构，即围绕材料主旨，不受时间限制，从几个角度把收集到的典型事迹分门别类进行整合。后一种架构的关键是提炼层次标题。层次标题应对主要经验或事迹进行高度概括，注重语言上的工整对仗。如《尽职尽责排忧　倾情共建文明——××省××市财政局军民共建精神文明事迹材料》主体部分的四个层次标题为："一、完善组织领导体系，为共建文明铺路""二、强化地方财力支持，为部队建设解难""三、落实特殊群体政策，为国防稳定排忧""四、丰富共建活动载体，为军民情谊添彩"。也有的典型材料会纵向和横向交叉来写。

要写好典型材料，还应综合考虑以下几个方面。其一，选材要与时俱进，能够平衡热点和时代精神。其二，要把评比条件和具体事迹结合起来，以人为本，找准材料打动人心的切入点。其三,语言要质朴生动,不呆板,便于展现有价值的相关事实。同时,要避免使用华丽的形容词和过长的欧化句式,以方便阅者理解与学习。

三、典型材料的类型和写法

典型材料的正文一般由引言、主体、结语三部分组成。单位典型材料和个人典型材料正文的具体写法有所不同,以下分别介绍。

(一)单位典型材料

1. 引言的写法

简要介绍先进单位的基本情况、曾经获得的荣誉和主要事迹等。有时也会简要说明是在什么背景下,从事了何种工作,得到了什么经验,做出了哪些成绩。

2. 主体的写法

结合工作实际事例,细致介绍先进单位的主要事迹、成功经验或工作效果。为使事迹生动感人,可以插入具体数字和干部群众的相关话语,力争既写出集体的努力,又能反映领导干部的模范带头作用。

3. 结语的写法

结语的写法有多种。可以阐明先进单位事迹的意义,并进行评价;也可以指出其将要产生的深远影响,号召大家学习。以书面文章形式发表的单位典型材料,有时也会省略结语。

单位典型材料范例

广西教育脱贫攻坚暨乡村振兴典型经验材料

党的十八大以来,广西教育系统认真贯彻落实中央脱贫攻坚和乡村振兴决策部署,以控辍保学、学生资助、学校建设、教师补充等工作为突破口,统筹资源、精准施策,教育脱贫攻坚暨乡村振兴取得丰硕成果。

一、每个贫困孩子都有学上

广西建立健全"双线四包"工作机制,将控辍保学台账建立到县、乡、村,"一对一、人盯人",确保建档立卡贫困户义务教育阶段适龄儿童除身体状况不具备学习条件外,全部接受义务教育。2020年6月17日,全区建档立卡贫困户适龄儿童少年失学辍学实现动态"清零"。同时,采取随班就读、送教上门等方式,保障残疾儿童接受义务教育,入读率达到98%。积极实施进城务工人员随迁子女入学政策,进城务工人员随迁子女就读公办学校比例连续8年保持在80%以上。全区义务教育巩固率从2015年的93%上升至2022年的96%。

二、学生资助"全面覆盖、无缝衔接"

广西以义务教育阶段学生资助为重点,建立了从学前教育到高等教育"全面覆盖、无缝衔接"的家庭经济困难学生资助体系。十八大以来,累计投入各学段学生资助(含奖助贷免等项目)资金765.23亿元,资助学生3582.35万人次,其中义务教育阶段家庭经济困难学生生活补助资金127.91亿元,补助学生1225.66万人次,建档立卡贫困户适龄儿童少年补助率达100%。在62个县实施农村义务教育营养改善计划,累计下达营养改善补助资金126.62亿元,惠及学生约1797.32万人次。

三、建校舍让最美校园遍布乡村

广西大力实施"全面改薄"、薄弱环节改善与能力提升等工程,统筹农村义务教育薄弱学校改造资金、农村中小学校舍维修改造资金等教育专项资金,努力改善贫困地区办学条件。十八大以来,全区共计筹措教育脱贫攻坚资金820.34亿元,共新建、改扩建公办幼儿园9799所次;新建、改扩建义务教育学校79073所次,建设项目56433个,建设校舍面积3587万平方米;新建、改扩建普通高中1204所次,建设项目1170个,建设校舍面积1104万平方米,新增学位约41.6万个。

四、补充师资提高乡村教育教学质量

为解决乡村教师数量不足、结构不优等难题,广西通过公开招聘、特岗计划、定向培养计划、优秀退休教师支教计划等方式,不断加大教师补充力度。2016年至今,全区106个有扶贫开发任务的县(市、区)通过公开招聘、特岗计划、定向培养等方式,补充义务教育教师6.03万名,其中乡村教师3.87万名,紧缺学科教师1.56万名,为提高乡村教育教学质量提供了坚强师资保障。

五、技能帮扶实现长远发展

广西全力支持贫困地区和贫困家庭的孩子接受职业教育,确保实现职业教育"上学一人、就业一个、脱贫一家"。2014—2017年每年下达2亿元奖补资金用于支持贫困县中专改善办学条件。2018年起共统筹近30亿元资金支持中等职业学校特别是贫困地区的职业学校补齐办学短板。2016—2020年,职业教育精准脱贫专项行动招收建档立卡贫困户初中毕业生13万人。对于就读中等职业学校的建档立卡贫困家庭学生,及时编入职业教育圆梦班,共组建职业教育圆梦班2913个。每年开展各种类型的技能培训100万人次,极大提升贫困家庭的技能脱贫能力。

(二) 个人典型材料

1. 引言的写法

先简要介绍先进人物的基本情况,如姓名、性别、年龄、职业、工作年限等,再概述其主要事迹:先进人物在什么情况下,经过怎样的努力,作出了什么贡献,得到了怎样的评价。

2. 主体的写法

介绍人物的主要事迹或经验,分第一人称叙述和第三人称叙述两种。除了都要尽量用事实说话外,以第一人称叙述的典型材料尤其要注意写法,要能够将自身的独特优势用恰当的语言表现出来。

3. 结语的写法

或点出先进人物获得的荣誉称号,或对先进人物的事迹进行评价、表彰。应自然收束,避免画蛇添足。

以书面文章形式发表的典型材料,结语可写可不写。如果是在会议上发言,最后一般要有结语。以第一人称叙述的典型材料在这里可以说说下一步的工作打算,同时表达自己的感谢;如果是以第三人称叙述,则可以对先进人物作总结性的评价,宣布表彰奖励,号召大家学习。

个人典型材料范例

"时代楷模"先进事迹

张桂梅

张桂梅,女,满族,1957年6月出生,中共党员,云南省丽江华坪女子高级中学党支部书记、校长,华坪县儿童福利院院长。曾荣获"时代楷模""全国优秀共产党员""全国先进工作者""全国师德标兵""全国最美乡村教师""全国脱贫攻坚楷模""感动中国2020年度人物"等荣誉称号。

张桂梅同志坚守教育报国初心,牢记立德树人使命,扎根贫困地区40多年,立志用教育扶贫斩断贫困代际传递,倾力建成全国第一所全免费女子高中,让1600余名贫困山区女学生圆梦大学,托举起当地群众决战决胜脱贫攻坚的信心希望。

张桂梅同志坚守初心、对党忠诚,响应党的号召,毅然到云南支援边疆建设,跨越千里、辗转多地,无怨无悔。她创办免费女子高中,帮助数千名山区女孩改变命运,为国家输送了一批又一批学子。她坚决贯彻党的教育方针,将坚定的理想信念融入办学体系,用红色教育为师生铸魂塑形。2000年,她在领取劳模奖金后,把全部奖金5000元一次性交了党费。她把对党的忠诚和对人民的热爱渗透在血脉里,在她身上充分体现着一名共产党员初心如磐的精神品质和至诚至深的家国情怀。

张桂梅同志爱岗敬业、爱生如子,为了不让一名女孩因贫困失学,坚持家访11年,遍访贫困家庭1300多户,行程十余万公里。她长期拖着病体工作,超量的付出透支了原本羸弱的身体,换来女子高中学生学习的好成绩。她不遗余力践行着"只要我还有一口气,就要站在讲台上"的诺言,用实际行动铺就贫困学子用知识改变命运的圆梦之路。多年来她一直住在学生宿舍,和孩子们吃住在一起,陪伴学生学习生活。她在教书育人岗位上为贫困地区教育事业作出了重要贡献,在她身上充分体现了人民教师潜心育人的敬业精神和立德树人的使命担当。

张桂梅同志执着奋斗、无私奉献,心怀大我,对自己近乎苛刻的节俭,却把工资、奖金和社会各界捐款100多万元全部投入到贫困山区教育中。长期义务兼任华坪福利院院长,多方奔走筹集善款,20年来含辛茹苦养育136名孤儿,被孩子们亲切称呼为"妈妈"。她把全部身心献给了祖国西南贫困山区的教育和福利事业,在她身上充分体现了人民教师以德施教的仁爱之心和至善至美的师者大爱。

第十二讲　计划类文书写作与范例

第一节　计划类文书概说

毛泽东同志的《论持久战》曾引用《礼记·中庸》的名言"凡事预则立,不预则废",并加以引申说:"没有事先的计划和准备,就不能获得战争的胜利。"上至党中央、国务院,下至居委会、个人,成事之先,必有计划。计划就是部门、单位或个人为实现某个目标而预先作出的安排和设计的具体打算和步骤。党政机关、社会团体、企事业单位将这些生产、工作、科研等方面的打算,通过文字表达出来就形成了计划。

计划可长可短,可大可小,所以它并不是单一的文种,而是由"工作要点""工作计划""方案""设想""规划""安排"等文种共同组成的,一般统称为"计划类文书"。在实际工作中,有人把"工作计划"和"总结"一起视为畏途——"不怕飞机大炮,就怕计划和总结报告"。这有些夸大,但也体现了二者写作的难度。

要写好计划类文书,一定要先确定好所写的计划属于哪一类,并带着明确的目的和科学态度进行调查研究,再根据该类计划的写作方法拟写。

在确定文种的过程中,我们可以先按照以下标准进行简单区分:"工作要点"——比较简明、概括,"工作计划"——比较深入、细致,"方案"——比较繁杂、全面,"设想"——比较粗略、只具雏形,"规划"——比较长远、宏大,"安排"——比较切近、具体。

不同计划的具体写法将在下面几个小节详细介绍。但不管是哪种计划,撰写时都应该尽力做到以下几点:

1. 符合政策,注重依据。制定计划时,必须符合党和国家的方针、政策以及上级的有关规定、要求。这是做好计划的总依据。

2. 深入调查,集思广益。一定要坚持科学的态度,深入进行调查研究,广泛地听取群众的意见,充分了解情况,再结合本单位和个人的具体情况,制定出适宜的计划。

3. 重点突出,具体可行。写作时要重点突出,措施要具体、明确、得力,便于操作和执行。

4. 量力而行，留有余地。制定计划时，还要注意别把话说得太满，这样一旦遇到新情况、新问题，可及时调整、补充、修正。

第二节　工作要点

一、工作要点的特点

工作要点是以简明的文字，扼要地反映某一单位一定时期内工作、计划的要点的公文。通常在一个时期的工作计划正式出台之前，会先下发工作要点给下级。有一种观点认为，"要点"实际上就是"计划"的摘要，也称为"准计划"。

二、工作要点的写法和写作要点

工作要点一般包括前言和要点概括两部分。前言部分简要写明制定要点的缘由，一般不展开阐述。要点概括部分是重点，是对各个要点内容的简单概括和逐条陈述，采用分项排列的方式。写作时要注意以下几点：

1. 工作要点作为"准计划"，各个要点和工作计划有着千丝万缕的联系，要具有高度的概括性和针对性。

2. 各个要点的组合，大都是并列式，可以分若干项目一贯到底，也可以分成几大项，大项之下再分成若干个小项。工作要点较少使用过渡性、转折性文字，而是依靠各部分内容之间的内在逻辑联系形成统一整体。

3. 语言要朴素准确，把事项交代清楚即可。

4. 工作要点中提出的措施要切实可行、有所创新，对每个事项的做法、程序、要求都要清晰交代，做到既有定性要求，又有定量指标。

工作要点范例

教育部高等教育司 2023 年工作要点

2023 年高等教育司工作的总体思路是：以习近平新时代中国特色社会主义思想为指导，全面贯彻、落实党的二十大精神，把握高等教育发展的新定位、新部署、新要求、新任务，加快新工科、新医科、新农科、新文科建设，以高等教育强国建设为目标，以全面提高人才自主培养质量为主线，以深入推进高等教育综合改革试点为抓手，探索构建中国式高等教育发展模式，更好服务国家区域经济社会发展。

一、推动高等教育体制机制创新和高质量发展

着眼高等教育改革发展使命任务,深化体制机制创新,激发高校改革发展内生动力和办学活力,加快解决制约高等教育高质量发展重大问题,全面提升高校战略人才培养能力、支撑高水平自立自强能力、服务国家区域高质量发展能力。

二、加强基础学科人才培养,着力造就拔尖创新人才

聚焦国家战略和关键产业发展急需,加强战略紧缺和新兴交叉领域拔尖创新人才培养。加强基础学科拔尖人才培养,构建"一部六院"科教融汇协同育人机制,全面提升基础学科拔尖创新人才自主培养能力。加大集成电路人才培养力度。深入推进未来技术学院建设,推动学科专业交叉融合,夯实未来技术原创人才培养。建好18个高水平公共卫生学院,强化特色发展,打造优势领域和主攻方向,加快培养能在突发公共卫生事件和重大疫情应急处置中"一锤定音"的领军人才。

三、实施系列"101计划",全面推进教育教学改革

以课程改革小切口带动解决人才培养模式大问题,实现高等教育改革创新发展强突破。在计算机领域本科教育教学改革试点工作基础上,全面实施系列"101计划",推进基础学科和"四新"关键领域核心课程建设,在数学、物理学、化学、生物科学、基础医学、中药学、经济学、哲学等基础理科、文科和医科相关领域,在新一代信息技术、新能源等新工科相关领域,生物育种等新农科相关领域,预防医学等新医科相关领域,涉外法治等新文科相关领域,建设一批核心课程,推动核心教材、核心师资、核心实践项目建设。同时启动地方高校"101计划"。

以系列"101计划"为引领,全面夯实教育教学"新基建",印发实施《普通高等教育学科专业设置调整优化改革方案》,修订本科专业设置管理规定,完善专业设置管理机制,调整优化学科专业结构,打造特色优势学科专业集群。深入实施一流课程建设"双万计划",公布第二批国家一流本科课程名单,组织开展第三批国家一流本科课程认定工作。强化教材建设与管理,开展"十四五"本科国家级规划教材建设,加强教材工作统筹指导。深化实验教学改革,加快"虚仿2.0"建设,加强国家级实验教学示范中心、虚拟仿真实验教学中心建设指导。探索推进未来学习中心试点,发挥高校图书馆优势,整合学校各类学习资源,利用新一代信息技术,打造支撑学习方式变革的新型基层学习组织。全面提升教师教学能力,建强高校教师发展中心,深入探索虚拟教研室建设,指导办好第三届全国高校教师教学创新大赛。

四、全面深化"四新"建设,完善和发展人才自主培养新范式

强化交叉融合再出新,深入推进新工科、新医科、新农科、新文科建设,引领带

动高等教育提质创新发展。深化组织模式创新,实施《示范性特色学院建设管理办法》,加强现代产业学院、特色化示范性软件学院等特色学院建设,研究推进新型高水平理工科大学建设。深化培养机制创新,加快集成电路、储能、生物育种、医学攻关国家产教融合平台建设,深入实施产学合作协同育人项目,完善全国大学生实习信息平台,加快"医学+X"复合型医学人才培养,加快推进基础与临床融通的整合式八年制临床医学教育改革,着力构建医学专业全覆盖的认证体系,组织筹备第十一届中国大学生医学技术技能大赛,推进农林高校与农科院开展"一省一校一院"农科教融汇协同育人,深入推动本硕博一体化农林人才培养改革。深化内容方法创新,实施战略性新兴领域教学资源建设计划,加快网络安全专门人才培养,印发实施《普通高等医学教育临床教学基地建设和管理规定》,构建中医药经典教学新生态,全面加强涉农高校耕读教育,加快研制文科专业类教学要点,继续举办中国政法实务、新闻传播、经济、艺术"四大讲堂"。深化理论实践创新,深入开展"四新"研究与改革实践项目,加大跟踪指导和总结推广。

五、深入实施数字化战略行动,塑造高等教育改革发展新优势

加快高等教育数字化转型,打造高等教育教学新形态。加强国家高等教育智慧教育平台建设,拓展平台内容,完善平台功能,建好内容丰富、服务高效的高等教育综合服务平台。做强"创课平台",系统集聚整合创新创业要素资源,提高学生解决实际问题和知识转化能力。办好2023世界慕课与在线教育大会,打造世界在线教育改革发展的中国品牌。建好世界慕课与在线教育联盟,进一步提升中国慕课与在线教育的主导作用和国际影响力。加强高等教育数字化理论研究,布局建设高等教育数字化战略研究基地,以中国范式构建一整套国际标准。研究发布《世界高等教育数字化发展报告(2023)》,引领世界高等教育数字化改革方向。用好《世界高等教育数字化发展指数》,发挥好指数的评价和指挥棒作用。加强对各地各高校数字化改革试点的指导,形成高等教育数字化发展合力。

六、加强课程思政高质量建设,推动形成育人新成效

发展大学生文化素质教育,深入挖掘各类专业课程和教学方式中蕴含的思想政治教育资源,破解课程思政"表面化""硬融入"问题。结合专业特点分类推进课程思政建设,将党的二十大精神有机融入相关专业课程。细化普通本科专业类课程思政教学指南,完善专业类、专业、课程不同层面课程思政教学重点。推进课程思政优质资源数字化转化和共享,用好示范项目和数字化资源,开展相关课程任课教师培训,提升教师课程思政教学能力。

七、深化高校创新创业教育改革,增强学生"敢闯会创"素质能力

办好第九届中国国际"互联网+"大学生创新创业大赛和"青年红色筑梦之

旅"活动,发挥好大赛"百国千校千万人"大平台作用,全面提升大赛国际影响力和引领力,持续巩固中国高校创新创业教育的领跑优势。举办世界青年大学生创业论坛,打造大赛国际品牌和中外青年人文交流的中国品牌。研制发布世界大学生创新创业指数,全面评价大学生创新创业情况并对未来发展走向进行科学预判。加强国家级创新创业学院、创新创业教育实践基地建设,整合校内外资源,强化课程教材建设、师资培训、实践训练等,纵深推进创新创业教育改革。持续实施"国创计划",实施重点支持领域项目,引导学生关注国家经济社会发展和服务重大战略需求。

八、推动振兴中西部高等教育走深走实,全面提升高等教育整体质量

深入推进新时代中西部高等教育振兴,加快实现高等教育区域协调发展。完善部际协同推进工作机制,推动《关于新时代振兴中西部高等教育的意见》精神落实落地。推进新时代振兴中西部高等教育改革先行区建设,强化西安、兰州、重庆、成都战略支点作用,打造中西部高等教育"西三角",推进区域高等教育战略布局优化调整。深化东中西部高校对口支援,加大东部高校对口支援西部高校工作力度,选树一批对口支援工作先进典型。深入实施"慕课西部行计划"2.0,推动西部高校教育教学信息化水平和整体办学实力提升。深入实施农村订单定向医学生免费培养工作,加强中西部基层卫生健康人才供给。试点建设区域创新与人才中心,统筹区域教育、科技、人才力量、产学研深度融合,主动服务区域经济社会发展和国家主体功能区建设。

九、加强直属高校工作,加快推进一流大学群体建设

召开直属高校工作咨询委员会第三十一次全体会议,全面部署人才自主培养和高等教育年度工作。完善直属高校工作咨询委员会工作机制。积极推进共建工作,建立健全部省市共建"双一流"高校工作协调机制,深入推进开展"双一流"共建工作,加快推进省部共建工作2.0。建立事业发展规划落实督促机制,加强对直属高校"十四五"规划实施工作的指导,推进直属高校提高事业发展规划实施水平。加强对直属高校统筹指导,督促指导中管高校巡视整改走深走实,不断完善巡视整改常态化机制。进一步规范和加强直属高校校庆活动管理,指导各高校规范开展校庆活动。编制《教育部直属高校年度基本情况统计资料汇编》,探索直属高校多维评价分析办法。

十、完善部省校协同联动工作机制,形成高等教育高质量发展合力

部省司处上下联动、同频共振、共同发力,召开2023年高教处长会,面向高教战线全面部署年度工作,指导各地各高校深化改革、提高质量。开展2022年高等教育(本科)国家级教学成果奖评选,突出立德树人、强化改革创新、注重教学为先,向教学一线教师倾斜,评选一批"新""真""实"的优秀教学成果,引导广大教师投身教学改革研究与实践。做好教育部高等学校教学指导委员会换届工作,全面总结2018—2022年教指委工作经验,坚持教指委作为高等教育参谋部、咨询团、指导组、推动队的定位,做好换届工作。积极推进新时代中国高等教育理论体系研究工作,做好理论体系总论的修改完善,完成相关子课题评议与结题;推动高校教务处长能力研究课题取得重要进展。

十一、擦亮党建工作特色品牌,推进党建业务融合创新

坚持把习近平总书记关于高等教育的重要指示批示精神作为支委会"第一议题"来学,把习近平总书记重要批示件作为"第一政治要件"来办,严格落实重要批示办理"一周一督""一周一报"长效机制。旗帜鲜明把党的政治建设摆在首位,严格执行新形势下党内政治生活若干准则,严明政治纪律和政治规矩,以实际行动走好践行"两个维护"第一方阵。严格落实组织生活制度,高质量开好"三会一课"、领导班子民主生活会、党支部(党小组)组织生活会等。丰富党日活动载体,积极与高校开展联学联建联动,不断提升支部凝聚力和向心力。深入地方、高校一线调研,持续巩固深化"我为群众办实事"成果。推进作风建设常态化长效化,持续纠治"四风",强化纪律教育和日常监督,防范化解重大风险。持续强化"党建+业务"目标导向,把党建要求融入中心工作全过程,在目标引领、思想建设、组织建设、干部队伍建设等方面探索创新融合机制,推动党建与业务同向同频开展。

第三节　工作计划

一、工作计划的特点

工作计划是在工作开展之前拟定的时间适中的、关于具体内容和设计安排的公文。

在所有计划类文书中,它是最"适中"的一种,表现在:①时间通常在一年、半年左右,如《2023年全国综合防控儿童青少年近视重点工作计划》;②范围通常是一个单位的工作或是某一项重要的工作,如《国务院2023年度立法工作计划》;③内容与写法比方案集中、简明,比设想细致、正规,比规划具体、深入,比安排概要、扩展。

二、工作计划的写法

工作计划一般要写以下三个方面的内容。

1. 前言。包括情况概述、依据和目的，应简明扼要。

2. 主体。包括"做什么"（即目标、任务）、"具体做到什么程度"（即要求）和"怎样做"（即措施办法）这三项内容。全面工作计划通常采取并列式结构，即任务、措施分说。

3. 结语。或提出简短号召，或强调有关事项，有的时候也可以省略。

工作计划范例

2023年北京市基层医疗卫生服务能力提升工作计划①

为深入贯彻以基层为重点的新时代党的卫生与健康工作方针，落实中共中央办公厅、国务院办公厅《关于进一步深化改革促进乡村医疗卫生体系健康发展的意见》，中共中央办公厅、国务院办公厅《关于进一步完善医疗卫生服务体系的意见》，中共北京市委、北京市人民政府《关于加强首都公共卫生应急管理体系建设的若干意见》等文件要求，持续提高基层医疗卫生机构防病治病和健康管理能力，提升应对重大疫情和突发公共卫生安全事件能力，特制定2023年北京市基层医疗卫生服务能力提升工作计划。

一、工作目标

以人民健康为中心，以问题为导向，围绕基层医疗卫生机构优质医疗资源不足、服务能力不强、服务内涵不够等短板弱项，通过实施基层医疗卫生服务能力提升工作计划，推动建立与首都经济社会发展水平定位相适应，布局合理、便捷高效、保障有力的基层医疗卫生服务体系。2023年全市46%以上社区卫生服务中心达到国家"优质服务基层行"活动推荐标准，村卫生室纳入一体化管理比例不低于10%，常住人口家庭医生签约服务覆盖率力争达到41%，家庭医生签约服务满意度保持在85%以上，基层医疗卫生机构功能更加完善，基础设施设备条件明显改善。

二、完善优化基层医疗卫生服务体系

1. 实施社区卫生服务机构标准化建设。按照北京市社区卫生服务机构规划与建设标准要求，因地制宜开展社区卫生服务机构补点建设与升级改造，改善居民基层就医环境与便捷性，区政府对社区卫生服务机构进行科学规划与布局，保

---

① 《北京市卫生健康委员会等5部门关于印发〈2023年北京市基层医疗卫生服务能力提升工作计划〉的通知》。

障社区卫生服务机构用房。

2. 提升基层医疗卫生机构疾病预防控制能力。加强基层预防接种门诊建设，提高AA级和AAA级接种门诊比例。发挥基层发热筛查哨点作用，提升疫情早期发现、报告和应对处置能力。充分发挥村（居）公共卫生委员会作用，形成基层公共卫生工作合力。

3. 补足农村地区医疗卫生服务短板。研究制定北京市乡村两级医疗机构一体化管理基本标准，指导各涉农区通过机构服务、相邻村医疗机构覆盖、巡诊等方式，促进行政村医疗卫生服务全覆盖。2023年乡村一体化管理的村卫生室不低于10%。

4. 健全基层医疗卫生机构科室建设。鼓励社区卫生服务机构根据周边居民需求设置内科、外科、儿科、老年科、康复科、精神科等科室，有条件的开设住院病房并设置床位。鼓励乡镇社区卫生服务中心提升外科服务能力，按照相关诊疗规范开展常规手术。

5. 完善基层医疗卫生机构设施设备配置。按照规模适宜、功能适用、装备适度的原则，为基层医疗卫生机构配置诊疗和检测设备，满足基层医疗卫生机构基本医疗功能和新冠病毒感染救治需要。

三、持续加强基层卫生人员队伍建设

6. 壮大基层卫生人员力量。制定北京市社区卫生服务机构人员配备标准，根据服务人口变化、诊疗量、病床数等情况，科学核定、动态调整人员数，指导各区按照人员配备标准调整社区卫生服务机构人员总量。

7. 加大基层医疗卫生机构招聘毕业生支持力度。根据基层人员结构现状和岗位匹配实际要求，科学确定招聘条件，用好毕业生引进政策，推动基层医疗卫生青年人才"引得来、用得上、留得住"。

8. 提升基层职业发展吸引力。探索开展职称"定向评价、定向使用"，在社区卫生服务机构工作满30年且中级职称取得满10年，仍在诊疗一线岗位的卫生专业技术人员，通过加大职业道德、考核结果、群众认可度等方面的权重评定高级职称。"定向评价"采取单独分组、单独评审的方式，取得的职称限定在一定范围内有效。"定向评价、定向使用"的高级岗位比例单列、专岗专用，不占各区专业技术岗位结构比例。

9. 建立更加紧密的协同联动机制。借助首都干部治理能力提升专项挂职工作平台，组织市属、区属公立二三级医院与社区卫生服务中心互派干部挂职交流，带动基层医疗卫生机构提升服务能力和管理水平。

10. 强化基层卫生岗位人员培训培养。立足居民常见病多发病诊疗需求，以全科、中医、康复、儿科、老年、精神(心理)科、药学等能力提升为重点,开展专业技能培训和基层岗位练兵活动。加大乡村医生订单定向免费培养力度。

11. 开展新时期"十百千"社区卫生人才培养。打造由社区卫生首席专家、社区健康管理专家和社区卫生业务骨干组成的社区卫生优秀人才梯队,建设一支具有较强影响力和示范作用的社区卫生领军人才队伍。

四、切实提升基本医疗服务水平

12. 提升社区儿童健康服务能力。通过引进儿科人才、加强儿科医师转岗培训、推进儿科专业医师多机构执业、鼓励二三级医疗机构退休儿科医生到社区卫生服务机构执业等方式,增加社区卫生服务机构儿科服务供给。开展第六批紧密型儿科医联体建设,成员单位达到28家以上。

13. 建设基层专病特色科室。在高血压病、2型糖尿病、冠心病、脑卒中、慢性阻塞性肺疾病、康复和骨质疏松症等7个专病基础上,拓宽基层专病特色科室建设范围,制定儿科、口腔、中医等专病特色科室建设标准。2023年完成不少于50个专病特色科室建设。

14. 深入开展优质服务基层行活动。树立和推广一批优秀社区卫生服务机构,2023年全市46%以上社区卫生服务中心达到服务能力推荐标准。

15. 提升基层中医药服务能力。实施基层中医药服务能力提升工程"十四五"行动计划,开展中医药适宜技术基层推广行动,提档升级优质中医药资源下沉基层,让市民就近享受到高质量中医药服务。

16. 提高基层康复医疗服务水平。推进社区卫生服务中心设置康复医学科(康复区),有条件的基层医疗卫生机构可设置和增加康复医疗服务床位。

17. 增强老年健康服务能力。扩大老年护理、安宁疗护等接续性服务供给,推进老年健康服务规范化和老年友善医疗机构建设,建立健全养老机构和社区卫生服务机构对口关系,做好日常诊疗、健康监测、转诊等工作。

五、丰富基层卫生服务内涵

18. 增强签约服务吸引力。将签约服务内容由慢性病管理拓展至慢性病和传染病共管,完善签约服务绩效评价指标,强化落实"四个一"服务、强化落实交流联系、强化落实预约转诊服务,确保签约一人、履约一人、做实一人。家庭医生签约服务满意度不低于85%。

19. 努力提高签约服务覆盖范围。增加家庭医生(团队)数量,增强签约服务供给,加强签约服务宣传,引导居民主动签约,提升签约服务规模,2023年全市常住人口签约服务覆盖率力争达到41%。

20. 规范和完善药品服务。为慢性病患者提供长期处方服务,开展药品需求登记工作。充分发挥药品需求登记系统作用,精准补充药品种类。

21. 积极开展居家医疗护理服务。鼓励有条件的医疗机构通过上门巡诊和家庭病床等方式,为老年人提供居家医疗护理服务,将医疗护理服务由医疗机构延伸至居家。

22. 持续开展家庭保健员培养。社区卫生服务机构为慢性病患者家庭培养家庭保健员,让更多家庭拥有掌握一定健康知识和技能的家庭成员,使其承担起家庭健康教育、健康生活方式指导以及医患互动联络等任务。

六、促进优质医疗资源下沉基层

23. 持续推进综合医联体建设。将全部政府办社区卫生服务中心纳入区域医疗联合体建设范围,核心医院通过临床带教、人员进修、科研协作以及远程医疗等多种形式,下沉优质医疗资源。

24. 做深做实基层预约转诊服务。制定医联体转诊规范和转诊标准,规范转诊行为,实现22家市属三级医院通过基层预约转诊平台向全市社区卫生服务机构投放转诊号源。推进各级各类医疗机构检验检查结果互认。

25. 加强全科医学人才培养基地能力建设。加强国家级和市级全科医学实践教学示范基地建设,支持推进首都医科大学全科医学与继续教育学院开展全科人才培养与培训相关工作,促进优质教学资源向基层和农村倾斜。

26. 引导城市优质医疗资源下沉农村地区。动员并组织城市医疗机构退休医学专家定期到生态涵养区乡镇社区卫生服务中心开展出诊、讲座、巡诊等服务,提升农村群众就医获得感,带动乡村医务人员服务能力提升。

七、加大基层卫生支持保障力度

27. 激发基层医疗卫生机构发展活力。督促落实"允许医疗卫生机构突破现行事业单位工资调控水平,允许医疗服务收入扣除成本并按规定提取各项基金后主要用于人员奖励"要求,推动医疗卫生机构实现多劳多得、优劳优得,缩小与二三级医疗机构医务人员收入的差距。

28. 加大基层医疗卫生机构经费保障力度。财政部门按照全面预算管理要求,统筹社区卫生服务机构各项收入,将机构建设、设备配置等资金需求纳入年度预算。建立政府投入、分级负责的经费保障机制,各区按照事权与支出责任,做好基层医疗卫生机构的经费保障。市财政将根据各区情况对一次性投入按比例予以补助。市发展改革委对符合市政府固定资产投资政策要求的政府办社区卫生服务中心的新建、改扩建项目予以不超过项目基本建设总投资的30%补助支持。

29. 加大基层医疗卫生机构医疗保障支持力度。及时将符合条件的基层医疗卫生机构纳入医疗保障定点医疗机构范围。合理确定医保基金对基层医疗卫生机构的总额预算管理指标。

30. 优化基层医疗卫生服务医保引导机制。在部分紧密型医联体试行糖尿病、高血压等慢性病门诊按人头付费，推动"以治病为中心"向"以健康为中心"转变。继续落实签约患者和转诊患者差别化医保报销政策。

31. 健全基层医疗卫生服务绩效评价机制。加强数据监测和信息化支撑，持续做好市对区、区对机构、机构对个人的三级绩效评价管理。

32. 优化基层医疗卫生机构评价指标体系。重点考核服务数量、服务质量以及居民对服务的满意度等内容，提高基层就诊率指标权重，将优质医疗资源下沉基层情况纳入医联体考核评价范围。

第四节 方案

一、方案的写法

方案的正文一般有两种写法。

第一种是常规写法，即分为"总体要求（包括指导思想和基本原则）""主要目标（重点）""工作举措""保障措施"等几个部分来写。这种写法适用于一般常规性单项工作。

第二种是变项写法。其一是根据实际需要加项或减项。比如，《北京市加快新型基础设施建设行动方案（2020—2022年）》就把上述部分整合为"基本目标和原则""重点任务""保障措施"三个部分。其二是对某个或某几个部分作灵活处理。比如，《全国城镇燃气安全专项整治工作方案》就以"突出重点分领域集中攻坚""综合施策提升本质安全水平"两部分说明了具体的工作举措。其三是根据具体情况直陈各项工作举措。比如，《2023年家政兴农行动工作方案》的四个部分就分别是"拓宽就业渠道""提升就业质量""加强跟踪服务""完善配套政策"四大类工作举措。

二、方案的写作要点

1. 思虑周详，部署全面

方案是针对某项工作作出的总体筹划和全面部署，所以考虑一定要周详全面。要注意体现表明工作地位的"领导重视"、把工作落到实处的"明确责任"和了解情况与进程的"加强督促"等各个方面。

2. 时间安排要具体

和工作要点的高度概括性不同,方案一般要把一项工作从始至终的工作目标和任务按照时间顺序具体呈现出来。

3. 明确责任分工

方案一般要明确工作机构、参与单位和参与人员的责任分工,确保方案顺利实施。

4. 兼顾可行性和协调性

写作时,要提前考虑到方案在实施时的可行性,还应注意实施单位的多少和交叉情况,保证各单位、部门之间工作的协调一致。

方案范例

关于进一步推动首都高质量发展取得新突破的行动方案(2023—2025年)[①]

为进一步深入贯彻党的二十大关于经济高质量发展取得新突破的目标任务,落实党中央、国务院新部署新要求,把握和应对首都高质量发展面临的机遇和挑战,结合北京实际,制定本行动方案。

一、总体要求

以习近平新时代中国特色社会主义思想为指导,全面贯彻落实党的二十大精神,深入贯彻习近平总书记对北京一系列重要讲话精神,坚持稳中求进工作总基调,坚持问题导向、目标导向、效果导向,以新时代首都发展为统领,努力使京津冀成为中国式现代化建设的先行区、示范区,推进"五子"联动服务和融入新发展格局,把实施扩大内需战略同深化供给侧结构性改革有机结合起来,扎实推动经济质的有效提升和量的合理增长,在高质量发展中促进共同富裕,为率先基本实现社会主义现代化奠定坚实基础。到2025年,推动京津冀协同发展迈上新台阶,推动世界主要科学中心和全球主要创新高地建设取得新突破,率先构建更具国际竞争力的现代化产业体系取得新进展,促进投资和消费不断涌现新亮点,加快"两区"建设迸发新活力,具有首都特点的现代化经济体系基本形成。

二、持续强化创新和产业补链强链,推动京津冀协同发展迈上新台阶

更加自觉把首都发展放到京津冀协同发展战略中考量,充分发挥北京"一核"

[①] 《中共北京市委办公厅 北京市人民政府办公厅印发〈关于进一步推动首都高质量发展取得新突破的行动方案(2023—2025年)〉的通知》(京办发〔2023〕11号)。

辐射带动作用,打好疏解整治促提升"组合拳",推动北京"新两翼"建设取得更大突破,加强协同创新和产业协作,区域创新链、产业链、供应链深度融合,现代化首都都市圈加快构建,引领全国高质量发展的动力源加速构筑。

1. 坚定不移疏解非首都功能。深化完善激励约束政策体系,通过市场化、法治化方式增强向外疏解的内生动力。扎实开展疏解整治促提升专项行动。完成核心区控规三年行动计划任务,优化提升长安街、天安门等重点地区和二环沿线环境,完成核心区平房院落6000户申请式退租(含换租)和3600户修缮。制定首都花园城市建设的指导意见,集中打通一批绿道、步道,构建森林环抱的花园城市。

2. 推动北京"新两翼"建设取得更大突破。将雄安新区纳入北京高水平人才高地建设,设立北京海外学人中心雄安中心,开展专家人才走进雄安、走进城市副中心活动,加大"人才京郊行"项目对城市副中心支持力度。支持"三校一院"交钥匙项目,提升办学办医水平,加快建设雄安新区中关村科技园,实现京雄高速全线通车。统筹推动符合城市副中心功能定位的市属国企存量总部和增量板块落地。城市副中心北京艺术中心、北京城市图书馆、北京大运河博物馆投入运营,行政办公区二期完成搬迁,东六环入地改造、城市副中心站综合交通枢纽等重大项目建成,轨道交通M101线加快实施。建设通州区与北三县一体化高质量发展示范区,加快轨道交通平谷线、厂通路等基础设施互联互通。

3. 加快构建现代化首都都市圈。以区域交通设施一体化为支撑,打造环京地区通勤圈、京津雄功能圈、节点城市产业圈。建设"轨道上的京津冀",加快轨道交通三期项目建设和市郊铁路项目谋划,推进干线铁路、城际铁路、市郊铁路和城市轨道交通"四网融合"。城际铁路联络线一期工程完工,建成朝阳站、丰台站等配套交通枢纽项目。依托京津、京保石、京唐秦、京雄等交通廊道,从不同方向打造高质量发展经济廊道。推动国际性综合交通体系建设,推进世界级机场群与港口群直连直通和联动发展,完善"七站两场一枢纽"之间以及与周边重要功能区之间的直连直通。

4. 构建京津冀协同创新共同体。协同推动京津冀国家技术创新中心建设。鼓励引导创新主体在京津冀建立成果孵化与中试基地,支持共建重大科研基础设施、产业技术创新平台。鼓励科研机构和企业共同组建产学研创新联合体、联合实验室,打造一批有自主知识产权和国际竞争力的创新型领军企业。建立完善京津冀科技成果转化"供需对接清单"机制,支持科技成果转化服务平台开展跨区域服务。

5. 推动京津冀产业链强链补链延链优链。深入实施国家先进制造业集群发展专项行动。围绕"北京智造"优势产业,与津冀共同梳理完善产业链图谱,"一链一策"制定产业链延伸布局和协同配套政策,筹备召开产业链联合招商大会。建设京津冀燃料电池汽车示范城市群,共建京津冀工业互联网协同发展示范区、京津冀生命健康产业集群。优化京津冀协同发展产业投资基金等政府性基金引导作用,鼓励市场基金在京津冀设立发展。

6. 创新区域一体化发展体制机制。积极推动非首都功能疏解、交界地区管控、生态环境联防联控联治、产业协作等方面政策创新,建立利益共享机制。出台京津冀一流营商环境建设行动方案。深化京津冀政务服务协同,扩大政务服务"跨省通办""同事同标"范围。推动京津冀自由贸易试验区、综合保税区联动发展,深化制度集成创新和成果共享,探索"一地创新、三地互认"。研究完善大兴国际机场临空经济区管理体制,探索政府授权市场化运作的体制机制,更好发挥企业化开发运营管理平台作用。以大兴国际机场综合保税区为试点制定跨省域行政事权管理方案和利益共享机制。

三、加快提升创新驱动发展的能力和水平,推动世界主要科学中心和全球主要创新高地建设取得新突破

统筹发挥首都教育、科技、人才优势,打造一批世界一流开放共享重大创新载体平台,突破一批关键核心技术"卡脖子"难题,集聚一批具有全球影响力的高水平国际化人才,壮大一批示范引领型科技创新企业雁阵,落地一批支撑全面创新的改革举措,国际科技创新中心基本形成,成为世界科学前沿和新兴产业技术创新策源地、全球创新要素汇聚地。

7. 建强建优战略科技力量。全力保障国家实验室高标准高水平实现在轨运行,服务国家实验室体系化发展,支持实验室积极承担国家和北京市重点攻关项目。加快编制怀柔综合性国家科学中心创新发展实施方案,坚持边建设边运行边出成果边扩大影响力,积极争取发起或参与国际大科学计划,创新设施平台开放运行管理举措,探索差异化开放共享和奖励支持机制。出台支持世界一流新型研发机构高质量发展实施办法,支持本市新型研发机构在人工智能、区块链、量子信息、生命科学等领域承担国家战略任务。打造一批跨领域、大协作的创新平台。

8. 深化原创性、引领性科技攻关。出台北京市基础研究领先行动方案,对标关键核心技术需求倒逼应用基础研究发展,加快产出一批原创理论和成果。实施关键核心技术攻坚战行动计划,聚焦新一代信息技术、医药健康、新材料、新能源、智能网联汽车等领域,突破一批"卡脖子"技术。积极争创国家未来产业先导区,在通用智能、量子科技、未来网络、未来生命、低碳能源、前沿材料等领域统筹本市创新资源,加快前沿技术突破和技术成果转化。

9. 强化企业科技创新主体作用。针对本市重点发展的高精尖产业,通过企业技术中心培优、产业筑基、机制创新搭台、中试验证加速、应用场景建设等工程,构建产业科技自主创新体系。支持科技领军企业组织开展创新研发活动,围绕产业链关键环节提出创新需求,联合高校和科研院所以及上下游企业组建产业创新中心、工程研究中心、技术创新中心等形式的创新联合体,探索由企业主导的产学研深度融合新范式。出台进一步支持外资研发中心发展的若干措施,支持知名跨国公司和国际顶级科研机构在京首次设立实体化外资研发中心或提升创新能级,支持外资研发中心承担科技研发、国际合作、应用场景示范等政府科技任务。为外资研发中心提供集专利预审、快速确权、快速维权于一体的一站式综合服务。

10. 构建科技企业全周期支持与服务体系。出台进一步培育和服务独角兽企业的若干措施,为创新能力强、发展潜力大的硬科技独角兽企业提供战略级服务,使独角兽企业数量位居世界前列。支持专精特新企业进一步强化专业化优势,聚焦细分赛道进一步提升工艺、技术、配方领先水平。推动现有孵化器加快升级发展,实现重点区域和领域全覆盖,布局建设一批标杆孵化器,持续培育高精尖产业和未来产业领域的硬科技初创企业。

11. 激发人才创新活力。统筹人才管理及教育、科技、经济、信息化等领域人才支持计划,聚焦"卡脖子"关键核心技术、高精尖产业发展重点领域进行集中支持和服务保障。集聚战略科学家和一流科技领军人才,唱响唱亮"未来科学大奖"品牌,扎实做好北京学者选拔培养。认定一批产教融合型企业,依托职业院校建成一批产教融合实训中心。支持有意愿的科研人员带技术、带产品、带团队创业,引进和培养一批服务科学家创业的企业首席执行官。探索推出"人才创业险",对创新创业损失的研发费用给予赔偿,对保费给予一定补助,为人才创新创业免去后顾之忧。便利外籍人才工作许可办理,对重点区域下放外国人来华工作许可审批权限。

12. 持续推进高水平科技自立自强先行先试改革。将符合条件的中关村新一轮先行先试政策扩大到示范区全域施行,统筹推动各区结合自身发展定位和产业特点制定承接工作方案。推动建立符合科技创新规律的科研经费管理模式,市级财政资金支持的科研项目推行经费"包干制"试点,建立完善结果导向的科研项目绩效评价机制。落实落细本市促进科技成果转化条例,在中关村国家自主创新示范区核心区重点高校院所、医疗卫生机构持续推进职务科技成果转化管理试点,持续推动中央在京单位开展促进科技成果转化条例适用工作。

13. 完善科技金融体系。出台中关村科创金融改革试验区实施方案。创新普惠融资风险补偿机制,引导金融机构加大对普惠小微贷款倾斜力度。吸引主权财富基金加大对本市科创企业支持力度,更好发挥国有资本杠杆作用,带动社会资本投早投小。建设私募股权转让平台,推动二手份额转让基金(S基金)发展。与投资机构建立被投企业联合赋能机制,依托"服务包"平台,形成重点被投企业"接诉即办"服务体系。

四、积极发展高精尖产业,率先构建更具国际竞争力的现代化产业体系取得新进展

把握产业数字化、智能化、绿色化、融合化发展趋势,推动先进制造业竞争力实现整体提升,战略性新兴产业、未来产业持续壮大,产业关键核心技术取得重大突破,数字经济成为发展新动能,推动平台经济规范健康持续发展,服务业优势进一步巩固,科技支撑农业高质量发展能力显著提升,以高精尖产业为代表的实体经济根基更加稳固。

14. 充分激活数据要素潜能。完善数据资源统筹机制,汇聚多层次、多类别、多来源的公共数据,探索数据资源资产化、市场化、产业化发展的有效模式和可行路径。率先开展国家数据基础制度先行先试,探索打造数据训练基地。北京国际大数据交易所进一步完善数据产品交易规则和业务规范,建立数据确权工作机制,争取升级成为国家级数据交易所。研究制定数据出境安全评估制度落地举措,积极争取开展数据出境安全评估权限先行先试。鼓励制造业企业应用智能生产设备及信息化管理系统建设数字型总部。鼓励央企、国企、互联网平台企业以及其他有条件的企业和单位,在京成立数据集团、数据公司或数据研究院。

15. 夯实先进数字基础设施。完善高品质通信基础设施体系,推进双千兆计划,加快布局5G基站,争取建设国家新型互联网交换中心,超前布局6G未来网络。提升算力资源统筹供给能力,统筹各类政务云、公有云、私有云等算力中心资源,支持海淀区建设北京人工智能公共算力中心、朝阳区建设北京数字经济算力中心。统筹推进人工智能、区块链、大数据、隐私计算、城市空间操作系统等新技术基础设施建设。加快布局智慧城市共性基础设施,建立智慧城市感知设施"一套台账",加快打造"码链一体"城市码服务平台。

16. 更好促进平台经济规范健康持续发展。鼓励平台企业牵头建设技术创新中心、产业创新中心、创新联合体等,加大研发投入,开辟更多新领域新赛道。鼓励平台企业推出数据存储、产销对接、出海服务、创新试错等符合中小企业需求的数字化服务,有效带动中小企业联动创新。搭建平台企业与各类企业合作交流平台。完善投资准入、新技术新业务安全评估等政策,健全透明、可预期的常态化监管制度。

17. 落实集成电路产业发展部署。制定研发、攻关、金融等系列综合政策。提升自主可控供应链体系化保障能力。加强集成电路产业项目建设。推动形成具有综合竞争力的集成电路产业集群。

18. 加快生物医药产业做强做大。加强优质医疗资源与医药健康产业协同发展，全面贯通事业链创新链产业链。推动核酸和蛋白质检测、合成生物学、新型细胞治疗等领域取得创新突破。支持国际研究型医院等关键平台建成运营，积极推进研究型病房建设，大力引进培育技术转移服务、国际化临床服务、细胞基因检测平台、医疗器械样机制作平台等方面专业技术服务机构。着力提升重点产业园区电力、热力、医疗废弃物处置等基础设施承载能力，建设生物制药标准厂房，加快推动产业化项目落地。发挥药品医疗器械创新服务站作用，争取创新药品和医疗器械加速审评政策试点。

19. 促进智能网联汽车产业引领发展。前瞻推进智能网联汽车立法工作。推动高级别自动驾驶示范区建设，对新建和改建道路严格按照示范区相关标准进行路侧智能化设备建设。持续推动北京经济技术开发区超高速无线通信技术（EUHT）专网建设，努力打造可向全国推广应用的技术标准。落实新能源汽车高质量发展实施方案，加快新能源汽车优质项目建设，持续提升核心零部件自主可控水平，引导带动一批高附加值零部件和新能源智能汽车供应链企业在京津冀布局。

20. 抢抓人工智能产业发展机遇。支持创新主体重点突破人工智能前沿基础理论及关键核心技术。加快培育人工智能产业方阵，持续构建人工智能产业生态，鼓励软件企业基于大模型开发打造新产品。推动大模型赋能智慧城市、金融、自动驾驶等重点领域发展，组织商用场景对接。基本建成具有全球影响力的人工智能创新策源地。

21. 推动机器人产业创新发展。加紧布局人形机器人整机，组建北京市人形机器人产业创新中心，分类推进医疗健康、协作、特种、物流机器人，组织实施"百种应用场景示范工程"，推动机器人创新产品应用示范和系统集成模式推广。

22. 加大绿色科技创新应用力度。印发本市新型储能发展总体方案，支持高效率、长寿命、低成本储能技术研发应用，建设固态锂离子电池标准化厂房等重点项目。推动智能电网技术突破和应用，加快突破百万级电动汽车的车网互动、高效柔性智能配电网态势感知和运行优化技术。积极推广超低能耗建筑，加快发展装配式建筑。推进国家氢燃料电池汽车质量检验检测中心建设，落实氢燃料电池汽车示范应用资金支持政策，围绕长途、重型运输等场景，利用公交、环卫、客货运等自属场站、园区或既有加油（气）站，推动加氢站建设布局，力争实现氢燃料电池汽车累计推广量突破1万辆。推广循环用水、废污水再生利用、高耗水生产工艺替代等节水工艺和技术,开展污泥协同处理和资源化利用。

23. 巩固扩大金融业发展优势。推动金融街功能优化、转型升级和活力提升,主动对接国家金融基础设施落地,建设国家级金融科技示范区。在丽泽金融商务区高水平规划建设数字金融示范区。推动中央商务区(CBD)商务金融创新发展。在城市副中心建设全球绿色金融和可持续金融中心、全球财富管理中心。加快发展绿色金融,建立完善环境社会治理(ESG)相关标准体系,推动有条件的金融机构不断提高环境信息披露水平。鼓励国际领先的绿色标准认证和评级机构在京发展。

24. 推动专业服务业优化升级。提高研发、设计、技术转移、科技咨询、创新创业等科技服务领域市场化、数字化、网络化水平,打造一批有影响力的先进综合服务商,为科技创新企业提供全方位专业服务。提高法律服务、管理咨询、人力资源、知识产权、检验检测等综合服务水平,聚集世界领先服务机构和国际顶尖专业人才,打造2至3个专业服务综合性示范区。

25. 加快推动"两业融合"。聚焦新一代信息技术与制造业服务业融合等8个重点领域,在园区内支持共性产业服务平台建设,支持腾退空间和低效楼宇改造,培育形成10家市级"两业融合"示范园区、100家市级"两业融合"试点企业。

26. 加快推进农业农村现代化。学习浙江"千万工程"经验,结合本市实际制定相关文件,出台新一轮乡村振兴战略规划。全力打造"种业之都",实施种质资源保护利用、种业创新攻关、种业企业扶优、创新基地提升、创新环境优化等五大行动,核心种源和关键核心技术攻关取得重大进展。加快推进农业中关村建设,支持平谷区创建国家农业高新技术产业示范区,实现京瓦农业科技创新中心建成投用,落地农业微生物国际创新研究院等平台。用好点状配套设施用地政策,推出一批精品旅游路线和乡村民宿,推进乡村旅游提档升级。以生态涵养区为重点,率先形成生态产品总值(GEP)进考核、进补偿等典型案例,率先在平原区与生态涵养区开展生态产品总值(GEP)和地区生产总值交换补偿,实施特定地域单元生态产品价值(VEP)核算及应用指南。

五、协调推动以高质量供给引领和创造新需求,促进投资和消费不断涌现新亮点

不断释放消费和投资潜能,着力推动消费"上台阶、提质量",更好发挥北京在数字消费、服务消费、绿色消费、国际消费等方面的优势,在国际消费中心城市建设中走在前列;着力推动投资"稳规模、优结构",打好投资调度、要素保障、项目储备、投融资改革"组合拳",充分发挥投资对优化供给结构的关键作用。

27. 加快打造"双枢纽"国际消费桥头堡。对接旅客商务、购物、文旅、休闲等

消费需求,融合星级酒店和康养、休闲娱乐等丰富消费业态,拓展机场消费场景。推动天竺综合保税区布局升级型消费产业,升级跨境电商销售医药产品试点,打通汽车平行进口和销售链条,创新保免税相衔接政策。力争开工建设大兴国际会展中心和国际消费枢纽项目。

28. 打造消费新地标。在城市南部和海淀区山后区域改造提升、补充新建一批商业综合体,各平原新城至少有1条商业步行街,支持重点商圈按照本市商业消费空间布局专项规划进行改造提升。全市实现一刻钟便民生活圈全覆盖。启动环球度假区二期建设。

29. 促进数字新型消费。推动建立一批北京特色直播电商基地,鼓励电商平台在京设立研发中心、结算中心。鼓励企业依托人工智能等技术开发消费类电子产品、搭建虚拟现实数字生态,扩大在远程医疗、教育技术等场景的应用。激活科幻消费潜力,推广"中国科幻大会"等品牌活动矩阵,与影视、阅读、科普、研学、文旅等场景深度结合,建设全球科幻创意争相迸发的中心节点。

30. 更大力度推广绿色消费。扩大新能源汽车使用,坚持公共领域带动,全面提升补能基础设施服务能力,营造便利的新能源汽车使用环境。构建高质量充电基础设施体系,重点覆盖居住区、办公区,促进充电基础设施投资多元化。实施"京彩·绿色"消费券政策,持续扩大参与企业范围。加快推动废旧家电回收处理体系建设,组织开展"小旧家电回收进社区"活动,发挥生产企业作用,依托产品销售和维修服务网络等优化回收渠道。

31. 打造一批新的文旅体精品。加强文物数字化保护和展示。打造"首演首秀首发"平台,提升"演艺之都"国际影响力。扩大高质量旅游景区梯队,丰富内容、提升品质,推动乡村旅游提质升级。充分发挥北京"双奥之城"特色优势,积极申办和组织一批具有国际影响力的重大体育赛事活动,重点打造城市绿心、南海子等一批体育消费聚集区,推广桨板、冰球、攀岩等潮流时尚运动。

32. 着力提升康养服务质量。将医养结合机构逐步纳入远程协同服务范围,在照护指导、复诊送药、远程会诊等领域开展服务管理模式创新,推动AI辅助医疗器械研发和临床使用。研究制定老年人家庭适老化改造阶梯式补贴政策,鼓励社会力量参与老年人家庭适老化改造。

33. 大力发展居住服务业。鼓励市场主体提供丰富多元的居住服务,鼓励和引导企业参与老旧小区物业管理、市政养护、停车场管理等。

34. 发展壮大符合首都功能定位的品牌展会。加快推进新国展二、三期建设,完善场馆周边住宿、餐饮、办公、商业等高品质配套设施建设,打造顺义国际会展商务区(EBD)。支持本市会展企业与国际知名会展组织和头部企业开展深度合作,引进符合首都发展定位的国际知名展会。优化会展业发展环境,编制大型展会集成审批事项清单,大型展会活动实现"一件事"集成办事。

35.建设高效顺畅的现代物流体系。加快推进平谷马坊等 6 个物流基地规划建设和转型升级,加大政府投资支持力度,加快完善物流基地配套公共服务和基础设施。试点推动物流业、高端制造业深度融合创新发展。加快推进京津冀铁路货运环线建设,强化与天津港、唐山港等联动发展,加快发展公铁海联运、航空货运,推动加密中欧班列。推动航空货运、邮政快递等领域龙头企业对接国际物流通道,加快境外节点设施布局。探索利用城市轨道交通非高峰时段开展快递运输试点,推进城市货运绿色化、集约化转型。

36.不断优化投资结构。引导扩大产业项目投资,提升民间投资中制造业、软件信息服务业、科技服务业等重点产业投资比重,集中支持一批重点产业集聚区建设。

37.着力加强要素保障。统筹一批耕地占补平衡、能耗等指标,优先保障具备条件的市重点工程,鼓励指标跨区调节合作。全力争取中央预算内投资、地方政府专项债券、制造业中长期贷款等各类国家政策性资金,每季度组织重点项目融资对接会,保障项目融资需求。

38.做实做细重大项目谋划储备。加大高端制造、智慧城市、韧性城市、轨道交通和微中心、能源结构优化等重点领域项目谋划储备力度,加快推进本市现代化基础设施体系建设。每年新增储备项目总投资超万亿,其中 50 亿元以上项目超 50 个。储备库中现代化基础设施、现代化产业项目各达到 100 个以上、总投资均超 5000 亿元,"三城一区"项目达到 200 个以上、总投资超 5000 亿元。建立储备在库项目评估体系,提高储备谋划水平、提升项目成熟度,年度开工出库项目总投资超过当年投资预期目标。

39.加快实施城市更新行动。抓紧制定出台项目审批、规划用地、技术规范、导则等配套文件。印发本市建筑规模管理办法,加快建立市区城市更新项目库,滚动推进城市更新项目落地实施,建立完善城市更新投资统计机制。完成不少于 60 万平方米危旧楼房改建和简易楼腾退,完成 2000 年底前建成的约 4000 万平方米老旧小区改造任务。完成 26 个商圈改造提升,重点推进 150 处老旧厂房改造,实施 10 个低效产业园改造示范项目,推动 300 万平方米老旧楼宇更新改造。实施城市公共空间更新,为市民提供丰富宜人、充满活力的城市公共空间。

40.开展片区综合性城市更新试点。聚焦重点领域、重点地区,强化资源统筹,开展 30 个区域综合性城市更新项目。在核心区选取改造需求量大、资金不平衡的重点区域,按照"规划引领、政府主导、市场化运作"工作路径,统筹运用实施单元内规划流量指标,实行跨项目、跨区域建筑规模调配,统筹各类城市更新内容,推动核心区城市更新取得新成效。

41. 深化改革创新激发投资活力。大力促进社会投资,每年向民间资本推介两批科技创新与高精尖产业、基础设施、公共服务、城市更新等领域重点项目,总投资2000亿元以上。深化引导社会资本积极参与基础设施不动产投资信托基金(REITs)试点,重点培育一批民间资本参与的产业园区、消费基础设施项目,对于本市企业成功发行基础设施REITs产品的,一次性给予不超过300万元的财政补贴。研究深化投资项目审批改革方案,推动"区域评估+标准地+承诺制+政府配套服务"改革,不断提升承诺制试点项目占全市企业投资项目比重。

六、不断加大改革攻坚和扩大开放的深度广度,加快"两区"建设迸发新活力

用足中央赋予北京的"两区""三平台"、北京证券交易所等资源优势,加强改革开放政策系统性集成,稳步扩大规则、规制、管理、标准等制度型开放,引进一批标志性、引领性、首创性外资项目,继续深入打造国际一流营商环境,让企业群众能办事、快办事、办好事、办成事,激发全社会创造力和发展活力。

42. 开展国际高水平自由贸易协定规则对接先行先试。推动国家服务业扩大开放综合示范区2.0版方案获批,在安全前提下争取一批开放事项,向国家争取扩大增值电信业务开放,扩展本外币一体化资金池、合格境内有限合伙人(QDLP)与合格境外有限合伙人(QFLP)试点,持续打造国际商事仲裁中心,争取更多境外职业资格纳入认可目录3.0版。

43. 实施高水平开放园区载体功能提升行动。增强自由贸易试验区三片区七组团、临空经济区、综合保税区开放载体功能,理顺园区之间管理服务、平台运营对接机制,促进境内外货物、服务、资金等要素高效有序流动。天竺综合保税区力争获评全国A类综合保税区,大兴国际机场综合保税区入区项目、货物进出口快速形成实际增长量,中关村综合保税区努力打造成为全国以研发创新为特色的综合保税区,亦庄综合保税区力争获批。

44. 推动"三平台"等国际交流合作迈上新台阶。全面提升中国国际服务贸易交易会国际化、市场化水平,完善产品展示、签约洽谈、业务延伸、企业落地等全链条服务,打造永不落幕的服贸会。高水平办好中关村论坛,持续发挥好面向全球科技创新交流合作的国家级平台作用,持续扩大国际科技交流合作,高位链接全球创新资源,完善常态化办会机制,打造永不落幕的国家级权威论坛。提升金融街论坛全球影响力,形成顶尖投资人云集、投资机会富集的国际性平台。把北京文化论坛打造成建言文化发展、推动文化创新的一流平台,塑造为具有中国风韵、国际影响的文化品牌。打造更多具有影响力的国际性论坛,探索依托怀柔科学城打造国际性的自然科学论坛,依托北京绿色交易所打造国际性的气候变化和碳减排论坛,依托未来科学城打造国际性的能源转型发展论坛。

45.促进外资外贸高质量发展。制定本市外商投资条例。以外资准入负面清单、产业禁限目录为基础探索制定外商投资实施细化指引。完善"投资北京全球合作伙伴"机制,高质量举办"投资北京全球峰会",拓展覆盖全球主要国家(地区)的投资促进渠道,充分调动在京中介机构、境内外商协会、龙头企业等多元主体参与招商,打造系列投资促进活动品牌。建立本市重大外资项目专班,积极争取将符合条件的重大项目纳入国家专班调度,促进航空维修、医药和医疗器械、金融等领域一批外资重点项目加快落地。发挥"双主"企业供应链优势,扩大汽车、摩托车等出口资质企业的规模和数量,加强新能源车国际市场开拓。以国家进口贸易促进创新示范区为引领,优化机电设备、优质消费品、关键零部件等产品进口。支持引导跨境电商海外仓、独立站等新模式加速发展。增强服务贸易创新发展动能,在金融、电信、保险等新兴服务贸易领域进一步提升国际竞争力,巩固服务外包产业基础,提升"北京外包"服务水平。

46.完善企业上市服务。建立市区两级信息共享和工作协同机制,及时高效解决企业上市中的历史遗留、法律纠纷等问题。优化企业上市前服务,加快推动本市信用立法,探索在市场监管、规划、生态等高频领域推行以市场主体专用信用报告代替合法合规证明。

47.做大做强北京证券交易所。依托北京证券交易所打造科创企业资本市场服务体系,高标准建设上市服务基地。持续优化北京证券交易所市场生态,加快推进北京专精特新专板建设。建立健全优质企业储备库、培育库、推荐库,将行业标杆企业纳入市级"服务包",持续跟踪培育,推动形成北京板块"明星企业"群。分层给予新三板挂牌企业奖励资金支持,加强北京证券交易所上市资金补贴支持。鼓励证券公司、基金公司、会计师事务所、律师事务所等机构及业务团队为科创企业提供全生命周期金融服务,鼓励本市国资投资平台等积极参与新股发行战略投资和后续定增。推动完善北京证券交易所功能,争取落地北京证券交易所政府债券交易和REITs发行交易功能,建立京津冀REITs产业联盟,推动更多优质项目在北京证券交易所落地。

48.全力塑造"北京服务"营商环境品牌。加快落实营商环境6.0版改革实施方案,完成药店、便利店等40个"一业一证"场景改革,推出企业上市综合服务等20个以上"一件事一次办"集成服务事项,推进餐饮、旅游等50个"6+4"一体化综合监管改革场景落地。以市场化、法治化、国际化、智慧化为导向,以"北京标准""北京效率""北京诚信"为支撑,塑造首善标准、国际一流的"北京服务"品牌。依托"服务包"机制,不断提升服务意识、服务专业性。健全政府与民营企业、外资企业等各类企业常态化沟通交流机制,完善涉企政策听取企业家意见建议的工作机制。持续开展妨碍统一市场和公平竞争的政策措施清理,承接市场准入效能评估国家试点。加快数字服务、数字营商、数字监管建设,推行在线智能办事,实现市区两级政务服务事项100%"全程网办",社保、医疗、住房、就业、税务等领域600个以上服务事项"掌上办"。

49. 深化园区体制机制改革。推动中关村世界领先科技园区建设方案出台实施,聚焦前沿技术创新、高精尖产业发展方面奋力走在前列。推进中关村各园区空间布局优化调整,打造集中连片、配套完善的产业发展空间,提高地均产出率和产业集中度。组建具有较强招商引资、投融资能力的专业化运营平台公司,提升园区治理能力。在不改变用地性质、符合高精尖产业定位的前提下,探索"工业上楼"模式,研究用地指标统筹方案,适度提高高精尖产业用地容积率。制定增强平原新城综合承载能力和吸引力的政策措施,推动产业园区提质增效,加强与津冀创新链产业链融合发展,更好发挥辐射带动作用。

50. 更好统筹发展与安全。压紧压实安全生产责任,大力推动公众安全意识和从业人员安全责任、安全技能提升,开展常态化应急培训演练,切实消除影响首都安全生产和消防工作的隐患,坚决防范和遏制重特大事故。建立多层次金融风险防控体系,通过大数据、人工智能等技术手段,精准识别、有效防范化解金融风险。提升战略和应急物资储备和统筹调度能力,支持平谷区试点建设国家"平急两用"发展先行区。

第五节 设想、规划

一、设想、规划的特点

在所有计划类文书中,设想和规划是一对比较特殊的文种。

规划较为常见,属于计划类文书中最宏大的一种。具体来说,与一般的计划相比,规划所设置的目标期限较长,往往是五年、十年、二十年甚至更长。所规划的大都是全局性工作或涉及面较广的重要工作项目,内容侧重在工作的实施步骤和重要措施等。规划又叫"发展规划""远景规划""纲要""发展纲要"等。

设想的使用频率则要低得多,属于计划类文书中较粗略的一种,如《关于××市对接上海发展全域旅游的相关设想》等。

二、设想的写法

一般来说,设想是为制定某些规划、计划做准备的,篇幅较短,写作时,在严肃性、科学性和可行性方面的要求相对低一些,有时采用只讲目标、要求的条项并列式写法即可。但有些国家层面的战略设想则更为清晰、详细,比如《"一带一路"建设海上合作设想》就从"时代背景""合作原则""合作思路""合作重点""积极行动"等五个方面具体阐明了"共同推动实现 21 世纪海上丝绸之路宏伟蓝图"的设想。

设想范例

"一带一路"建设海上合作设想

2013 年,中国国家主席习近平先后提出共建"丝绸之路经济带"和"21 世纪海上丝绸之路"的重大倡议。2015 年,中国政府发布《推动共建丝绸之路经济带和 21 世纪海上丝绸之路的愿景与行动》,提出以政策沟通、设施联通、贸易畅通、资金融通、民心相通为主要内容,坚持共商、共建、共享原则,积极推动"一带一路"建设,得到国际社会的广泛关注和积极回应。

为进一步与沿线国加强战略对接与共同行动,推动建立全方位、多层次、宽领域的蓝色伙伴关系,保护和可持续利用海洋和海洋资源,实现人海和谐、共同发展,共同增进海洋福祉,共筑和繁荣 21 世纪海上丝绸之路,国家发展和改革委员会、国家海洋局特制定并发布《"一带一路"建设海上合作设想》。

一、时代背景

海洋是地球最大的生态系统,是人类生存和可持续发展的共同空间和宝贵财富。随着经济全球化和区域经济一体化的进一步发展,以海洋为载体和纽带的市场、技术、信息等合作日益紧密,发展蓝色经济逐步成为国际共识,一个更加注重和依赖海上合作与发展的时代已经到来。"独行快,众行远。"加强海上合作顺应了世界发展潮流与开放合作大势,是促进世界各国经济联系更趋紧密、互惠合作更加深入、发展空间更为广阔的必然选择,也是世界各国一道共同应对危机挑战、促进地区和平稳定的重要途径。

中国政府秉持和平合作、开放包容、互学互鉴、互利共赢的丝绸之路精神,致力于推动联合国制定的《2030 年可持续发展议程》在海洋领域的落实,愿与 21 世纪海上丝绸之路沿线各国一道开展全方位、多领域的海上合作,共同打造开放、包容的合作平台,建立积极务实的蓝色伙伴关系,铸造可持续发展的"蓝色引擎"。

二、合作原则

求同存异,凝聚共识。维护国际海洋秩序,尊重沿线国多样化的海洋发展理念,照顾彼此关切,弥合认知差异,求大同,存小异,广泛协商,逐步达成合作共识。

开放合作,包容发展。进一步开放市场,改善投资环境,消除贸易壁垒,促进贸易和投资便利化。增强政治互信,加强不同文明之间的对话,倡导包容发展、和谐共生。

市场运作,多方参与。遵循市场规律和国际通行规则,充分发挥企业的主体作用。支持建立多利益攸关方伙伴关系,推动各国政府、国际组织、民间社团、工商界等广泛参与海上合作。

共商共建,利益共享。尊重沿线国发展意愿,兼顾各方利益,发挥各方比较优势,共谋合作、共同建设、共享成果,促进发展中国家消除贫困,推动形成海上合作的利益共同体。

三、合作思路

以海洋为纽带增进共同福祉、发展共同利益,以共享蓝色空间、发展蓝色经济为主线,加强与21世纪海上丝绸之路沿线国战略对接,全方位推动各领域务实合作,共同建设通畅安全高效的海上大通道,共同推动建立海上合作平台,共同发展蓝色伙伴关系,沿着绿色发展、依海繁荣、安全保障、智慧创新、合作治理的人海和谐发展之路相向而行,造福沿线各国人民。

根据21世纪海上丝绸之路的重点方向,"一带一路"建设海上合作以中国沿海经济带为支撑,密切与沿线国的合作,连接中国-中南半岛经济走廊,经南海向西进入印度洋,衔接中巴、孟中印缅经济走廊,共同建设中国-印度洋-非洲-地中海蓝色经济通道;经南海向南进入太平洋,共建中国-大洋洲-南太平洋蓝色经济通道;积极推动共建经北冰洋连接欧洲的蓝色经济通道。

四、合作重点

围绕构建互利共赢的蓝色伙伴关系,创新合作模式,搭建合作平台,共同制定若干行动计划,实施一批具有示范性、带动性的合作项目,共走绿色发展之路,共创依海繁荣之路,共筑安全保障之路,共建智慧创新之路,共谋合作治理之路。

(一)共走绿色发展之路

维护海洋健康是最普惠的民生福祉,功在当代、利在千秋。中国政府倡议沿线国共同发起海洋生态环境保护行动,提供更多优质的海洋生态服务,维护全球海洋生态安全。

保护海洋生态系统健康和生物多样性。加强在海洋生态保护与修复、海洋濒危物种保护等领域务实合作,推动建立长效合作机制,共建跨界海洋生态廊道。联合开展红树林、海草床、珊瑚礁等典型海洋生态系统监视监测、健康评价与保护修复,保护海岛生态系统和滨海湿地,举办滨海湿地国际论坛。

推动区域海洋环境保护。 加强在海洋环境污染、海洋垃圾、海洋酸化、赤潮监测、污染应急等领域合作,推动建立海洋污染防治和应急协作机制,联合开展海洋环境评价,联合发布海洋环境状况报告。建立中国-东盟海洋环境保护合作机制。在中国-东盟环境合作战略与行动计划框架下,推动开展海洋环境保护合作。倡议沿线国共同发起和实施绿色丝绸之路使者计划,提高沿线各国海洋环境污染防治能力。

加强海洋领域应对气候变化合作。 推动开展海洋领域的循环低碳发展应用示范。中国政府支持沿线小岛屿国家应对全球气候变化,愿意在应对海洋灾害、海平面上升、海岸侵蚀、海洋生态系统退化等方面提供技术援助,支持沿线国开展海岛、海岸带状况调查与评估。

加强蓝碳国际合作。 中国政府倡议发起21世纪海上丝绸之路蓝碳计划,与沿线国共同开展海洋和海岸带蓝碳生态系统监测、标准规范与碳汇研究,联合发布21世纪海上丝绸之路蓝碳报告,推动建立国际蓝碳论坛与合作机制。

(二)共创依海繁荣之路

促进发展、消除贫困是沿线各国人民的共同愿望。发挥各国比较优势,科学开发利用海洋资源,实现互联互通,促进蓝色经济发展,共享美好生活。

加强海洋资源开发利用合作。 与沿线国合作开展资源调查、建立资源名录和资源库,协助沿线国编制海洋资源开发利用规划,并提供必要的技术援助。引导企业有序参与海洋资源开发项目。积极参与涉海国际组织开展的海洋资源调查与评估。

提升海洋产业合作水平。 与沿线国共建海洋产业园区和经贸合作区,引导中国涉海企业参与园区建设。实施一批蓝色经济合作示范项目,支持沿线发展中国家发展海水养殖,改善生活水平,减轻贫困。与沿线国共同规划开发海洋旅游线路,打造精品海洋旅游产品,建立旅游信息交流共享机制。

推进海上互联互通。 加强国际海运合作,完善沿线国之间的航运服务网络,共建国际和区域性航运中心。通过缔结友好港或姐妹港协议、组建港口联盟等形式加强沿线港口合作,支持中国企业以多种方式参与沿线港口的建设和运营。推动共同规划建设海底光缆项目,提高国际通信互联互通水平。

提升海运便利化水平。 加强与有关国家的沟通协调,围绕规范国际运输市场、提升运输便利化水平等方面紧密合作。加快与有关国家在口岸监管互认、执法互助、信息互换等方面的合作。

推动信息基础设施联通建设。共建覆盖21世纪海上丝绸之路的信息传输、处理、管理、应用体系以及信息标准规范体系和信息安全保障体系,为实现网络互联互通、信息资源共享提供公共平台。

积极参与北极开发利用。中国政府愿与各方共同开展北极航道综合科学考察,合作建立北极岸基观测站,研究北极气候与环境变化及其影响,开展航道预报服务。支持北冰洋周边国家改善北极航道运输条件,鼓励中国企业参与北极航道的商业化利用。愿同北极有关国家合作开展北极地区资源潜力评估,鼓励中国企业有序参与北极资源的可持续开发,加强与北极国家的清洁能源合作。积极参与北极相关国际组织的活动。

(三) 共筑安全保障之路

维护海上安全是发展蓝色经济的重要保障。倡导互利合作共赢的海洋共同安全观,加强海洋公共服务、海事管理、海上搜救、海洋防灾减灾、海上执法等领域合作,提高防范和抵御风险能力,共同维护海上安全。

加强海洋公共服务合作。中国政府倡议发起21世纪海上丝绸之路海洋公共服务共建共享计划,倡导沿线国共建共享海洋观测监测网和海洋环境综合调查测量成果,加大对沿线发展中国家海洋观测监测基础设施的技术和设备援助。中国政府愿加强北斗卫星导航和遥感卫星系统在海洋领域应用的国际合作,为沿线国提供卫星定位和遥感信息应用与服务。

开展海上航行安全合作。中国政府愿承担相应的国际义务,参与双多边海上航行安全与危机管控机制,共同开展打击海上犯罪等非传统安全领域活动,共同维护海上航行安全。

开展海上联合搜救。在国际公约框架下,中国政府愿承担相应的国际义务,加强与沿线国信息交流和联合搜救,建立海上搜救力量互访、搜救信息共享、搜救人员交流培训与联合演练,提升灾难处置、旅游安全等海上突发事件的共同应急与行动能力。

共同提升海洋防灾减灾能力。倡议共建南海、阿拉伯海和亚丁湾等重点海域的海洋灾害预警报系统,共同研发海洋灾害预警报产品,为海上运输、海上护航、灾害防御等提供服务。支持南海海啸预警中心业务化运行,为周边国家提供海啸预警服务。推动与沿线国共建海洋防灾减灾合作机制,设立培训基地,开展海洋灾害风险防范、巨灾应对合作研究和应用示范,为沿线国提供技术援助。

推动海上执法合作。加强与沿线国对话,管控分歧,在双多边框架下推动海上执法合作,建立完善海上联合执法、渔业执法、海上反恐防暴等合作机制,推动构筑海上执法联络网,共同制定突发事件应急预案。加强与沿线国海上执法部门的交流合作,为海上执法培训提供必要帮助。

(四) 共建智慧创新之路

创新是引领海洋可持续发展的原动力。深化海洋科学研究、教育培训、文化交流等领域合作,增进海洋认知,促进科技成果应用,为深化海上合作奠定民意基础。

深化海洋科学研究与技术合作。 与沿线各国共同发起海洋科技合作伙伴计划,联合开展21世纪海上丝绸之路重点海域和通道科学调查与研究、季风-海洋相互作用观测研究以及异常预测与影响评估等重大项目。深化在海洋调查、观测装备、可再生能源、海水淡化、海洋生物制药、海洋食品技术、海上无人机、无人船等领域合作,加强海洋技术标准体系对接与技术转让合作,支持科研机构和企业共建海外技术示范和推广基地。

共建海洋科技合作平台。 与沿线国共建海洋研究基础设施和科技资源互联共享平台,合作建设海洋科技合作园。推进亚太经合组织海洋可持续发展中心、东亚海洋合作平台、中国-东盟海洋合作中心、中国-东盟海洋学院、中国-东亚环境管理伙伴关系计划海岸带可持续管理合作中心、中马海洋联合研究中心、中印尼海洋与气候中心、中泰气候与海洋生态系统联合实验室、中巴联合海洋研究中心、中以海水淡化联合研究中心等建设,共同提高海洋科技创新能力。

共建共享智慧海洋应用平台。 共同推动国家间海洋数据和信息产品共享,建立海洋数据中心之间的合作机制和网络,共同开展海洋数据再分析研究与应用,建设21世纪海上丝绸之路海洋和海洋气候数据中心。共同研发海洋大数据和云平台技术,建设服务经济社会发展的海洋公共信息共享服务平台。

开展海洋教育与文化交流。 继续实施中国政府海洋奖学金计划,扩大沿线国来华人员的研修与培训规模。推动实施海洋知识与文化交流融通计划,支持中国沿海城市与沿线国城市结为友好城市,加强与沿线国海洋公益组织和科普机构的交流与合作。弘扬妈祖海洋文化,推进世界妈祖海洋文化中心建设,促进海洋文化遗产保护、水下考古与发掘等方面的交流合作,与沿线国互办海洋文化年、海洋艺术节,传承和弘扬21世纪海上丝绸之路友好合作精神。

共同推进涉海文化传播。 加强媒体合作,开展跨境采访活动,共建21世纪海上丝绸之路媒体朋友圈。创新传播方式,共同打造体现多国文明、融合多语种的媒介形态。携手开展涉海文艺创作,共同制作展现沿线各国风土人情、友好往来的文艺作品,夯实民意基础。

(五) 共谋合作治理之路

建立紧密的蓝色伙伴关系是推动海上合作的有效渠道。加强战略对接与对话磋商,深化合作共识,增进政治互信,建立双多边合作机制,共同参与海洋治理,为深化海上合作提供制度性保障。

建立海洋高层对话机制。与沿线国建立多层次、多渠道的沟通磋商与对话机制,推动签署政府间、部门间海洋合作文件,共同制定合作计划、实施方案和路线图,共同推动重大项目实施。推动建立21世纪海上丝绸之路沿线国高层对话机制,共同推动行动计划的实施,共同应对海洋重大问题。办好中国-小岛屿国家海洋部长圆桌会议、中国-南欧国家海洋合作论坛。

建立蓝色经济合作机制。设立全球蓝色经济伙伴论坛,推广蓝色经济新理念和新实践,推动产业对接与产能合作。共同制定并推广蓝色经济统计分类国际标准,建立数据共享平台,开展21世纪海上丝绸之路沿线国蓝色经济评估,编制发布蓝色经济发展报告,分享成功经验。打造海洋金融公共产品,支持蓝色经济发展。

开展海洋规划研究与应用。共同推动制定以促进蓝色增长为目标的跨边界海洋空间规划、实施共同原则与标准规范,分享最佳实践和评估方法,推动建立包括相关利益方的海洋空间规划国际论坛。中国政府愿为沿线国提供海洋发展规划相关培训与技术援助,为制定海洋发展规划提供帮助。

加强与多边机制的合作。支持在亚太经合组织、东亚合作领导人系列会议、中非合作论坛、中国-太平洋岛国经济发展合作论坛等多边合作机制下,建立海洋合作机制与制度规则。支持联合国政府间海洋学委员会、东亚海环境合作伙伴、环印度洋联盟、国际海洋学院等发挥作用,共同组织推进重大计划和项目。

加强智库交流合作。推动沿线国智库对话交流,合作开展战略、政策对接研究,共同发起重大倡议,为共建21世纪海上丝绸之路提供智力支撑。中国政府支持国内智库与沿线国相关机构和国际性海洋组织建立战略合作伙伴关系,推动建立21世纪海上丝绸之路智库联盟,打造合作平台与协作网络。

加强民间组织合作。鼓励与沿线国民间组织开展海洋公益服务、学术研讨、文化交流、科技合作、知识传播等活动,推动民间组织合作与政府间合作相互促进,共同参与海洋治理。

五、积极行动

中国政府高度重视与有关国家的海上合作,加强战略沟通,搭建合作平台,开展了一系列合作项目,总体进展顺利。

高层引领推动。在中国与相关国家领导人的见证下,与泰国、马来西亚、柬埔寨、印度、巴基斯坦、马尔代夫、南非等国签署了政府间海洋领域合作协议、合作备忘录和联合声明,与多个沿线国开展战略对接,建立了广泛的海洋合作伙伴关系。

搭建合作平台。在亚太经合组织、东亚合作领导人系列会议、中国-东盟合作框架等机制下建立了蓝色经济论坛、海洋环保研讨会、海事磋商、海洋合作论坛、中国-东盟海洋合作中心、东亚海洋合作平台等合作机制。相继举办21世纪海上丝绸之路博览会、21世纪海上丝绸之路国际艺术节、世界妈祖海洋文化论坛等一系列以21世纪海上丝绸之路为主题的活动,对增进理解、凝聚共识、深化海上合作发挥了重要作用。

加大资金投入。中国政府统筹国内资源,设立中国-东盟海上合作基金和中国-印尼海上合作基金,实施《南海及其周边海洋国际合作框架计划》。亚洲基础设施投资银行、丝路基金对重大海上合作项目提供了资金支持。

推进内外对接。中国政府鼓励环渤海、长三角、海峡西岸、珠三角等经济区和沿海港口城市发挥地方特色,加大开放力度,深化与沿线国的务实合作。支持福建21世纪海上丝绸之路核心区、浙江海洋经济发展示范区、福建海峡蓝色经济试验区和舟山群岛海洋新区建设,加大海南国际旅游岛开发开放力度。推进海洋经济创新发展示范城市建设,启动海洋经济发展示范区建设。

促成项目落地。马来西亚马六甲临海工业园区建设加紧推进。巴基斯坦瓜达尔港运营能力提升,港口自由区建设、招商工作稳步推进。缅甸皎漂港"港口+园区+城市"综合一体化开发取得进展。斯里兰卡科伦坡港口城、汉班托塔港二期工程有序推进。埃塞俄比亚至吉布提铁路建成通车,肯尼亚蒙巴萨至内罗毕铁路即将通车。希腊比雷埃夫斯港已建设成为重要的中转枢纽港。中国与荷兰合作开发海上风力发电,与印尼、哈萨克斯坦、伊朗等国的海水淡化合作项目正在推动落实。海底通信互联互通水平大幅提高,亚太直达海底光缆(APG)正式运营。中马钦州-关丹"两国双园"、柬埔寨西哈努克港经济特区、埃及苏伊士经贸合作区等境外园区建设成效显著。

展望未来,中国政府愿用信心和诚意与沿线各国共同推进"一带一路"建设海上合作,共享机遇,共迎挑战,共谋发展,共同行动,珍爱共有海洋,守护蓝色家园,共同推动实现21世纪海上丝绸之路的宏伟蓝图。

三、规划的写法

相比之下,规划的正文一般都比较长,包括前言、指导方针、目标要求、主要任务、措施、结语等。其中,主要任务和措施部分比较重要,是规划的主体和核心。这部分的写作通常有两种结构:对于全面规划或任务项目较多的规划,因其各项任务比较独立,没有多少共同的完成措施,一般采用以任务为主线的并列式结构(措施都在各自的任务之后分别提出);对于专题规划或任务较单一的规划,因其任务项目较少而项目之间的联系又较大,一般采用任务、措施分说的分列式结构。

规划范例

全国广播电视和网络视听"十四五"人才发展规划①

为深入贯彻落实习近平总书记关于宣传思想工作和做好新时代人才工作的重要思想,深入学习贯彻党的二十大精神,贯彻落实中央人才工作会议精神,落实《国家"十四五"期间人才发展规划》《全国宣传思想文化领域"十四五"人才发展规划》《广播电视和网络视听"十四五"发展规划》等要求,深入实施人才强国战略,培养造就高素质专业化人才,进一步夯实广播电视和网络视听高质量发展的人才支撑,编制本规划。

一、规划背景

加强和改进新时代人才工作是实现民族振兴、赢得历史主动的重大战略部署。党的十八大以来,广播电视和网络视听行业坚持党对人才工作的全面领导,持续深化人才发展体制机制改革,着力营造识才爱才敬才用才的环境,取得明显成效。从业人员数量保持增长态势,整体素质逐步提高,结构不断优化,呈现出专业化、高学历化、年轻化的趋势,推动行业高质量发展的人才资源日益丰富;人才政策日益完善,人才发展体制机制改革不断深化,人才创新创造活力不断激发,高层次人才激励效果日益显现。

当前,我国踏上全面建设社会主义现代化国家新征程,新一代科技革命和产业变革深入演进,5G、4K/8K、大数据、云计算、区块链、人工智能、元宇宙等技术不断发展,超高清、沉浸式、互动式、VR/AR/MR等视听内容形态不断创新,媒介使用新模式新场景不断涌现,大视听格局渐显,未来电视前景广阔,新型人才、高层次人才、复合人才需求与日俱增,人才工作的重要性、紧迫性空前凸显。同时也要清醒地看到,广播电视和网络视听人才队伍建设还存在不少弱项短板:高层次人才尤其是名家大师、战略科学家、领军人才和创新团队相对缺乏,适应媒体深度融合发展的全媒体专业人才紧缺;优秀青年人才的培养扶持力度不足,人才潜力活力发挥不够;人才分布不均衡,基层一线、边疆和少数民族地区人才队伍薄弱;人才发展体制机制不够完善,人才评价标准不科学、激励保障不足仍然存在。

推动广播电视和网络视听高质量创新性发展,促进文化强国建设,人才是关键。广播电视和网络视听面临新形势,肩负新任务,锚定新目标,对人才队伍建设

---

① 《广电总局关于印发〈全国广播电视和网络视听"十四五"人才发展规划〉的通知》(广电发〔2022〕72号)。

提出更新更高的要求,"十四五"期间人才工作任务更加紧迫和繁重。

二、总体要求

（一）指导思想

坚持以习近平新时代中国特色社会主义思想为指导,深入贯彻落实习近平总书记关于宣传思想工作和做好新时代人才工作的重要思想,全面落实党的二十大对文化建设和人才工作的重要部署,紧紧围绕举旗帜、聚民心、育新人、兴文化、展形象的使命任务,坚持为党育人、为党育才,坚持尊重劳动、尊重知识、尊重人才、尊重创造,深入实施新时代广播电视和网络视听人才发展战略,以重大人才工程为牵引,以培养重点领域人才为关键,以创新人才发展体制机制为动力,以优化人才发展环境为保障,着力造就拔尖创新人才,聚天下英才而用之,锻造听党话跟党走、专业化复合型、有担当肯实干的广电铁军,构筑广播电视和网络视听人才竞争新优势。

（二）工作原则

——坚持党的全面领导。坚持和完善党领导人才发展的体制机制,贯彻落实党管宣传、党管意识形态、党管媒体原则,加强党对广播电视和网络视听人才工作的全面领导,做到管人管事管导向管阵地相统一,把优秀人才聚集到广播电视和网络视听事业产业中,促进行业高质量高效能发展。

——坚持人才引领驱动。加快广播电视和网络视听人才发展战略布局,坚持人才引领行业发展的战略地位,破解人才队伍的结构性矛盾,突出抓好高层次人才、急需紧缺人才、青年创新人才的引进、培养和使用,激发广播电视和网络视听人才队伍创新活力。

——坚持改革创新。坚定人才培养自信自强,遵循宣传思想文化事业发展规律和人才成长规律,坚持问题导向,提高政策的精准度,打通体制机制堵点难点,建立促进人才发展的制度环境和市场环境。

（三）发展目标

——高层次人才队伍建设取得新进展。加快推进广播电视和网络视听领域高层次人才梯队建设,培养一批广播电视和网络视听领域的战略科学家、卓越工程师、文学艺术家、全媒型专家型新闻传播人才,在重点领域涌现一批高层次、创新型、复合型、领军型人才和优秀青年人才。

——人才素质能力不断增强。坚持面向现代化、面向世界、面向未来的社会主义文化发展需求,坚持面向人民群众精神文化生活需要,健全完善人才培养体系,进一步增强人才的政治素养、专业能力、发展动力、创新活力,显著提升人才引领发展的成效。

——人才结构进一步优化。适应新时代全媒体传播体系需要,人才队伍区域配置、年龄结构、知识结构、专业结构不断改善,人才梯次配备更加合理,高层次领军人才质量提高,青年创新人才和创新团队不断涌现,关键领域人才紧缺情况得到明显改善。

——人才体制机制改革取得新突破。着力解决人才发展的制度制约,为人才松绑赋能,人才分类评价体系基本建立,人才流动更加顺畅有序,人才激励服务保障水平显著提高,人才价值得到充分彰显。

三、重点任务

(一) 强化人才队伍政治建设

深刻把握广电工作是政治工作的鲜明定位,把政治建设作为人才队伍建设的首要任务,着力提高人才队伍政治素质和政治能力。持续强化人才队伍理论武装,加强对人才的政治引领,坚持不懈用习近平新时代中国特色社会主义思想凝心铸魂,引导人才深刻领悟"两个确立"的决定性意义,不断增强"四个意识"、坚定"四个自信"、做到"两个维护",确保人才在政治立场、政治方向、政治原则、政治道路上与党中央保持高度一致,培养胸怀"国之大者"的行业栋梁。深入开展"四力"教育实践活动,推动党员干部学思用贯通、知信行合一,进一步提高"脚力、眼力、脑力、笔力"。强化政治素质考核,把好选人用人政治关。加强对人才的政治吸纳,注重从高层次人才中发展党员。按照政治家办报办刊办台办网的要求,确保广电工作领导权牢牢掌握在忠于党、忠于人民、忠于马克思主义信仰的人手中。

> **专栏 1　广播电视和网络视听行业思想政治涵育工程**
>
> 　　以政治建设为统领,组织全系统深入学习贯彻习近平新时代中国特色社会主义思想,深入学习贯彻党的二十大精神。有计划安排各层级、各专业人才系统接受马克思主义理论教育和党性教育,组织举办主题研修班,扎实开展党史国史和基本国情教育,加强习近平总书记关于宣传思想工作的重要思想和马克思主义新闻观、文艺观教育,激发人才报国情怀、奋斗精神和创新创造活力。有针对性地开展增强"四力"教育实践,重点开展中央精神、行业政策学习和业务培训,通过理论学习、主题读书、业务研讨、基层调研等形式,提高政治素养、提升业务能力、锤炼优良作风。

(二) 加强高层次人才队伍建设

紧紧围绕构建大视听发展格局、全面推进未来电视发展,着力提高行业人才核心竞争力,发挥高层次人才的引领作用,打造支撑高质量发展的广播电视和网络视听人才梯队。大力培养引进一大批站在大数据、云计算、物联网、区块链、人工智能、元宇宙等科技发展最前沿,进行方向性、全局性、前瞻性思考,掌握未来电视技术走向的战略科学家。对标国家重大产业布局,着力打造卓越工程师队伍和经营管理人才,助力智慧广电建设和大视听发展格局构建。发现和培养一批坚持正确舆论导向、熟悉新闻传播规律、善于讲好中国故事和传播中华优秀文化的新闻宣传和国际传播名家。发现和培养一批坚守人民立场、艺术精湛、德艺双馨的艺术家。培养扶持一批具有创新创业精神,善于战略规划、资本运作、市场运营的经营管理人才,大视听产业领军人才。

专栏2　全国广播电视和网络视听行业领军人才工程

定期开展推荐选拔,努力造就一批政治立场坚定、学风作风正派、矢志爱国奉献、业绩成果显著、具有示范引领作用和较强国际竞争力的高层次拔尖人才,促进和引领行业高质量发展。不断完善领军人才培养支持措施,重点支持其参与承担行业重大课题、重点项目、重大创作等,鼓励其在团队建设和人才培养等方面发挥带头作用。

专栏3　急需紧缺高层次人才引进专项计划

进一步加强急需紧缺高层次人才引进顶层设计,完善政策支持措施,对引进的高层次人才,在薪酬待遇、职称评审等方面给予政策支持。围绕广播电视和网络视听重点工程、重大项目、重大科技攻关和关键技术领域,鼓励各地区各单位拿出一批急需紧缺岗位面向社会集中开展公开招聘,选调优秀急需紧缺人才。鼓励通过特聘、兼职、项目合作、短期工作、担任顾问等柔性引才用才方式,吸引更多人才提供智力支持。

专栏4　"首席科学家""首席工程师"项目

鼓励各单位、机构设置"首席科学家"和"首席工程师"岗位,激励杰出科学家、工程师发挥重大引领作用。赋予"首席科学家"和"首席工程师"更大的技术路线决定权、经费支配权、资源调度权,支持其带领团队开展前瞻性、预研性选题研究,为智慧广电升级、大视听产业构建、未来电视研究探索增加积极动能。

(三) 着力推动青年人才培养

高度重视广播电视和网络视听青年人才培养,着力发现培养一批有理想、敢担当、能吃苦、肯奋斗,敢想敢为又善作善成的优秀青年人才,不拘一格使用青年人才,促进涌现更多可堪大用、能担重任的栋梁之材。支持优秀青年人才在重大项目、重要节目、重要工程中挑大梁、当主角,为其脱颖而出创造条件。探索青年人才接续培养机制,推行导师制、师徒制等有效方式,注重发挥名家大师、领军人才的传帮带作用。完善优秀青年人才全链条培养制度,发挥企事业单位在人才培养、使用中的主体作用,鼓励用人单位制定个性化青年人才培养方案,支持有条件的单位建立人才培养实践基地。

> **专栏5　全国广播电视和网络视听行业青年创新人才工程**
>
> 　　着眼于选拔一批政治坚定、业务精湛、锐意创新、成果突出的青年人才,按照早发现、早储备、早培养的要求,重点遴选一批广播电视和网络视听行业中已崭露头角、发展潜力大的青年创新人才,重点支持、跟踪培养、大胆使用、动态考评、严格管理,促进行业高素质专业化的优秀青年人才不断涌现,建立一支靠得住、用得上的行业领军人才后备军,更好肩负起新时代推动广播电视和网络视听高质量创新性发展的使命任务。不断完善青年创新人才培养措施,重点支持其开展创作研究、培训研修、考察调研、实践锻炼等工作。

（四）加强视听新媒体人才培养

牢牢把握媒体深度融合大背景下新时代网络视听在壮大主流思想舆论、传播繁荣先进文化、促进经济社会发展等方面的重要使命作用,打造一支立足新阶段、展现新姿态、推动新传播的网络视听领域先进人才队伍,推动网络视听精品不断推出,更好服务党和国家工作大局。支持网络视听和传统广播电视领域开展人才智力、内容供给、技术创新等多方面深度交流合作,培养全媒型媒体人才。建立完善网络视听从业人员教育培训机制,强化网络视听播音员主持人、网络主播、网络视听内容审核员等网络视听从业人员思想引领、文化培育、道德建设和专业能力提升。设立网络视听领域专业奖项,充分发挥表彰奖励在网络视听内容创作、技术创新、专门人才培养等方面的导向作用,统筹利用推优、项目扶持等方式给予一批优秀网络视听人才更大支持,引导网络视听向精品化、主流化、精细化发展。支持视听产业园区设立专门人才培养培育基地,利用产业集群的规模优势打造人才培养良性环境。强化网络视听从业人员规范管理,坚持依法管网治网,不断加强网络视听播音员主持人、网络主播、网络视听内容审核员等新型人才队伍建设,树立行业新风正气,营造向上向善的清朗网络视听空间。

（五）建强基层一线人才队伍

夯实基层广播电视和网络视听人才队伍,着力完善机制、加大力度、补齐短板,推动基层一线人才队伍强起来。鼓励支持加强县级融媒体中心人才队伍建设,充实人才力量,加大专业技术人才培训力度,提高基层广播电视人才队伍的质量和水平。围绕"视听+乡村振兴"加强公共服务人才队伍建设,在智慧广电固边工程、智慧广电乡村工程、"三区三州"市级广电融合提升工程等重大工程项目中发现培养人才。支持中西部地区、边疆地区和民族地区基层广电人才队伍建设,在人才培养培训、推荐评选、职称评聘、表彰奖励等方面给予倾斜支持。灵活采用集中培训、送教下基层、远程教育等教育培训形式,不断扩大培训覆盖面。加强广电基层党组织建设,使之成为助力乡村产业、人才、文化、生态、组织振兴的坚强战斗堡垒。

四、统筹做好重点领域人才队伍建设

(一) 新闻舆论人才队伍

聚焦提高新闻舆论传播力、引导力、影响力、公信力,培养造就一支政治坚定、业务精湛、作风优良、党和人民放心的新闻舆论人才队伍。强化政治素养,深入开展马克思主义新闻观教育,把牢正确的政治方向、舆论导向、价值取向、审美趣向。强化实践锻炼和岗位历练,组织引导人才参与重大主题宣传、重要新闻报道、重点节目栏目,培养更多知名记者、编辑、评论员、主持人、播音员。组织新闻宣传人才深入基层一线开展采访调研。加强广播电视和网络视听播音员主持人职业资格管理,推进职业资格制度与专业技术人才继续教育、职称制度有效衔接。围绕建设国际一流的新型主流媒体,实施全媒体人才培养专项计划,着力培养一专多能的全媒体人才。

专栏6　全媒体人才培养专项计划

持续推进实施全媒体人才培养专项计划,加快造就适应媒体深度融合发展要求的全媒体优秀人才。推动人才队伍与各种媒介资源、生产要素和传播平台深度融合,加快人才全媒体转型,打通传统媒体和新媒体人才使用通道,鼓励和推动知名编辑记者、评论员、播音员、主持人到新媒体平台发挥作用,打造有影响力的新媒体账号,不断提升主流媒体在网络空间的影响力、公信力。建立科学合理、适应新媒体特点的人才激励机制,凝聚人才,激发活力,鼓励创新,调动从业人员融合发展积极性。加强新兴媒体内容生产人才、技术研发人才、资本运作人才和经营管理人才的培养引进,加大力度吸纳互联网、物联网等跨行业人才。推动人才在广播电视媒体与新媒体平台之间合理流动,激发人才创新活力。开展全媒体理念和技能培训,完善知识结构、拓宽知识领域,加强全媒型、融合型、专家型媒体人才培养,造就一批拔尖创新人才。坚持规范与发展并重,教育引导传统媒体新闻采编播人员熟悉网络传播规律、提高网络舆情意识,走好网上群众路线,引导从业人员做网络空间正能量的传播者。完善网络视听播音员主持人管理制度规定,促进网络视听播音主持队伍健康有序发展。促进科技人才和传媒人才融合发展,补齐媒体融合专业人才短板,确保队伍结构更加合理。探索"工作室"生产模式,优化全媒体人才的培养孵化平台。

（二）文化艺术人才队伍

聚焦人民群众新期待，提供更丰富更有营养的精神食粮，抓好广播电视和网络视听文艺专业人才培养和支持，培育一批高水平文艺创作人才，造就一批德艺双馨的名家大师。坚持实践标准，注重在文艺创作特别是主题作品创作一线，发现和培养高水平文艺创作人才。充分发挥评选表彰、项目扶持的示范引领作用，按照"找准选题、讲好故事、拍出精品"要求，鼓励扶持一批优秀国产电视剧、文艺节目、纪录片、动画片、网络剧片等视听作品及人才，加快推动视听内容创作生产繁荣发展。深入开展马克思主义文艺观教育，健全导演、编剧、制片人、演员、经纪人等文艺从业人员常态化培训机制，以文艺业务骨干培训项目为主要抓手，常态化、长效化开展思想政治、法律法规、职业道德培训。组织开展文艺工作者"深入生活、扎根人民"主题实践活动，建立文艺创作人员到基层"下生活"制度，从人民的伟大实践和丰富多彩的生活中汲取营养，不断增进人民情感和创作积累。围绕电视剧、网络剧片拍摄制作流程，加强摄影、录音、美术、服装、化妆、道具、烟火、置景、灯光、特效等技能人才培养培训和职业教育。

专栏7　文艺名家项目

聚焦创作生产优秀视听作品这一中心环节，通过扶持重点作品、组织考察采风、举办高级研修班等，着力培养一批造诣高深、成就突出、影响广泛的杰出编剧、导演、演员等高层次创作人才，支持其承担重大课题、重点项目、重要演出等活动，助推文艺创作从"高原"迈向"高峰"。

专栏8　新时代青年视听文艺骨干培养计划

积极发现、培养政治坚定、业务精湛、潜能巨大的青年编剧、导演、演员等文艺骨干。面向青年演员和经纪人开展思想政治、职业素养、法律法规等培训，教育引导相关从业人员强化使命担当，自觉遵守法律法规，做德才兼备、德艺双馨的文艺工作者。通过定期组织创作采风、举办高级研修班、举办论坛、组织创作，以及老艺术家传帮带等方式，促进有潜力的青年创作者加速成长，建立一支靠得住、用得上的文艺骨干后备军。

（三）科技创新人才队伍

聚焦引领未来创新发展，培养造就一批瞄准科技前沿、潜心研究攻关、掌握关键技术的广播电视和网络视听科技领军人才和创新团队。坚持长远眼光，有意识地发现和培养更多广播电视和网络视听领域具有战略科学家潜质的高层次复合型人才。适应移动互联网、大数据、云计算、区块链、人工智能、元宇宙等信息技术的发展,加强广播电视和网络视听相关领域与新兴技术领域交叉融合型人才培养。加强科研诚信建设,营造风清气正的科研环境。加强广播电视和网络视听科技专家库建设,发挥行业内外专家咨询指导作用。实施技能人才开发行动,完善广电行业特有技能人才职业技能标准,培养知识型、技能型、创新型高技能人才队伍。

> **专栏9 青年科技人才薪火计划**
>
> 以培养一批广播电视和网络视听领域优秀科技后备人才为目标,促进科技人才培养与科技创新、工程实践有机结合。建立健全以信任为基础的青年科技人才支持机制,在重大项目资源分配等方面予以倾斜,支持青年科技人才挑大梁、当主角。加大科技人才传帮带培养力度,协同开展工程硕博士培养,打造一批"优秀科技人才传帮带导师",培养一批"青年科技人才传帮带学员",通过师徒传承、示范引领、传授专业经验、帮扶工程实践、带领技术攻关,搭建科技人才成长成才的全链条服务体系。

(四)国际传播人才队伍

聚焦适应新时代国际传播能力建设需要,建设一支覆盖广泛、专兼结合、善于讲好中国故事和传播中华优秀文化的国际传播人才队伍。依托重点人才工程项目,发现培养一批在"视听中国"系列活动、中外媒体合作、对外宣传报道、影视节目交流等方面有突出成果和创新突破的人才,充分发挥其示范引领作用。围绕共建"一带一路"、构建人类命运共同体,开展广播电视和网络视听国际传播人才定向培训,培养一批具有国际视野、通晓国际规则、具有战略思维和创新能力的国际化人才。

(五)经营管理人才队伍

聚焦构建新时代大视听全产业链发展格局,促进广播电视和网络视听产业持续健康发展,建设一支讲政治、守纪律、懂文化、会经营、善管理的经营管理人才队伍。充分发挥视听产业基地(园区)在集聚、吸引、孵化产业人才方面的作用,着力培养造就高质量复合型产业人才队伍。加大系统化培养力度,培养一批熟悉传播规律、擅长新媒体平台运作、懂策划营销的人才队伍。适应健全现代文化产业体系要求,积极培养和引进市场运营、产业投资、视听经纪、内容策划、国际贸易、艺术管理、产业融合等方面人才。

五、重点举措

(一)深化人才发展体制机制改革

完善人才使用机制。深化人事制度改革,保障和落实用人主体自主权,充分发挥用人主体在人才培养、引进、使用中的积极作用。进一步赋予用人主体在人员招聘、编制使用、职称评审、岗位聘用、绩效工资分配上的更大自主权。建立以信任为基础的人才使用机制，注重在重大宣传报道活动、重大题材创作、重大科研工程项目和急难险重任务中识人选人用人。建立符合大视听发展新需求的人才发现机制，拓宽、畅通新型人才发现晋升的渠道，探索异地工作、特聘、兼职、顾问等柔性引才用才机制。遵循精神文化产品生产传播规律，积极为人才松绑，在创作研究、经费使用、资源配置、人才培养等方面赋予人才更大自主权。鼓励领军人才、创新人才"揭榜挂帅"带团队、出成果。深化完善项目制、工作室制，实现能上能下能进能出的用人方式，为特殊人才开辟"绿色通道""快车道"。

创新人才评价机制。充分发挥人才评价指挥棒作用，着力破除唯论文、唯职称、唯学历、唯奖项"四唯"现象，加快建立以创新价值、能力、贡献为导向的人才评价体系。坚持德才兼备、以德为先，把品德作为人才评价的首要内容，加强对人才科学精神、职业道德、从业操守等评价考核。完善评价标准、坚持分类评价，对新闻传播人才，着重评价其成果作品的社会影响、传播主流价值以及讲好中国故事、传播好中国声音的贡献等；对文艺创作表演人才，着重评价其代表性成果和作品的影响力、满足人民精神文化需求和增强实现中华民族伟大复兴精神力量的贡献等；对基础研究人才，着重评价其提出和解决重大科学问题的原创能力、成果的科学价值、学术水平和影响等；对应用研究和技术开发人才，着重评价其技术创新与集成能力、取得的自主知识产权和重大技术突破、成果转化、对行业或产业发展的实际贡献等；对经营管理人才，着重考察社会效益和经济效益、经营管理业绩以及推动大视听产业发展的贡献等。丰富评价方式、优化评价周期，推行代表作制度。对创作人才、科研人才试点推行聘期评价、长周期评价。完善职称评审制度，建立高层次人才、急需紧缺人才和重大突出贡献人才职称评审绿色通道，畅通新文艺群体职称评审渠道。根据构建大视听发展格局需求，推动增设相关专业职称。

完善人才激励机制。深化事业单位收入分配制度改革，合理确定绩效工资水平，建立绩效工资动态调整机制。落实高层次人才绩效工资总量单列政策，鼓励年薪制、协议工资制、项目工资制，充分激发团队和个人的主动性和创造活力。对从事基础性研究等研发周期较长的高层次人才，可适当提高基础性绩效工资或基本薪酬的比重。建立健全充分体现创新要素价值的收益分配机制，鼓励开展科研、创意成果转化收益分配试点，推动符合条件的专业技术人员享受科技创新扶持政策。鼓励国有广电企业开展多种方式的中长期激励措施，推动建立符合广播电视和网络视听行业特点的薪酬分配制度。支持国有控股广电上市公司依法合规采用股票期权、限制性股票等方式对董事、高级管理人员、核心技术（业务）人员开展股权激励。探索对公司经营业绩和持续发展有直接重要影响的核心骨干人才建立超额利润分享机制。

（二）完善广播电视和网络视听人才培养体系

加强产学研深度融合，促进科技成果向现实生产力转化。围绕未来电视、广电5G建设等重点领域，积极促进重大文化产业项目带动战略，集中力量办好广电总局实验室、媒体融合创新中心，培育一批一流产业园区、领军企业，探索高层次人才培养模式，建设高水平产教融合培养基地。推动人才培养关口前移，支持广播电视和网络视听单位、机构与高水平大学开展联合人才培养，实行订单培养、源头培养，有针对性地培养急需和高精尖缺人才。鼓励高等院校搭建文化、艺术、技术、传播跨学科综合培养平台，推动建立产学研用结合的协同育人模式。加强广电与网络视听职业教育教学指导委员会建设，注重发挥其指导服务功能，拓展教育培训抓手，夯实人才培养基础。推动广电与网络视听职业教育数字化改造升级，加强院校共建，优化职业教育类型定位，加强新时代高技能人才培养能力。联合行业企业开发教材、标准体系，申办开展行业技能竞赛，探索建设产教技术创新平台，推进职普融通、产教融合、科教融汇，实现教育链、产业链、创新链、人才链深度融合、全面贯通。

分层分类开展人才教育培训。制订实施《2023—2027年广播电视教育培训规划》，坚持采取集中轮训、网络培训、研修班、报告会、大讲堂、人才论坛等多种形式，面向广播电视和网络视听行业开展分层次、多形式、广覆盖的教育培训。坚持不懈用习近平新时代中国特色社会主义思想武装干部头脑，把学习贯彻习近平新时代中国特色社会主义思想作为干部教育培训的首课主课必修课，贯穿实施全过程。加强理想信念教育，做好党章党规党纪教育，加强党的宗旨作风、党内政治文化、党史国史、党的优良传统教育，用好红色资源、讲好红色故事，开发广电红色教育基地，增强政治建设和党性教育的现实针对性。加强专业能力培养，开设高层次人才轮训班，实施中青年骨干人才专业研修计划。大力开展专业技术人才的继续教育，构建人才终身教育体系。健全导演、编剧、制片人、演员、经纪人等创作领域从业人员常态化培训机制，鼓励支持广播电视和网络视听机构开展岗位技能培训。健全人才挂职、调研、考察制度，组织专家学者、文艺工作者等从业人员到社会实践前沿、生产生活一线，开展国情考察、社会调研、实践锻炼、志愿服务等活动。

促进人才交流合作。健全人才流动机制，营造开放有序、良性竞争的用人环境。鼓励新闻采编人员与经营管理人员双向岗位交流，鼓励新媒体人才和传统媒体人才双向交流，鼓励传统媒体人才向全媒体人才转型，培养一批适应大视听发展格局需要的复合型人才。推进广播电视和网络视听从业人员信息数据规范化标准化建设，探索建立人才信息共享平台，促进人才资源顺畅流动、有效配置。优化人才地域分布，打造北京、上海、粤港澳大湾区、杭州、长沙等地区广播电视和网络视听人才高地，充分发挥人才聚集和辐射作用。支持国家级广电机构发挥"国家队"人才优势，与地方建立人才定向培养、对口交流机制；鼓励经济发达地区与边疆、民族地区开展人才合作。大力支持广电人才"引进来"和"走出去"。发挥重点企业、科研院所和高校的人才聚集作用，建设好高水平引才引智平台。鼓励行业专家、领军人才、文艺创作人才开展国际交流合作。支持广播电视和网络视听海外分支机构吸引使用本土化人才。

（三）建立健全人才政治引领和服务保障制度

加强人才引领凝聚。充分发挥党的组织凝聚人才、引领人才优势，加强对人才的政治引领和精神激励，团结支持广播电视和网络视听各方面人才为党和人民事业建功立业。落实党委联系服务专家制度，做好专家人才思想政治工作。优化人才表彰奖励制度，大力宣传优秀人才典型，做好全国广播电视系统先进集体、先进工作者和劳动模范评选表彰工作以及各类全国性评选表彰的人才推荐工作，表彰和推荐一批为广播电视和网络视听行业发展、文化强国建设作出杰出贡献和突出成绩的优秀团队和人才。鼓励各地区各单位结合自身优势组织举办技能竞赛、人才宣传展示等活动，促进更多优秀人才脱颖而出。

提高服务保障水平。加大对专家人才的保障力度，努力提高青年人才、高层次人才在落户、住房、子女入学、医疗、养老等方面的保障水平。为创作人才、科研人才减负松绑，减轻其事务性负担，减少对创造性劳动的干扰，让他们心无旁骛地开展创作、科研工作。完善符合行业特点的经费管理办法，依法依规赋予人才更大的经费使用权、项目决策权、成果处置使用权。

加强对新文艺群体的团结凝聚。积极做好网络主播、网络视听主创、独立制片人、独立演员等新文艺群体工作，建立落实教育引导、培养培训、管理服务等制度，着力提高新文艺群体政治素质、导向意识、把关能力和专业水平。广泛吸引新文艺群体参与重点视听作品的创作生产，培养高层次人才。在新文艺群体的职称评定、档案管理、表彰奖励、人才项目申报、业务培训、会员发展等方面给予同等对待。充分发挥行业协会、群团组织作用，做好代表性人士联系服务和组织吸纳等工作。健全从业人员规范管理体制机制，加强职业道德委员会建设，对从业行为进行行业规范，对违法违规从业人员实施行业惩戒。加强思想政治引领，做好新文艺群体的党组织建设，扩大党的组织覆盖，吸纳新文艺群体中的优秀人才壮大党员队伍。

六、组织实施

（一）加强党对人才工作的全面领导

坚持党管干部、党管人才，发挥党总揽全局、协调各方的领导核心作用，加强党对人才工作的全面领导。强化各级党委（党组）主体责任，党委（党组）主要负责同志要亲自抓、分管负责同志要明确责任具体抓，建立定期研究人才工作制度，加强对人才工作的领导，及时解决人才工作中的重大问题。健全协调推进机制，加强同组织、宣传、人社、发改、财政等部门的沟通协调，积极争取支持。

（二）强化人才工作督促指导

加大督促考核，将人才政策落地、人才投入力度、人才环境优化等作为广电各级领导班子政绩考核的重要内容，督促各地区各单位根据人才规划，制定有关落实方案，并定期向总局报送人才工作进展情况。强化监测，建立规划目标任务实施情况定期评估制度，适时开展总结评估。建立健全规划动态调整机制，及时研究解决规划实施中出现的新情况新问题，提高实施成效。总局根据报送信息以及新情况新问题，认真总结实践经验，及时指导和督促规划任务落实。

（三）营造良好人才生态环境

加大宣传力度，做好人才发展规划的阐释解读，及时总结推广人才发展规划实施中的典型经验、做法和成效，在全社会营造识才爱才敬才用才的良好氛围。加强人才工作队伍建设，配齐工作力量，加大培训力度，完善运行机制，不断提高人才工作队伍整体素质和业务水平。

第六节　安排

一、安排的特点

安排是计划中最为具体的文种，是就某一活动（工作）所制定的一段时间内具体又切实的计划。它和方案有相同之处，都是针对单项工作的部署和安排，但两者又有明显不同：方案一般针对的是尚未定局的新任务、新问题，安排则是对已定的一个时期（如周、月、季度等）内工作计划的分解，有时为了便于执行，也会以表格形式来制发。

二、安排的写法

（一）标题的写法

安排的标题可以是"三要素"写法，也可以是"两要素"写法（即省略机关名称），如《(区财政局)2023年下半年工作安排》。

（二）正文的写法

安排的正文一般由安排缘由、安排主体两部分组成。安排缘由大多简明扼要，有的安排也会省略。安排主体是正文的核心，包括任务、要求、步骤、措施等内容。在实际工作中，有时会把任务和要求合在一起写，把步骤和措施合在一起写。也可以先写总任务，然后按时间先后顺序一项一项地写具体任务，每一项有每一项的要求及措施。

（三）落款的写法

落款包括机关署名和发文日期。

一般来说，只有两种"安排"才有落款。一种是以文件形式下发的单位内部的工作安排；另一种以"关于……安排的通知"的形式下发，如《关于"三讲一比"专题教育活动第四季度工作安排的通知》《关于印发〈五月份重点工作安排〉的通知》等。

安排范例

2023年上海市静安区人民政府重点工作安排[①]

根据市委、市政府决策部署，按照区委工作要求，2023年区政府重点工作具体安排如下：

一、着力实现经济运行整体好转，全力推动高质量发展

1. 推动区域经济稳定增长。地区生产总值增长5%左右。实现全年区级一般公共预算收入同比增长3%。实现社会消费品零售总额1600亿元。完成全社会固定资产投资额增长6%。

2. 推动招商引资增质。高质量开展投资促进工作，全年新增注册企业10000家，引进税收千万级以上项目120个。引进持牌类金融机构20家、人力资源机构40家、大数据企业100家、影视电竞企业16家，产业细分领域隐形冠军企业20家左右。实施亿元楼培育计划，加强楼宇运行监测，持续提升静安楼宇品牌竞争力，全年亿元楼数量稳中有升。

3. 推动总部经济增能。深入实施亚太运营总部计划、外国投资促进合作伙伴计划，鼓励支持各类总部在静安新设机构和业务，培育更多具有亚太乃至全球资

---

① 《上海市静安区人民政府关于印发〈2023年区政府重点工作安排〉的通知》（静府发〔2023〕3号）。

源配置能力的高能级总部。推进市北高新民营总部集聚区建设。全年新增跨国公司地区总部及其他类型总部20家。

4. 推进重点产业增效。巩固优势产业基本盘,支持数字贸易、服务贸易创新发展,完善持牌类金融机构、外资资管机构、金融科技企业等发展布局,提高管理咨询、人力资源等各细分领域专业服务品牌企业集聚度。大力引进和培育领军企业、高成长型企业,提升数据智能、文化创意、生命健康等产业集聚度和贡献度。

5. 加快消费提质升级。深化"国际消费中心城市"示范区建设,聚焦首发经济和品牌经济,引进各类品牌首店165家,提升首店品牌集聚度和首发首展活跃度。深化南京西路离境退税示范街区建设,不断丰富消费场景。

6. 推进重大工程增速。提高建设项目审批审查效能,加强重大项目协调推进、全程跟踪和帮办服务。南京西路永源浜4号地块、洪南山宅等12个项目实现开工,江宁路54A、晋元北地块等13个项目实现竣工,全年完成开工、竣工各100万平方米。基本建成平陆路(汶水路—永和路)、南北通道二期北段(芷江西路—中山北路),完成17条道路大中修、积水改善和架空线入地工程。

7. 聚焦土地亩产增长。以全国自然资源节约集约利用模范县(市)创建为抓手,重点做好低效用地盘活转型和城市更新,深化产业空间高质量利用,研究持续提升经济承载容量的具体实施路径和举措,推动功能复合、综合发展,启动5幅工业用地的转型升级。实施产业园区提质增效计划,加快推进现代产业园等3个低效园区转型。

二、着力坚持"一轴三带"发展战略,全力构筑功能区优势

8. 深化南京西路功能区品牌建设,增强南京西路承载力和辐射力。持续提升南京西路地区高端商务功能,加快实施城市航站楼、阿波罗大厦等楼宇更新改造,驱动产业功能迭代升级。高标准运营张园西区项目,有序推进东区项目建设,促进商旅文深度融合发展。

9. 推动苏河湾地区打造世界级滨水区,扩大苏河湾品牌知名度。做好苏河湾中心、丽丰天际中心、龙盛福新汇等新入市载体的产业导入和项目集聚。举办苏河湾区域楼宇推荐、展示展览、品牌发布、产业宣传等活动,扩大苏河湾论坛、人力资源产业峰会等活动影响力,强化功能区整体形象宣传推介。

10. 持续增强大宁地区"科创+文创"发展动能,打造芯片设计、数字化安全、智慧健康等科创产业亮点,放大影视创制、电竞赛事、数字文创等产业集聚效应。完成大宁中心广场二期数字化园区建设。不断提升综合营商环境,举办面向全国的科技类产业论坛等活动,推进功能区科创产业高质量发展,加速吸引科创企业总部、研发总部集聚。

11. 持续提升市北地区数智创新浓度,打造市北科创策源高地。深化数字化转型示范区建设,发挥区块链生态谷、市北数智生态园等平台作用,壮大数据智能产业集群。加快市北国际科创社区建设步伐,推动走马塘工业用地转型升级,推进北郊站"站城一体"转型,持续优化区域综合配套环境。

三、着力深化重点领域改革,全力推动高水平开放创新

12. 深化落实全球服务商计划。完善全球服务商理事会市场化运作机制,深度融入长三角一体化发展国家战略,推动长三角城市合作清单项目落地,助力长三角区域协同发展,进一步提升"全球服务商计划"辐射影响力。

13. 围绕科创动能增强,深入推进"上海静安国际创新走廊"国家大众创业万众创新示范基地建设,引导总部研发中心、开放创新平台落地,优化跨境创业服务,打造多层次的国际化众创空间体系。建立"专精特新"企业培育库,全区专精特新企业达到150家。支持科技企业参与产业技术研发攻关,不断增强自主创新能力。

14. 大力发展数字经济。发挥国家新型工业化大数据产业示范基地、国家区块链创新应用综合性试点等平台作用,加快大数据、人工智能、区块链等行业龙头企业集聚。探索建设可信数据经济试验区,打造静安特色的数商产业生态。推进数字化基础设施建设,探索形成更多具有示范引领性的数字化应用场景。推进南京西路数字街区、市北数字园区等示范项目建设,完善数字化生活服务平台,打造经济、生活、治理全方位数字化转型的静安模式。

15. 推动服务效能增优。落实市优化营商环境6.0版方案,优化"一件事"服务模式,推动更多涉及面广、办理量大、办理频率高的事项实现"一件事"集成服务。深化"好办""快办""智能办"改革,优化全流程一体化办事服务。完善综合窗口功能,不断提高政务服务标准化、规范化、便利化水平,打造线下"15分钟政务服务圈"。夯实企业服务三级网络,优化问题发现、解决和督办机制,为各类企业提供更多贴心服务。持续深化国资国企改革创新,推动形成更加灵活高效的市场化经营机制。切实提升知识产权保护水平,推进社会信用体系建设高质量发展。

四、着力夯实基层基础,全力推进高效能治理

16. 持续推进"两张网"建设。持续升级"一网通办"线上平台,拓展公共服务事项接入范围,增强"随申办"静安旗舰店服务能力。深入推进"一网统管"建设,打造区应急指挥综合管理平台,强化平急转换、远程指挥、资源统筹等功能。全面实施静安区首席数据官制度,建立健全公共数据共建共治共享的治理机制。持续提升12345市民服务热线质量,不断提高办理水平。

17. 持续优化城区品质。完成南京西路后街景观商业区、江宁温馨休闲区、威

海路历史风貌区、苏河秀带景观区、广中西路郁金香公园周边景观区、中环商业休闲区等6个高品质"美丽街区"创建。完成广场公园(静安段)整体改造,推进472街坊公共绿地等项目建设,提升"口袋公园"建设水平,创建光复路(长寿路桥—普济路桥)绿化特色道路,全年建成公共绿地5.6万平方米、立体绿化2.5万平方米、绿道2公里。

18.持续提升区域生态环境。巩固生活垃圾分类实效,提升垃圾回收处置能力。加强河道水质监测,落实精细化养护措施。积极稳妥推进碳达峰碳中和,推动既有建筑节能改造,完成光伏可再生能源建设任务。全面推进"无废城市"建设,统筹做好大气、水、土壤等环境治理,积极推动国家级"绿水青山就是金山银山"实践创新基地、低碳社区和低碳发展实践区创建。

19.持续提高基层社会治理效能。升级全要素社区治理智能平台,在社区服务、自治共治等领域开发更多便捷场景。健全基层群众自治机制,优化社区分析工具功能,推进社区分类治理。巩固住宅小区综合治理全市领先水平,加强物业服务行业监管,做实业委会规范化运作机制。优化社会组织培育孵化体系,推进规范化建设,积极推动社会组织参与社会治理。加强人口综合调控和服务管理。

五、着力保障和改善民生,全力打造高品质生活

20.加强就业服务和社会保障。加大就业优先政策实施力度,细化落实稳岗扩就业等措施,促进高校毕业生、退役军人等重点群体就业创业。全年新增就业岗位32200个,帮助长期失业青年就业620人,培训新型学徒制技能人才500名。完善"政策找人"主动发现机制,深化社会救助综合服务。加强未成年人关爱保护和妇女权益保障。全力做好新一轮全国双拥模范城创建工作。为全区400户有需求且符合条件的残疾人家庭实施无障碍改造,为老旧小区改造无障碍坡道200条。

21.完善养老、托幼服务。推进养老服务设施建设,全年新增养老床位475张、社区长者食堂2家。推进老年认知障碍友好社区试点,改建认知障碍照护床位100张。持续提升社区养老服务能级,为500户老年人进行居家环境适老化改造。推进"为老服务一键通"项目,实现区内有服务需求独居老人的服务全覆盖。加强社区托幼服务,实现街镇"宝宝屋"全覆盖。开设40个小学生"爱心暑托班"。

22.努力提高群众居住质量。加快旧区改造和旧住房成套改造,稳步实施10幅二级旧里以下零星地块改造,涉及旧里面积5万平方米。滚动推进全市体量最大的非成套职工住宅及小梁薄板房屋改造任务,启动蕃瓜弄、共和新路802弄等项目。有序开展"美丽家园"建设,实施旧住房修缮改造80万平方米,开工建设既有多层住宅加装电梯500台。完善住房保障体系,建设筹措保障性租赁住房4360

套(间),持续加强廉租房、共有产权保障房、公租房管理。

23. 完善家门口服务体系。打造"15分钟社区生活圈"。建设2家示范性康复中心、4家中医药特色示范社区卫生服务站。持续推动基层公共文化设施更新与功能提升,打造一批家门口的演艺新空间、人文新景观、休闲好去处。新建1个市民健身驿站、1个社区市民健身中心、20处益智健身苑点。新建6条、翻建4条市民健身步道。翻建2片公共运动场。优化调整2家白领午餐网点单位。推动更多街道成为上海"一刻钟便民生活圈"示范社区。完成2家菜市场标准化建设。

24. 扩大优质教育服务供给。深化小学阶段基于课程标准的教学与评价改革,创新升级"三段式"课后服务。夯实初中再加强成果,推进高中分类协同发展。积极发展各类教育,深入建设融合教育实验区,优化职业教育集团运行机制,开展民办中小学特色学校和项目创建。推进静安区闸北实验小学明德校区、市北初级中学(分部)、大宁国际学校(小学部)等相关项目建设。巩固全国科普示范区创建成果。

25. 促进文旅融合发展。推进"国家文化和旅游消费试点城市"建设,加强文化与旅游、金融、科技、商贸等领域的联动发展。办好"现代戏剧谷""浓情静安·爵士春天"音乐节等重大文旅品牌活动。完善公共文化服务供给,加大公益电影配送力度。推进"建筑可阅读"示范区建设,设计静安苏河湾全域文旅地图,做精特色水岸微旅行线路。

26. 持续加强区域公共卫生体系建设。建立健全平急结合的医疗救治长效机制,依托医联体持续完善分级诊疗体系,强化互联网医院诊疗能力,提高社区医疗卫生机构服务水平。做实做好老年人等重点群体社区健康服务,完善居民电子健康档案,优化家庭医生结对制度。加快区疾病预防控制机构基础设施建设,提升公共卫生信息利用和现场处置能力。积极推进区域医疗中心、老年健康中心等项目建设。

27. 加快推进体育事业发展。推动体育资源共享,开展"体育公益配送"服务10万人次,区属公共体育场馆向市民优惠开放15万人次。深化体教融合,助推青少年体育高质量发展。高标准做好上海国际马拉松赛、上海赛艇公开赛等赛事保障。广泛开展全民健身活动,做强国际静安城区精英挑战赛品牌,构建街镇"一街一品"体育特色项目,开展群众性体育赛事活动200场次以上。

六、着力维护城区运行安全,全力建设安全韧性城市

28. 持续完善疫情防控措施。准确把握疫情防控新阶段新形势新任务,着力保健康、防重症。持续推进疫苗接种,切实保护好"一老一小"等特殊人群、脆弱人群。强化发热门诊建设,做好医疗资源储备和统筹调度,加强医护人员力量配置

和关心关爱,加大药品物资保障力度,提升医疗机构救治能力。持续加强科普宣传,引导市民群众加强个人防护、科学就医配药。聚焦重点机构、重点场所、重点人员,做好应急预案,保障城市核心功能正常运转、市民生产生活平稳有序。

29. 坚决守牢城市安全底线。压实安全生产责任,加大重点领域安全隐患排查整治力度,坚决防范和遏制重特大事故发生。加强风险场所火灾防控,为15幢高层住宅实施消防基础设施改造,对80个住宅小区实施充电设施提升改造工程。织密社会治安防控网络,推进36个平安屋、18个平安商户联盟群防群治建设。持续推进平安站区建设,做好客流疏导、安全隐患整治等工作。常态长效推进道路交通违法大整治。强化综合治理,创建国家食品安全示范城市,进一步提升食品药品安全水平。有序创建无违建示范街镇,打造一批"零违建"居村。

30. 完善应急管理体系。构建区—街镇—居村三级应急联动网络,提升应急物资保障水平,强化跨区域、跨部门的协同响应、信息共享和资源调度。加大韧性城市理念宣传教育力度,持续开展社区应急演练,提高市民防灾减灾意识和自救互救能力。实施5处老旧工程综合治理和58处公用民防工程养护。

31. 切实维护社会稳定。深入推进突出信访矛盾化解攻坚,提高信访事项办理效能和群众满意度。维护信访秩序,做好重要节点期间信访稳定工作。提升与现代化城区相匹配的金融监管与治理能力,防范和化解金融风险,不断净化静安金融发展环境。以静安区非诉讼争议解决中心建设为抓手,深化完善矛盾纠纷多元化解体系。

七、着力加强政府自身建设,全力提升治理能力现代化水平

32. 推进依法行政。巩固法治政府建设示范区创建成果,推进法律顾问参与重大行政决策、规范性文件制定等工作,强化法治能力建设。依法化解行政争议,高效开展行政复议,提升行政机关负责人出庭应诉工作水平。持续深化政务公开工作。加强统计基层基础建设,推动依法治统工作。更好发挥审计监督作用,加大对重大政策落实、财政资金使用、重点民生项目等领域的审计力度。

33. 提高行政效能。完善工作目标管理、督查考核、沟通协作等机制,做好"十四五"规划中期评估,持续提升政府履职效能,确保各项任务不折不扣落实到位。组织开展好第五次全国经济普查。深化预算绩效改革,提高财政资金集约使用效益。持续优化支出结构,严控预算追加事项,切实降低行政运行成本。

34. 加强作风建设。强化全面从严治党"四责协同"机制,锲而不舍落实中央八项规定精神,持续纠"四风"树新风。坚持严字当头、一严到底,严格执行党的各项规章制度,严明纪律要求,加强警示教育,不断提高廉洁自律的自觉性。依法接受区人大及其常委会监督,主动接受区政协民主监督,自觉接受法律、监察和人民监督。

第十三讲　规章类文书写作与范例

如果进行溯源的话,载入史册的刘邦的"约法三章"其实已经初具规章类文书的雏形了。到了明代,王阳明《教条示龙场诸生》直接为训诲在龙冈书院学习的"诸夷子弟"而作,以"立志""勤学""改过""责善""四事相规",致力于书院制度建设。这一篇和我们现在的守则、公约已经颇为相近了。

第一节　章程

一、章程的特点

章程是党政、团体或有关组织经过特定程序制定的关于组织规程和办事规则的文书,是一种根本性的规章制度,具有准则性、广泛性、稳定性、约束性等特点。

在社会生活中,章程被政党、群众组织、学术团体、公司广泛使用,常见的有组织章程(如《中国科学技术协会章程》《中华全国妇女联合会章程》《余杭区妇女儿童服务中心章程》)、企业章程(如《××公司章程》)等。这些章程尽管会根据不同情况各有侧重,但整体架构基本相同,都包括组织原则和行为规范等方面的内容。

二、章程的写法和写作要点

章程一般包括总则、分则和附则三部分。

总则又称总纲,是章程的纲领和灵魂部分,对全文起统率作用。组织章程的总则主要阐明组织的名称、性质、宗旨、任务、指导思想和组织本身的建设要求等内容;企业章程的总则主要写明企业的名称、宗旨、经济性质、隶属关系、业务范围等内容。

分则部分是章程的主体部分。组织章程一般包括组织成员情况、组织的机构设置、组织的经费来源管理、组织的活动形式和其他事宜;企业章程则要写明资本、组织、人事管理、资产管理、利润分配等方面的内容。

附则部分是对分则的补充,简要说明章程的生效日期、实施要求、修订解释权限及其他未尽事项等。组织章程一般还需要说明办事机构地址或对下属组织的要求等内容。要注意的是,有的章程没有附则,如《中国共产党章程》《中国共产主义青年团章程》等。

写作章程时要注意以下几点:

1. 内容完备全面。起草时要考虑到各方面的内容,既要突出特点,又要照顾全面。

2. 结构严谨周密。一般要先总后分、先内后外、先全国后地方,环环相扣,体现严密的逻辑性。章程正文会视内容的多少而采用不同的结构。最常见的是分则分章的章断条连式,条数从第一章的第一条开始计数,直到附则的最后一条为止。简单的章程则不分章,采用条文并列式结构,从第一条一直排下去。在条文并列式的章程里,总则的内容通常直接列为第一、二条。

3. 语言明确简洁。章程一般不使用关联词和修辞手法,要确保表达精练,没有歧义。

章程范例

教育部基础教育教学指导委员会章程[①]

第一章 总 则

第一条 根据全国教育大会精神,深入贯彻党的教育方针,落实立德树人根本任务,充分发挥专家对基础教育教学工作的决策咨询、理论研究、实践指导等作用,提高教学工作科学化专业化水平,全面推进基础教育高质量发展,教育部成立基础教育教学指导委员会(以下简称教指委),教指委下设若干专业委员会(以下简称专委会)。

第二条 教指委是教育部直接领导的专家组织,配合、协助教育部围绕基础教育教学改革与质量提升开展专业性工作。

第二章 组 织

第三条 教指委设主任委员1人,副主任委员10人左右,委员若干。各专委会设主任委员1人,副主任委员2—5人,委员若干。

第四条 教指委秘书处设在教育部基础教育司。各专委会根据工作需要确定秘书处设置单位或部门。

---

① 《教育部办公厅关于印发〈教育部基础教育教学指导委员会章程〉的通知》(教基厅函〔2021〕22号)。

第三章 任 务

第五条 受教育部委托,围绕基础教育教学改革目标,依据国家有关教育政策文件精神,开展基础教育教学相关政策研究,并向教育部提交政策咨询报告。

第六条 受教育部委托,围绕教育部年度重点工作,聚焦基础教育教学改革面临的重点难点问题开展相关理论研究,形成研究成果,提出建设性意见建议,进行重大教育政策解读。

第七条 受教育部委托,指导基层按照新时代基础教育教学改革方向,落实国家课程教学改革要求,推进课堂教学方式方法创新,不断提高育人质量。

第八条 组织委员深入一线开展调研,发现地方和学校(幼儿园)教育教学改革典型案例,提炼形成可推广的有益经验,并提出推广应用的指导意见和实施指南等;经教育行政部门审核同意后进行推广应用。

第九条 承担教育部委托的其他任务。

第四章 委 员

第十条 教指委委员由基础教育政策和教育理论研究有较高造诣的专家、具有丰富教育教学管理和实践经验的教育教学名师组成。各专委会委员由教育行政、教研、中小学校、高等院校和科研院所等单位专家组成,每届任期4年。

第十一条 教指委和专委会委员任职基本条件包括:

(一)政治立场坚定,遵纪守法,全面贯彻党的教育方针,具有科学的教育观念;

(二)熟悉教育规律和教育政策,深刻理解并准确把握基础教育教学改革方向,教育理念先进,具有改革创新精神;

(三)热爱教育事业,有高度政治责任感,乐于为基础教育教学改革服务;

(四)专业能力过硬,学术思想正确,在教育教学研究、教育教学实践方面有较广泛的影响力;

(五)身体健康,能够保证时间参加教指委的工作。

第十二条 委员享有权利包括:

(一)以委员身份深入基层开展基础教育调查研究;

(二)以委员身份独立或联名向专委会、教指委或教育部提出意见、建议和报告;

(三)以委员身份独立或联名申请承担教指委和专委会设立的学术研究项目。

第十三条 委员应履行义务包括:

(一)遵守本章程,认真履行委员职责,不谋取私利;

（二）认真完成教指委及专委会布置的任务，参加有关会议和重要活动，无故缺席三次以上视为自动退出。

第五章　工作制度

第十四条　教指委由教育部负责组建和领导，教育部有关司局根据工作需要指导相关专委会开展工作。教指委委员和专委会委员，聘任期间可根据工作需要、身体状况和实际表现适时调整。

第十五条　教指委根据工作需要，原则上每年召开1—2次全体委员会议，研究重要工作事项，审议重要咨询报告、重点工作进展情况，提出相关意见建议。

第十六条　各专委会原则上每年召开1—2次全体委员工作会议，根据工作需要并经教指委同意，召开有关专题会议，研究本专委会工作方案和重点工作任务等事项。

第十七条　教指委和专委会相关研究内容和工作事项，如需以教指委和专委会名义向社会公开，需报请教育部同意。

第六章　工作支持

第十八条　教育部为教指委和专委会开展工作提供必要的条件保障和经费支持。委员所在单位应对委员参与教指委、专委会工作给予积极支持。

第十九条　教指委印章由秘书处统一管理。

第七章　附　则

第二十条　各专委会可依据本章程制订工作细则。

第二十一条　本章程自公布之日起施行，由教指委秘书处负责解释。

第二节　条例

一、条例的特点

条例是由领导机关制定或批准的、较为系统、全面的法规性公文。作为法规性公文，条例具有法律效力，常常是法随令发。如《中华人民共和国个人所得税法实施条例》就是中华人民共和国国务院令第707号发布的。有时，条例的发布以通知作为文件头，如《中共中央关于印发〈中国共产党支部工作条例（试行）〉的通知》。

条例一般会在标题正下方注明发布或修订日期。如《中华人民共和国个人所得税法实施条例》注明如下："（1994年1月28日中华人民共和国国务院令第142号发布　根据2005年12月19日《国务院关于修改〈中华人民共和国个人所得税法实施条例〉的决定》第一次修订　根据2008年2月18日《国务院关于修改〈中华人民共和国个人所得税法实施条例〉的决定》第二次修订　根据 2011 年 7 月 19 日《国务院关于修改〈中华人民共和国个人所得税法实施条例〉的决定》第三次修订　2018 年 12 月 18 日中华人民共和国国务院令第 707 号第四次修订）。"

二、条例的写法

条例的正文有两种格式。一种包括总则、分则和附则三部分,适用于内容较为复杂的条例:第一章为总则,最后一章是附则,中间各章是分则。还有一种是分条列述式,开头就是第一条,依次排列,如下面所附的范例《促进个体工商户发展条例》。

由于条例往往是用来规范人们的行动的,所以写作条例时要认真研究有关法律条文和党的方针政策,对实践中出现的问题进行全面概括和分类,同时还要注意条款的周密清晰和切实可行。

条例范例

<h2 style="text-align:center">促进个体工商户发展条例①</h2>

第一条　为了鼓励、支持和引导个体经济健康发展,维护个体工商户合法权益,稳定和扩大城乡就业,充分发挥个体工商户在国民经济和社会发展中的重要作用,制定本条例。

第二条　有经营能力的公民在中华人民共和国境内从事工商业经营,依法登记为个体工商户的,适用本条例。

第三条　促进个体工商户发展工作坚持中国共产党的领导,发挥党组织在个体工商户发展中的引领作用和党员先锋模范作用。

个体工商户中的党组织和党员按照中国共产党章程的规定开展党的活动。

第四条　个体经济是社会主义市场经济的重要组成部分,个体工商户是重要的市场主体,在繁荣经济、增加就业、推动创业创新、方便群众生活等方面发挥着重要作用。

国家持续深化简政放权、放管结合、优化服务改革,优化营商环境,积极扶持、加强引导、依法规范,为个体工商户健康发展创造有利条件。

第五条　国家对个体工商户实行市场平等准入、公平待遇的原则。

第六条　个体工商户可以个人经营,也可以家庭经营。个体工商户的财产

---

① 中华人民共和国国务院令第 755 号。

权、经营自主权等合法权益受法律保护,任何单位和个人不得侵害或者非法干预。

第七条 国务院建立促进个体工商户发展部际联席会议制度,研究并推进实施促进个体工商户发展的重大政策措施,统筹协调促进个体工商户发展工作中的重大事项。

国务院市场监督管理部门会同有关部门加强对促进个体工商户发展工作的宏观指导、综合协调和监督检查。

第八条 国务院发展改革、财政、人力资源社会保障、住房城乡建设、商务、金融、税务、市场监督管理等有关部门在各自职责范围内研究制定税费支持、创业扶持、职业技能培训、社会保障、金融服务、登记注册、权益保护等方面的政策措施,做好促进个体工商户发展工作。

第九条 县级以上地方人民政府应当将促进个体工商户发展纳入本级国民经济和社会发展规划,结合本行政区域个体工商户发展情况制定具体措施并组织实施,为个体工商户发展提供支持。

第十条 国家加强个体工商户发展状况监测分析,定期开展抽样调查、监测统计和活跃度分析,强化个体工商户发展信息的归集、共享和运用。

第十一条 市场主体登记机关应当为个体工商户提供依法合规、规范统一、公开透明、便捷高效的登记服务。

第十二条 国务院市场监督管理部门应当根据个体工商户发展特点,改革完善个体工商户年度报告制度,简化内容、优化流程,提供简易便捷的年度报告服务。

第十三条 个体工商户可以自愿变更经营者或者转型为企业。变更经营者的,可以直接向市场主体登记机关申请办理变更登记。涉及有关行政许可的,行政许可部门应当简化手续,依法为个体工商户提供便利。

个体工商户变更经营者或者转型为企业的,应当结清依法应缴纳的税款等,对原有债权债务作出妥善处理,不得损害他人的合法权益。

第十四条 国家加强个体工商户公共服务平台体系建设,为个体工商户提供法律政策、市场供求、招聘用工、创业培训、金融支持等信息服务。

第十五条 依法成立的个体劳动者协会在市场监督管理部门指导下,充分发挥桥梁纽带作用,推动个体工商户党的建设,为个体工商户提供服务,维护个体工商户合法权益,引导个体工商户诚信自律。

个体工商户自愿加入个体劳动者协会。

第十六条 政府及其有关部门在制定相关政策措施时,应当充分听取个体工商户以及相关行业组织的意见,不得违反规定在资质许可、项目申报、政府采购、招标投标等方面对个体工商户制定或者实施歧视性政策措施。

第十七条 县级以上地方人民政府应当结合本行政区域实际情况,根据个体工商户的行业类型、经营规模、经营特点等,对个体工商户实施分型分类培育和精准帮扶。

第十八条 县级以上地方人民政府应当采取有效措施,为个体工商户增加经营场所供给,降低经营场所使用成本。

第十九条 国家鼓励和引导创业投资机构和社会资金支持个体工商户发展。

县级以上地方人民政府应当充分发挥各类资金作用,为个体工商户在创业创新、贷款融资、职业技能培训等方面提供资金支持。

第二十条 国家实行有利于个体工商户发展的财税政策。

县级以上地方人民政府及其有关部门应当严格落实相关财税支持政策,确保精准、及时惠及个体工商户。

第二十一条 国家推动建立和完善个体工商户信用评价体系,鼓励金融机构开发和提供适合个体工商户发展特点的金融产品和服务,扩大个体工商户贷款规模和覆盖面,提高贷款精准性和便利度。

第二十二条 县级以上地方人民政府应当支持个体工商户参加社会保险,对符合条件的个体工商户给予相应的支持。

第二十三条 县级以上地方人民政府应当完善创业扶持政策,支持个体工商户参加职业技能培训,鼓励各类公共就业服务机构为个体工商户提供招聘用工服务。

第二十四条 县级以上地方人民政府应当结合城乡社区服务体系建设,支持个体工商户在社区从事与居民日常生活密切相关的经营活动,满足居民日常生活消费需求。

第二十五条 国家引导和支持个体工商户加快数字化发展、实现线上线下一体化经营。

平台经营者应当在入驻条件、服务规则、收费标准等方面,为个体工商户线上经营提供支持,不得利用服务协议、平台规则、数据算法、技术等手段,对平台内个体工商户进行不合理限制、附加不合理条件或者收取不合理费用。

第二十六条 国家加大对个体工商户的字号、商标、专利、商业秘密等权利的保护力度。

国家鼓励和支持个体工商户提升知识产权的创造运用水平、增强市场竞争力。

第二十七条 县级以上地方人民政府制定实施城乡建设规划及城市和交通管理、市容环境治理、产业升级等相关政策措施,应当充分考虑个体工商户经营需要和实际困难,实施引导帮扶。

第二十八条 各级人民政府对因自然灾害、事故灾难、公共卫生事件、社会安全事件等原因造成经营困难的个体工商户,结合实际情况及时采取纾困帮扶措施。

第二十九条 政府及其有关部门按照国家有关规定,对个体工商户先进典型进行表彰奖励,不断提升个体工商户经营者的荣誉感。

第三十条 任何单位和个人不得违反法律法规和国家有关规定向个体工商户收费或者变相收费,不得擅自扩大收费范围或者提高收费标准,不得向个体工商户集资、摊派,不得强行要求个体工商户提供赞助或者接受有偿服务。

任何单位和个人不得诱导、强迫劳动者登记注册为个体工商户。

第三十一条 机关、企业事业单位不得要求个体工商户接受不合理的付款期限、方式、条件和违约责任等交易条件,不得违约拖欠个体工商户账款,不得通过强制个体工商户接受商业汇票等非现金支付方式变相拖欠账款。

第三十二条 县级以上地方人民政府应当提升个体工商户发展质量,不得将个体工商户数量增长率、年度报告率等作为绩效考核评价指标。

第三十三条 个体工商户对违反本条例规定、侵害自身合法权益的行为,有权向有关部门投诉、举报。

县级以上地方人民政府及其有关部门应当畅通投诉、举报途径,并依法及时处理。

第三十四条 个体工商户应当依法经营、诚实守信,自觉履行劳动用工、安全生产、食品安全、职业卫生、环境保护、公平竞争等方面的法定义务。

对涉及公共安全和人民群众生命健康等重点领域,有关行政部门应当加强监督管理,维护良好市场秩序。

第三十五条 个体工商户开展经营活动违反有关法律规定的,有关行政部门应当按照教育和惩戒相结合、过罚相当的原则,依法予以处理。

第三十六条 政府及其有关部门的工作人员在促进个体工商户发展工作中不履行或者不正确履行职责,损害个体工商户合法权益,造成严重后果的,依法依规给予处分;构成犯罪的,依法追究刑事责任。

第三十七条 香港特别行政区、澳门特别行政区永久性居民中的中国公民,台湾地区居民可以按照国家有关规定,申请登记为个体工商户。

第三十八条 省、自治区、直辖市可以结合本行政区域实际情况,制定促进个体工商户发展的具体办法。

第三十九条 本条例自 2022 年 11 月 1 日起施行。《个体工商户条例》同时废止。

第三节 规定、办法和细则

一、规定、办法和细则的特点

规定是各级党政机关、社会团体、企事业单位规范某方面工作的规章性公文。办法是有关单位根据相关法规、规定，就某方面工作或问题提出的具体做法和要求。细则也称实施细则，是有关单位为了使下级机关或有关人员更好地执行某一条例、规定或办法，结合实际情况进行的具体、详细的补充。

规定、办法是部门规章（即国务院各部门规章）和政府规章（即地方人民政府规章）的主要形式。细则一般要和原条例、规定或办法等配套使用，可以补充原条文的不足，使原条文发挥更为具体入微的作用。

二、规定、办法和细则的写法

有三种不同的写法，可视具体情况进行选择。

1. 章条款式。一般是采用全篇分作几章的形式：第一章为总则，最后一章为附则，中间若干章属于分则的内容。

2. 条项贯通式。一般不分总则、分则、附则，直接以"第一条""第二条""第三条"这样的形式一写到底。

3. 撮要分条式。如《国务院关于严禁淫秽物品的规定》采用"一、二、三……"的结构。

规定、办法、细则等文件，在内部颁行时，常常用"通知"作文件头。如果向社会公布，常遵循"法随令出"的原则，如《广东省职工生育保险规定》由广东省人民政府令第 287 号公布，也有的会采用通知和公告的形式公布。

规定范例

教育部公文处理规定[①]

第一章 总 则

第一条 为贯彻《党政机关公文处理工作条例》（中办发〔2012〕14 号），推进

---

① 《教育部关于印发〈教育部公文处理规定〉的通知》（教办〔2013〕7 号）。

教育部机关公文处理工作科学化、制度化、规范化,结合工作实际,制定本规定。

第二条　本规定适用于教育部各司局、直属单位(以下简称司局)公文处理工作。

第三条　公文处理工作是指公文拟制、办理、管理等一系列工作。

第四条　公文处理工作应当坚持实事求是、准确规范、精简高效、安全保密的原则。

第五条　司局应高度重视公文处理工作,加强领导,强化干部公文素养和能力建设。司局办公室负责本司局公文处理工作并由专人负责。

第六条　办公厅主管部机关公文处理工作,对司局公文处理工作服务指导、督促检查。

第二章　行　文

第七条　教育部公文主要有决定、令、公告、通告、意见、通知、通报、报告、请示、批复、函、纪要等十二种。

第八条　行文应当确有必要,讲求实效,注重针对性和操作性。

严格控制公文数量。凡属以下情况的,不再制发公文:国家法律法规和党内法规已作出明确规定的;现行公文仍然适用的;就某项工作已作出安排部署、有关部门已明确任务的;对工作表态、没有实质性内容、可发可不发的;某项工作的政策已经明确,执行过程中出现了新情况、新问题但没有新的措施或者办法,只作一般性号召或者重申已有规定、要求的;使用电话、传真、邮件等其他手段可办理的。

第九条　行文关系根据隶属关系和职权范围确定。党务和政务工作应当分别行文。一般不得越级行文,特殊情况确需越级行文的,应当同时抄送被越过单位。

第十条　根据发文单位与收文单位之间的行文关系,教育部公文分为上行文、下行文和平行文。行文应当遵照以下规定:

(一)上行文。向上级机关的行文,一般用请示、报告、意见等文种。

上行文原则上主送一个上级机关,根据需要同时抄送相关上级机关和同级单位,不抄送下级单位。请示应当一文一事,不得在报告等非请示性公文中夹带请示事项。对涉及部外单位职权范围内的事项,应当先与其协商,取得一致意见后方可行文;经协商不能取得一致意见的,应当列明各方意见及理据,提出建设性意见,并与其会签后上报。

除上级机关领导同志直接交办的事项和必须直接报送的绝密事项外,原则上不得以教育部名义向上级机关领导同志个人报送公文。确需行文的,一般不多头分送;因紧急情况确需分送的,应当在首页注明分送情况。向国务院分管领导同志报告工作的签报,须由办公厅统一报送。不得以部领导个人名义向上级机关及领导同志报送公文。下级单位的请示事项,如需以教育部名义向上级机关请示,应当提出倾向性意见后上报,不得原文转报上级机关。

拟请上级机关领导同志出席公务活动并讲话时,一般在报送请示的同时附送讲话代拟稿。落实上级机关领导同志批示的情况报告,应当附领导同志批示复印件。

(二)下行文。对下级单位的行文,一般用令、通知、通报、意见、决定、批复等文种。

特别重要的下行文,应当根据工作需要抄送上级机关、省级党委和人民政府以及相关部门等。不得向省级教育部门和直属高校内设机构行文。严禁下发带有商业推销性质的公文。

对于省级教育部门和直属高校的请示事项,主办司局一般要在接到公文之日起20个工作日内回复或说明情况。严禁积压延误、错办漏办。

(三)平行文。同级或者不相隶属的单位之间行文,一般用函、意见、通知等文种。

除以函的形式商洽工作、询问和答复问题、审批事项外,一般不向地方各级党委和人民政府印发指令性公文或者在公文中提出指令性要求。因特殊情况确需行文的,应当报请国务院批准,并在文中注明已经国务院同意。

对于部外单位征求教育部意见的公文,应当按照对等原则以教育部或者教育部办公厅函件形式回复,一般不以司局函件办理。

第十一条 除办公厅外,司局一律不得对外行文。如确有需要,可在规定的职权范围内,以司局函件形式与省级教育部门、直属高校和同级单位的有关部门商洽工作、询问和答复一般事务性问题。严禁使用司局函件进行政策部署、审批核准、奖惩人员和检查评估等。

第三章 公文起草

第十二条 起草公文必须严肃认真,应当遵照以下原则:符合党和国家的法律法规以及党的路线方针政策,完整准确体现发文意图,并同现行有关公文相衔接;一切从实际出发,分析问题实事求是,所提政策措施和办法切实可行;深入调查研究,充分进行论证,广泛听取意见;观点鲜明、主题突出、内容简洁、表述准确、文风清新。

第十三条 公文应当由掌握政策、熟悉业务、了解全局的人员负责起草。重要政策性公文应当由业务处长亲自起草或者司局主要负责人主持起草。

第十四条 严格控制公文篇幅,倡导"短实新"文风。公文正文一般控制在3000字以内。报送党中央、国务院等上级机关的请示和报送上级机关领导同志的报告,正文一般不超过1500字。

第十五条　起草公文时,内容涉及部内其他司局职能的,主办司局应当主动与有关司局协商,取得一致意见并办理部内会签。经协商不能取得一致意见的,主办司局应当列明各方意见及理据,提出建设性意见,连同文稿一并送办公厅核报部领导协调或者审定。涉及部外单位职能的,需办理部外会签。

第十六条　起草公文时,内容涉及重大公共利益、公众权益和敏感事项,容易引发问题的,应当进行风险评估。重要规范性公文,特别是涉及行政相对人权利义务或者规定审批、核准、资格、处罚等内容的,主办司局应当送部法制办进行合法性审查。

第十七条　重要政策性公文在报批时需附起草说明,内容包括办文理由、会签及征求意见情况(含主要分歧意见处理情况)、核心内容、下一步工作及宣传考虑等。

所有公文须按政府信息公开有关规定确定公开属性,除涉密公文或者有特殊要求外,应当主动公开。

涉密公文应当由主办司局提出密级和保密期限的初步意见后,送部保密办进行定密审核。

第四章　公文报批

第十八条　严格实行公文分级分工审核制度。司局报请审批的公文,由业务处长、办公室主任、司局负责人按职责共同审核把关,原则上由司局主要负责人签名,经办公厅登记审核后呈送部领导审批。涉及重大方针政策以及重要情况的,须报分管部领导和主要部领导审批。

第十九条　公文不得越级报送、多头分送或者横传直送,避免出现交叉批示、体外循环、逆向流传等情况。部领导及其秘书一般不直接接收司局报送的公文。少数涉及干部人事、案件查处或者紧急重大事项的,司局可以按照公文运转规则由专人直送。情况紧急确需分送的,应当注明分送情况。

第二十条　准确规范使用教育部公文处理稿纸,保持稿纸整洁,除签名外,填写内容一般使用小3号仿宋体字打印。签名应书写规范、清晰可辨,同时必须标注签名日期。

第二十一条　拟印发公文须经办公厅核稿。审核重点:行文理由是否充分,行文依据是否准确;公文格式和行文规则是否符合规定;内容是否符合国家法律法规及有关规定;发文意图是否完整准确体现;同现行有关公文是否相衔接;所提政策措施和办法是否切实可行;涉及其他司局或者部外单位的职能是否协商会签;合法性审查和风险评估是否符合规定;公开属性是否标注准确;密级确定是否符合有关规定;紧急程度是否合适;附件是否齐备、题目是否一致;遣词造句、文字表达、标点符号、层次序数等是否准确规范等。

第二十二条　经审核符合报批要求的公文,由办公厅按程序报批。对于不符合报批要求的,标明理由退回主办司局在规定时间内重新办理。

第二十三条　办公厅秘书处对各司局报送的公文应当及时审核、报批。普通公文审核期限一般不超过3个工作日,加急公文一般不超过1个工作日,特急公文应当及时审核。

部领导和办公厅负责人对报请批示的各类公文,要及时批阅。普通公文批阅期限一般不超过3个工作日,加急公文一般不超过1个工作日,特急公文应当及时批阅。

对有具体请示事项的,主批人应当明确签署意见、姓名和审批日期,其他人圈阅或者签名视为同意;没有请示事项的,圈阅或者签名表示已阅知。

第五章　公文签发

第二十四条　以中共教育部党组或者教育部名义印发的上行文,经分管的党组成员或者部领导审核后,由党组书记或者部长签发。

第二十五条　以中共教育部党组名义印发的平行文、下行文,一般由党组书记签发。以教育部名义印发的平行文、下行文,一般由分管部领导签发。其中,重要事项和重要规范性公文,须经部长签发或者审阅后印发。

以教育部办公厅名义印发的平行文、下行文,一般由办公厅主要负责人或者分管负责人签发。其中,重要事项和重要规范性公文,须经部领导签发或者审阅后印发。

第二十六条　经办公厅审核同意并报请部领导授权,以教育部或者教育部办公厅名义处理具体业务的格式化公文,由主办司局主要负责人签发,报送办公厅复核后印发。

第二十七条　部外单位会签的公文,经主办司局牵头商相关司局提出意见后,送办公厅秘书处按照本规定第二十四、二十五条履行签发程序。

第六章　公文印发

第二十八条　签发后的公文在印发前须经办公厅复核。复核重点:审批、签发手续是否完备,附件材料是否齐全,格式是否统一、规范,内容是否存有遗留问题等。经复核需对公文进行实质性修改的,应当按程序复审。

第二十九条　司局应当对复核后的公文进行核对,确认无误后送印。普通公文送印期限一般不超过2个工作日,加急公文一般不超过1个工作日,特急公文应当及时送印。司局不得擅自修改复核后的公文,如有疑义及时报办公厅复审。

第三十条　公文印发要保证时效性并厉行勤俭节约。公开属性为主动公开和依申请公开的，原则上以电子公文方式向省级教育部门和直属高校发送。以电子公文方式发送的公文，除印制少量存档外，不再印发纸质公文。

第三十一条　凡以中共教育部党组、教育部和教育部办公厅名义印发的纸质公文，由文印部门按有关规定统一印制。普通公文的印制期限一般不超过3个工作日，加急公文一般不超过1个工作日，特急公文应当立即印制。涉密公文应当在符合保密要求的场所印制。

第三十二条　公文由收发部门负责分发，也可由司局自发。分发前应当对公文的印刷质量进行检查。普通公文的分发期限一般不超过2个工作日，加急公文和电子公文一般不超过1个工作日，特急公文应当立即分发。

第三十三条　涉密公文应当通过机要交通、密码电报或者符合国家保密规定的计算机信息系统进行传输。

第七章　收文办理

第三十四条　受理单位为教育部或者教育部办公厅的公文由办公厅统筹办理。

第三十五条　收文办理程序是：

（一）签收。对收到的公文应当逐件清点，核对无误后签字或者盖章，并注明时间。

（二）登记。详细记录公文的主要信息和办理情况。

（三）初审。初审重点：主送单位是否为教育部或者教育部办公厅；是否应当由教育部受理，是否符合行文规则（如上报文应当由本单位主要负责人签发，报告中不能夹带请示事项，请示应一文一事，不得越级行文等），文种、格式是否符合要求，是否符合公文的其他要求。经初审不符合规定的公文，应当退回来文单位并说明理由。

（四）批办。根据公文内容、要求和工作需要提出拟办意见，呈报部领导或者办公厅负责人批示后，及时送承办司局办理；需要两个以上司局办理的，应当明确主办司局。紧急公文应当明确办理时限。

（五）承办。承办司局对交办的公文应当及时办理。法律法规有明确规定或者来文有明确时限要求的，应当在规定时限内办理完毕。

（六）办结。公文的办理结果应当及时答复来文单位。办理结束后，承办司局应当及时将来文及相关材料退办公厅秘书处。

第八章　公文管理

第三十六条　公文须及时立卷、归档。具体按教育部档案管理工作要求执行。

第三十七条　不具备归档和保存价值的公文,经主办司局批准后可以销毁。涉密公文应当按照有关规定进行清退或者销毁。销毁涉密公文必须严格按照有关规定履行审批登记手续,确保不丢失、不漏销。个人不得私自销毁、留存涉密公文。

第三十八条　涉密公文应当由部保密办按照有关规定确定密级。需要变更或者解除密级的,应当由部保密办履行相关程序。

公文确定密级前,应当按照拟定的密级先行采取保密措施。确定密级后,应当按照所定密级严格管理。绝密级公文应当由专人管理。

未经发文单位或者其上级机关同意,不得转发涉密公文,不得变更密级、保密期限。

第三十九条　公文的印发传达范围应当按照发文单位的要求执行;需要变更的,须经发文单位批准。

经批准公开发布的公文,同发文单位正式印发的公文具有同等效力。不宜公开的公文,不得违规转发、传输、发布。

第四十条　复制、汇编机密级、秘密级公文,应当符合有关规定并经本司局负责人批准。绝密级公文一般不得复制、汇编,确有工作需要的,应当经发文单位或者其上级机关批准。复制、汇编的公文视同原件管理。

复制公文应当加盖复制机关戳记。翻印公文应当注明翻印的机关名称、日期。汇编本的密级按照编入公文的最高密级标注。

涉密公文的全文、摘要以及标题、发文字号等信息应当与公文一起严格按保密要求管理,解密前均不得在无密的文件、简报资料、刊物、网站等使用,召开会议传达的,不得进行新闻报道。

第四十一条　公文的撤销和废止,由发文单位或者其上级机关根据职权范围和有关法律法规决定。公文被撤销的,视为自始无效;公文被废止的,视为自废止之日起失效。

第四十二条　新设立的司局应当向办公厅提出发文立户申请,经审查符合条件的,明确其发文字号。司局合并或者撤销时,相应进行调整。

第四十三条　工作人员离岗离职时,所在司局应当督促其将暂存、借用的公文按照有关规定移交、清退。

第九章　培训奖惩

第四十四条　建立公文处理培训交流机制。将公文处理培训作为入职培训和司局办公室工作人员岗前培训的必备内容,并纳入干部学习、培训工作。通过多种行之有效的方式,加强与直属机关、省级教育部门和直属高校公文处理工作的交流。

第四十五条　实行优秀公文评选制度,科学评价司局公文办理工作,对获奖单位和个人给予奖励,并将获奖情况作为优秀司局、优秀公务员评选的重要参考。

第四十六条　实行公文处理责任追究制度。有以下情形并造成不良后果的,须责令补救改正,视情予以通报,情节严重的,按有关规定予以问责。

（一）未履行审核把关职责或者审核把关不严的;
（二）未按规定时限办理,或者违反公文处理程序的;
（三）擅自行文,或者随意扩大(缩小)发送范围的;
（四）未按规定进行风险评估或者合法性审查的;
（五）涉密文件未定密审核的;
（六）未正确标注公开属性的;
（七）未履行会签程序,或者会签单位存在不同意见未说明情况的;
（八）以司局函件形式下发政策性、指令性公文等越权行文的;
（九）其他违反公文处理规定的行为。

第十章　附　则

第四十七条　国家语言文字工作委员会、国务院学位委员会办公室、国务院教育督导委员会办公室公文处理工作参照本规定执行。

第四十八条　本规定即日起施行,由办公厅负责解释。2007年10月发布的《教育部关于公文处理的若干规定》废止。

（附件《教育部公文格式》《教育部公文版头》略）

办法范例

对省级人民政府履行教育职责的评价办法[①]

第一章　总　则

第一条　为推动省级人民政府切实履行教育工作相关职责,提高教育质量,促进教育公平,提升教育服务经济社会发展能力,根据《中华人民共和国教育法》

---

① 《国务院办公厅关于印发〈对省级人民政府履行教育职责的评价办法〉的通知》(国办发〔2017〕49号)。

《教育督导条例》等教育法律法规,制定本办法。

第二条 对省级人民政府履行教育职责的评价是指对省级人民政府领导、管理、保障、推进本行政区域内教育事业改革发展稳定工作有关情况的评价。

第三条 评价工作由国务院教育督导委员会统筹领导,国务院教育督导委员会办公室组织实施。

第四条 评价工作坚持以提高教育教学质量为中心,遵循依法依规、突出重点、客观公正、注重实效的原则。

第五条 评价工作每年开展一次,根据国家教育事业发展的总体目标、当年重点任务和存在的突出问题,制定年度评价工作重点、实施细则。

第二章 评价的内容

第六条 评价的内容主要包括:省级人民政府贯彻执行党的教育方针情况,落实教育法律、法规、规章和政策情况,各级各类教育发展情况,统筹推进本行政区域教育工作情况,加强教育保障情况,学校规范办学行为情况。

(一) 贯彻执行党的教育方针情况主要包括:全面贯彻党的教育方针,加强和改善党对教育工作的领导,加强和改进教育系统党的建设,落实全面从严治党和党风廉政建设主体责任,加强教育系统领导班子建设,加强和改进学校思想政治工作,把握党对学校意识形态工作的领导权、主导权,维护教育系统安全稳定等。

(二) 落实教育法律、法规、规章和政策情况主要包括:落实国家教育法律、法规、规章,执行国家重大教育政策,推进国家重大教育工程、项目,深化教育改革开放等。

(三) 各级各类教育发展情况主要包括:鼓励和支持普惠性学前教育发展,促进义务教育均衡发展,推进高中阶段教育普及,加快发展现代职业教育,推进高等教育分类发展,促进和规范民办教育发展,大力发展继续教育,加快发展民族教育,大力加强国防教育,办好特殊教育,保障困难群体受教育权利,及时解决教育热点难点问题等。

(四) 统筹推进教育工作情况主要包括:建立教育工作决策管理机制,制定实施教育事业发展规划,优化教育结构和学校布局,制定实施各级各类教育标准,强化教育督导,建立健全教育领域军民融合发展制度机制等。

(五) 加强教育保障情况主要包括:全面推进依法治教,落实教育投入,加强教师队伍建设,改善学校办学条件,推进教育信息化建设等。

(六) 学校规范办学行为情况主要包括:坚持正确办学方向,落实立德树人根本任务,完善学校管理制度,校长依法治校,教师依法执教,强化教学纪律,规范学生管理,维护正常教育教学秩序和师生合法权益等。

第三章　评价的实施

第七条　国务院教育督导委员会办公室于每年 3 月底前向各省级人民政府印发书面通知。

第八条　省级人民政府按照通知要求，对上一年度履行教育职责情况进行自查自评，形成自评报告，于每年 5 月底前报国务院教育督导委员会办公室。各省级人民政府对自评报告和相关材料的真实性、准确性负责。

第九条　第三方专业机构受国务院教育督导委员会办公室委托，根据督导评估指标，利用国家统计数据和调查获得的系统数据，对省级人民政府履行教育职责情况进行监测评估，面向社会和学生开展满意度调查，于每年 6 月底前形成年度监测报告。

第十条　国务院教育督导委员会办公室选定实地检查省份，制定检查方案，随机抽取检查对象，随机抽取国家督学组成国家检查组，进行实地检查。

第十一条　国家检查组根据省级人民政府自评、第三方专业机构监测和实地检查情况，列出问题清单，形成反馈意见，向接受检查的省级人民政府反馈。

第十二条　省级人民政府按照反馈意见制定整改方案，提出整改措施和时限，并在规定时间内报国务院教育督导委员会办公室。国务院教育督导委员会办公室视整改落实情况进行复查。

第十三条　国务院教育督导委员会办公室综合省级自查自评、第三方专业机构监测、实地检查、整改复查等情况，形成年度省级人民政府履行教育职责评价报告，报经国务院教育督导委员会同意后，向社会公开发布。

第四章　评价结果的运用

第十四条　评价结果作为对省级人民政府及其有关部门领导班子和领导干部进行考核、奖惩的重要依据。对履行教育职责不到位、整改不力、出现重特大教育安全事故、有弄虚作假行为的省级人民政府，国务院教育督导委员会将按照国务院有关规定，采取适当形式对有关责任人进行通报批评，并提出给予处分的建议。

第五章　附　则

第十五条　省级人民政府应依据本办法，结合本行政区域实际制定具体实施方案，开展对本行政区域内各级政府履行教育职责的评价工作。

第十六条　本办法由国务院教育督导委员会办公室负责解释，自印发之日起施行。

细则范例

《对省级人民政府履行教育职责的评价办法》实施细则[①]

为深入贯彻党的十九大精神,切实把《国务院办公厅关于印发对省级人民政府履行教育职责的评价办法的通知》(国办发〔2017〕49号)落到实处,督促省级人民政府切实履行教育职责、加强教育统筹管理、加大教育保障力度、落实教育优先发展,制定本细则。

一、评价的目标和总体要求

1. 目标。通过对省级人民政府履行教育职责情况的评价,构建顶层有设计、责任有分工、规划有落实、进展有督查、奖惩有通报的监管体系,推动省级人民政府提高履行教育职责的积极性、主动性,为各级各类教育添动力、谋发展、求突破,努力形成布局结构更加合理、治理能力更加优化、办学行为更加规范、人民群众更加满意的新局面,为加快实现教育现代化、建设教育强国保驾护航。

2. 总体要求。以习近平新时代中国特色社会主义思想为指导,全面贯彻党的十九大精神,全面落实依法治教、依法治校要求,始终坚持以提高教育教学质量为中心,遵循依法依规、突出重点、客观公正、注重实效的原则,把对省级人民政府履行教育职责评价工作作为提高地方各级政府教育公共服务能力、提高各级各类学校教育教学质量、加强教育监管的重要举措,切实提高教育治理能力和治理体系的现代化水平。

(1) 依法依规。评价工作严格依据《中华人民共和国教育法》等教育法律法规的规定,按照《教育督导条例》及《国务院办公厅关于印发对省级人民政府履行教育职责的评价办法的通知》等相关政策文件的要求组织开展。

(2) 突出重点。以省级人民政府及有关部门领导、管理、保障、推进本区域教育改革发展稳定有关工作为评价重点,聚焦习近平教育思想的贯彻落实,聚焦党中央国务院重大教育决策的贯彻落实,聚焦重大教育项目的实施推进,聚焦各级各类教育的突破性进展,聚焦年度教育工作要点的落实。

(3) 客观公正。评价工作引入第三方专业评估机构参与,引入社会监督,充

[①] 《国务院教育督导委员会办公室关于印发〈对省级人民政府履行教育职责的评价办法〉实施细则〉的通知》(国教督办〔2018〕2号)。

分考虑东中西部地区差异的实际情况,确保评价结果的客观性、可信度和公信力。评价指标力求全面系统,评价结果力求实事求是,评价过程力求客观公正,奖惩问责力求有据可依、合法合规。

(4) 注重实效。评价工作不影响评价对象正常工作,不流于形式,注重问题导向和目标导向,注重结果运用,重在发现问题、分析问题、解决问题,推动各级政府及有关部门客观掌握情况,有针对性整改,科学决策,更好地履行教育职责。

二、评价的主要内容和测评体系

3. 主要内容。主要包括《对省级人民政府履行教育职责的评价办法》提出的省级人民政府贯彻执行党的教育方针情况,落实国家教育法律、法规、规章和政策情况,各级各类教育发展情况,统筹推进本行政区域教育工作情况,加强教育保障情况和规范学校办学行为情况等六方面的内容,可根据年度教育重点工作和教育督导工作要求,适当选择评价的侧重内容。

4. 测评体系。根据评价的主要内容制定《对省级人民政府履行教育职责评价的测评体系》(详见附件),主要通过定量或定性的指标,测评省级人民政府履行教育职责的工作进展、存在问题和工作成效。测评体系包括六个方面评价内容,38项测评具体内容,92个测评点以及测评标准。根据各省(区、市)工作进展和呈现问题的多少确定测评结果。

三、评价的程序和具体要求

5. 评价工作的程序主要包括印发通知、自查自评、监测评估、实地检查、反馈意见、整改复查、发布报告和结论等环节。

(1) 印发通知。国务院教育督导委员会办公室组织专家根据教育事业发展的长远目标和阶段性目标、重点任务和存在的突出问题及评价办法,在广泛征求各省(区、市)及教育部相关部门意见的基础上,研究制定年度评价工作实施方案,于3月上旬前以书面通知形式印发各省(区、市)。

(2) 自查自评。各省(区、市)按照通知要求,围绕指标体系,对上一年度履行教育职责、促进教育改革与发展情况进行自查自评,形成自评报告,在当地政府门户网站公示后,于5月上旬前报国务院教育督导委员会办公室。自评报告应包括自查情况、工作成效、经验做法、存在问题及改进措施,并附相关佐证材料。自评报告要客观准确、数据详实、内容全面、事例具体,字数不超过5000字,以省级人民政府办公厅名义报送。

(3) 监测评估。第三方专业机构受国务院教育督导委员会办公室委托,制定科学的评估监测方案,建立信息化监测工作平台,根据评价指标,利用国家统计数据和调查获得的系统数据,对省级人民政府履行教育职责情况进行监测评估,并面向社会、教师和学生开展满意度调查,6月上旬形成年度监测报告。

(4) 实地检查。国务院教育督导委员会办公室根据省级人民政府自评报告、第三方专业机构监测报告,制定实地检查方案,于7月上旬进行实地检查,并据此形成实地检查报告。检查具体方式包括听取汇报、查阅文件、现场抽查、随机访谈等。

(5) 反馈意见。检查组根据省级人民政府自评、第三方专业机构监测评估和实地检查情况,总结受检省份履行教育职责情况,特别要列出问题清单,形成评价报告,向受检的省(区、市)反馈评价意见和建议。

(6) 整改复查。受检省(区、市)按照国家督导检查的问题清单和反馈意见制定整改方案,提出整改措施和时限,明确责任部门,落实整改责任。责任部门要及时采取措施整改,省级人民政府教育督导部门负责跟踪督办其整改落实情况。整改完成后要形成整改报告,在本行政区域内公开,并于8月上旬以省级人民政府办公厅的名义报送国务院教育督导委员会办公室。国务院教育督导委员会办公室将视各地整改情况组织复查。

(7) 发布报告。第三方专业评估机构组织专家委员会,综合省级自评、监测评估、实地检查、整改复查等情况,形成国家评价年度总报告、分省报告(含问题清单)及整改问责建议。国务院教育督导委员会对专家委员会的评价结论进行审议后,于9月底前正式发布评价报告及评价结论。对评价结论存在异议的,须在收到评价意见之日起5个工作日内,向国务院教育督导委员会办公室提出申辩意见。

四、评价报告的运用

6. 评价报告作为对省级人民政府及其有关部门领导班子和领导干部进行考核、奖惩以及教育系统内省级教育资源配置的重要依据。对教育职责履行到位、工作成效显著的地方政府及相关部门,以适当方式予以表彰。根据评价中反映出的受检省份履行教育职责不到位、整改不力、出现重大及以上教育安全事故、有弄虚作假行为等情况,国务院教育督导委员会将按照国务院有关规定,采取适当形式对有关责任人进行约谈、通报批评,情节严重的提出处分建议。

7. 省级人民政府可以按照有关规定,将评价结果作为本省(区、市)干部选拔使用的重要依据;对履行教育职责不到位、整改不力、出现特重大教育安全事故、有弄虚作假行为的市、县人民政府及相关部门,省级人民政府依据相关法律法规和本省(区、市)相关规定,对相关责任人进行问责。

附件:对省级人民政府履行教育职责评价的测评体系

(附件略)

第四节 守则、公约

一、守则、公约的特点

守则是机关、团体或企事业单位根据上级有关指示精神和本行业、本部门、本单位、本社区的需要,在一定范围内对有关人员规定的简明道德规范和行为准则,如《国务院工作人员守则》《全国职工守则》等。

公约是经过讨论协商而制定的要求人们在工作或生活中共同遵守的某一方面的道德规范和行为准则,如《首都市民文明公约》《河北省网络生态文明公约》《社区公约》等。

二者的共同点是:都是为了特定的目的、维护共同的利益而要求人人遵守的行为准则,写法也大致相似。

二者的不同点是:守则一般由有关单位制定,要求所属成员必须严格遵守;而公约有很多是一定范围内或行业从业人员自行倡议制定并自觉共同遵守的。此外,公约多用于公共事业方面的道德和行为规范;而守则除了用于规定各行各业人们的道德和行为规范外,还往往用于规定具体的操作规范。

二、守则、公约的写作要点

守则、公约都属于高度浓缩的文种,正文写法较为简单,一般采用条文式结构,把有关内容事项逐一列明即可。写作要从实际需求出发,具体简明,切忌空洞浮泛。用语要通俗易懂,朗朗上口,易读易记,便于传播。

守则范例

中小学生守则[①]

1. 爱党爱国爱人民。了解党史国情,珍视国家荣誉,热爱祖国,热爱人民,热爱中国共产党。

2. 好学多问肯钻研。上课专心听讲,积极发表见解,乐于科学探索,养成阅读习惯。

[①] 《教育部关于印发〈中小学生守则(2015年修订)〉的通知》(教基一〔2015〕5号)。

3. 勤劳笃行乐奉献。自己事自己做,主动分担家务,参与劳动实践,热心志愿服务。

4. 明礼守法讲美德。遵守国法校纪,自觉礼让排队,保持公共卫生,爱护公共财物。

5. 孝亲尊师善待人。孝父母敬师长,爱集体助同学,虚心接受批评,学会合作共处。

6. 诚实守信有担当。保持言行一致,不说谎不作弊,借东西及时还,做到知错就改。

7. 自强自律健身心。坚持锻炼身体,乐观开朗向上,不吸烟不喝酒,文明绿色上网。

8. 珍爱生命保安全。红灯停绿灯行,防溺水不玩火,会自护懂求救,坚决远离毒品。

9. 勤俭节约护家园。不比吃喝穿戴,爱惜花草树木,节粮节水节电,低碳环保生活。

公约范例

范例 1

首都市民卫生健康公约

1. 合理膳食——食物多样搭配,减油减盐减糖
2. 文明用餐——倡导公勺公筷,拒绝食用野味
3. 科学健身——坚持体育锻炼,保持健康体重
4. 控烟限酒——遵守控烟条例,切勿过量饮酒
5. 心理平衡——理解包容乐观,家邻同仁和睦
6. 规律作息——保证充足睡眠,减少视屏时间
7. 讲究卫生——坚持刷牙洗手,定期清洁居室
8. 知礼守礼——掌握健康礼仪,社交距离适宜
9. 注重预防——定期参加体检,及时有序就医
10. 保护环境——节约公共资源,垃圾分类投放

范例2

河北省网络生态文明公约

好生态　大家创　文明公约一齐唱
遵法规　不能忘　网络安全有保障

价值观　道德榜　优秀文化多弘扬
讲格调　树风尚　社会责任勇担当

国旗红　国歌亮　网络使用应妥当
尊英模　敬先烈　不可亵渎把本忘

远邪教　眼擦亮　封建迷信勿宣扬
恐惊残　人性丧　网络暴力要抵抗

识谣言　别上当　善于思考求真相
不侮辱　禁诽谤　隐私切莫传网上

键盘侠　标题党　敢于批评不助长
博眼球　骗打赏　大胆揭露正导向

反三俗　除不良　色情赌毒须提防
网引诱　不健康　警惕孩子来模仿

绯闻事　莫炒作　灾害事故少夸张
网热点　细思量　相信权威辨假象

假账号　造流量　恶意营销必曝光
守诚信　自律强　违法广告拒投放

全社会　明方向　举报监督来护航
爱河北　正能量　网络家园更清朗

河北省委网信办　宣

第十四讲　信函类文书写作与范例(一)

第一节　贺信(电)

一、贺信(电)的特点

贺信(电)适用于对作出突出贡献或取得重大成就的机关、团体或个人表示祝贺,有时也用于对重大会议的召开、重大工程的开工表示祝贺。

作为一种重要的专用书信文种,贺信(电)可以直接发给对方,也可以通过纸质或电子媒介公开发布。

二、贺信(电)的写法

(一) 标题的写法

一般在第一行正中写上"贺信(电)"两字即可。也有的采用"机构+事由+文种"的标题形式,如《中共中央　全国人大常委会　国务院　全国政协　中央军委关于庆祝广西壮族自治区成立60周年的贺电》。如果是个人之间发送的贺信(电),这部分可以省略。

(二) 称谓的写法

顶格写接受贺信(电)的单位名称或个人姓名,最后加上冒号。比如,上述贺电的称谓写作"中共广西壮族自治区委员会、广西壮族自治区人大常委会、广西壮族自治区人民政府、广西壮族自治区政协、广西军区:"。

(三) 正文的写法

一般要写以下三个部分的内容。

1. 表示祝贺。如,"值此广西壮族自治区成立60周年之际,中共中央、全国人大常委会、国务院、全国政协、中央军委向广西壮族自治区各族干部群众和各界人士,向人民解放军驻广西部队指战员、武警广西部队官兵和政法干警,向所有关心支持广西壮族自治区建设发展的同志们和朋友们,致以热烈的祝贺和亲切的慰问!"

2. 作出评价。对于对方取得的成就或反响作出肯定性评价。如果是祝贺会议、活动的贺信(电)，一般要点出其主要内容和重要性。

3. 表达祝愿。表达热情的祝愿或殷切的希望。如2021年东京奥运会期间，上海市委市政府致中国体育代表团的两封贺信的结尾分别为："衷心祝愿中国体育健儿在东京奥运会上再接再厉、再创佳绩！""衷心祝愿中国体育健儿在东京赛场上昂首阔步、再接再厉，为祖国和人民赢得更多荣誉。"

（四）落款的写法

应包括署名及写信(或发电)日期。

贺信(电)范例

范例1

中共中央 国务院
对C919大型客机取得型号合格证的贺电

国务院大型飞机重大专项领导小组、中国商用飞机有限责任公司并C919大型客机项目各参研参试参审单位和全体同志：

在C919大型客机取得中国民用航空局型号合格证之际，中共中央、国务院向参加C919大型客机项目的全体单位和人员，表示热烈的祝贺和亲切的慰问！

C919大型客机取得型号合格证，标志着我国具备按照国际通行适航标准研制大型客机的能力。这是在以习近平同志为核心的党中央亲切关怀和坚强领导下，深入实施创新驱动发展战略取得的重大成果，是建设制造强国的重要标志，是新时代改革开放和社会主义现代化建设的重要成就，对于增强我国经济实力、科技实力、民族凝聚力、国际影响力具有十分重要的意义。

在15年的奋斗历程中，大飞机人发扬长期奋斗、长期攻关、长期吃苦、长期奉献的优良作风，凝聚攻坚克难、锲而不舍、协同创新、追求卓越的精神力量，践行使命担当，勇攀科技高峰，谱写了大飞机事业发展新篇章。祖国和人民感谢你们！

让中国的大飞机翱翔蓝天，承载着国家意志、民族梦想、人民期盼。C919大型客机研制成功并取得型号合格证，是我国大飞机事业征程上的重要里程碑。飞机即将投入市场运营，加快规模化和系列化发展等后续任务依然艰巨繁重。你们要更加紧密地团结在以习近平同志为核心的党中央周围，坚持以习近平新时代中国特色社会主义思想为指导，深刻领悟"两个确立"的决定性意义，增强"四个意识"、坚定"四个自信"、做到"两个维护"，坚持安全第一、质量第一，不忘初心、砥砺前进,坚定不移推进制造强国建设,为实现第二个百年奋斗目标、实现中华民族伟大复兴的中国梦再立新功!

中共中央　国务院
2022年9月29日

范例2

贺　电

中国体育代表团:

　　欣悉上海运动员陈芋汐与队友张家齐在东京奥运会跳水女子双人10米跳台决赛中默契配合、技压群芳,为中国跳水"梦之队"再夺一枚金牌。我们谨代表上海人民表示热烈祝贺!

　　陈芋汐第一次出征奥运会就站上最高领奖台,展现了我国年轻一代运动员的精湛技术和过硬心理素质,体现了奋勇争先、顽强拼搏的精神。陈芋汐取得的优异成绩,离不开国家体育总局和中国跳水队的悉心培养。我们向国家体育总局和中国跳水队表示衷心的感谢!

　　衷心祝愿中国体育健儿在东京奥运会上再接再厉、再创佳绩!

中共上海市委　上海市人民政府
2021年7月27日

第二节　慰问信(电)

一、慰问信(电)的特点

　　慰问信(电)适用于在节日或遇有重大事件或特殊情况时向有关单位或个人表示安慰和问候,主要有两种:一种是在节假日期间或重大会议、活动举办后向有关单位或个人表示慰问和感谢;一种是在有关单位或个人处于特殊的情况(如战争、自然灾害、事故)下、遭受不幸时对其表示慰问。

二、慰问信(电)的写法

(一) 标题的写法

慰问信(电)的标题有三种写法:一是在第一行正中写上"慰问信"或"慰问电"三字;二是采用"致×××的慰问信"这种形式,如《致全市广大教师的慰问信》;三是以"发文单位+慰问对象+文种"命名,一般写成"×××致×××的慰问信"。

(二) 称谓的写法

顶格写慰问对象的单位名称或个人姓名,最后加上冒号。假如慰问对象是个人,则宜在个人姓名前加上敬称(如"尊敬的""敬爱的"),在个人姓名后加上称呼语(如"先生""女士"等)。像《致邹韬奋夫人沈粹缜的慰问信》中将邹韬奋夫人沈粹缜称作"粹缜先生",是一种尊称,与性别无关。

(三) 正文的写法

慰问信(电)的正文一般要写以下三个部分的内容。

1. 慰问背景。简要说明此次慰问的背景或原因。

2. 慰问事项。有时会写明对方遭受的损失、表现出的精神及给予的慰问支持;有时会先叙述对方的成就值得学习,再表示慰问。具体可根据慰问对象的不同情况来确定。

3. 提出希望,表达祝愿。这部分内容有的合写,有的分写。2020年教师节,北京市委教育工委、市教委发出的《致全市广大教师的慰问信》就属于后者。该慰问信先提出希望:"希望广大教师不忘初心、牢记使命,认真学习贯彻习近平总书记关于教育的重要论述,始终坚持把立德树人作为根本任务,增强危机意识、提升治理能力,不断创新教育理念、深化教育改革、探索未来教育发展的新模式,促进首都教育开新局、育新机,持续高质量内涵发展,努力培养德智体美劳全面发展的社会主义建设者和接班人,为国家富强、民族复兴、人民幸福作出新的更大的贡献!"再表达祝愿:"再次向敬爱的老师们致以节日的祝福和崇高的敬意!祝你们身体健康、阖家欢乐,工作顺利、幸福平安!"

(四) 落款的写法

应包括署名及写信(或发电)日期。

慰问信(电)范例

致全市广大教师的慰问信

全市教师朋友们：

在第 36 个教师节来临之际，北京市委教育工委、北京市教委向全市广大教师致以节日的祝贺！向疫情防控中守护全市学生健康成长和全面发展的 40 万教育工作者表示衷心的感谢！向长期以来默默支持你们的家人朋友致以亲切的问候！

2020 年是难忘的一年。从寒假到暑假，一场新中国史无前例的大疫肆虐全国，开学复课一波三折。全市教育工作者闻令而动、挺身而出，与全社会并肩作战，奋力打赢"抗疫保学"人民战争、总体战、阻击战。高校附属医院的医师，千里奔赴武汉、驰援灾区，你们是"抗疫"的最美逆行者；高校科研工作者，日夜奋勇攻坚、科研报国，你们是"抗疫"的硬核力量；广大一线教师，创新教学方式、云端育人，你们是"停课不停学"的中流砥柱！200 多个负重前行的日日夜夜，首都教育工作者用行动和汗水书写了新时代人民教师的使命与担当！

教育是国之大计、党之大计，教师乃立教之本、兴教之源。近年来，全市广大教师坚持以习近平新时代中国特色社会主义思想为指导，全面贯彻党的教育方针，争做新时代"四有好老师"和"四个引路人"，潜心育人、孜孜不倦、拼搏进取、无私奉献，为加快实现教育现代化、办好人民满意的首都教育作出了重要贡献，赢得全社会广泛赞誉。在广大教育工作者的共同努力下，首都教育改革发展不断取得新突破，始终走在前列，为建设国际一流和谐宜居之都提供了强大的人才保障和智力支持。

当前，首都疫情防控取得重大成果，朗朗书声重回校园。但面对世界百年未有之大变局和中华民族伟大复兴的战略全局，风险和挑战依然存在，为党育人、为国育才任重道远。希望广大教师不忘初心、牢记使命，认真学习贯彻习近平总书记关于教育的重要论述，始终坚持把立德树人作为根本任务，增强危机意识、提升治理能力，不断创新教育理念、深化教育改革、探索未来教育发展的新模式，促进首都教育开新局、育新机，持续高质量内涵发展，努力培养德智体美劳全面发展的社会主义建设者和接班人，为国家富强、民族复兴、人民幸福作出新的更大的贡献！

教师是太阳底下最光辉的职业,为学莫重于尊师。再次向敬爱的老师们致以节日的祝福和崇高的敬意!祝你们身体健康、阖家欢乐,工作顺利、幸福平安!

北京市委教育工委　北京市教委
2020 年 9 月 10 日

第三节　感谢信

一、感谢信的特点

感谢信适用于向帮助、关心和支持过己方的单位或个人表示感谢。作为一种使用广泛的专用书信,它具有感谢和表扬的双重意味,对于扬正气、树新风、汇聚宣扬正能量有着重要作用。

感谢信和上节的慰问信(电)一样,都有激励、肯定的意味,但两者存在明显的区别:一是写作时间不同。慰问信多写于事中,有时也会在重要节日之前,如 2021 年济南市卫健委《"五一"国际劳动节致全市卫生健康系统广大职工的慰问信》发布于 4 月 30 日;而感谢信多写于经历过某事之后,如《中共北京市委　北京市人民政府　北京冬奥组委致全市人民的感谢信》。二是写作目的不同。慰问信重在鼓励、慰藉被慰问者,而感谢信除了表达感谢外,还旨在由此推动良好社会风气的形成。三是写作内容不同。详见感谢信和慰问信的写法部分。

二、感谢信的写法

(一) 标题的写法

标题可以只写文种,即只写"感谢信"三个字;也可以加上感谢对象,采用"致××的感谢信"这种形式;还可以再加上感谢方,如《中共四川省委　四川省人民政府致广大海外侨胞的感谢信》。

(二) 称谓的写法

顶格写感谢对象的单位名称或个人姓名,最后加上冒号。

(三) 正文的写法

感谢信的正文一般要写以下四个方面的内容。

1. 感谢缘由。先点明相关背景,再直接表达感谢之意。

2. 感谢事项。具体叙述对方所提供的帮助和付出的心血。
3. 展望打算。提出后续工作打算或者相关设想。
4. 希望祝愿。再次表达己方的感谢,以美好祝愿作结。

(四) 落款的写法

应包括单位或个人署名,以及写信日期。

感谢信范例

范例1

中共四川省委 四川省人民政府致广大海外侨胞的感谢信

广大海外侨胞:

"5·12"汶川特大地震发生后,广大海外侨胞情系灾区,与四川人民心手相连、患难与共,给予了倾情援助和巨大支持,为四川抗震救灾和灾后恢复重建作出了重大贡献。值此汶川特大地震三周年之际,我们谨代表地震灾区和全川9000万人民向你们表示衷心的感谢并致以崇高的敬意!

大灾显侨爱,危难鉴侨心。你们在抗震救灾关键时刻,第一时间紧急行动起来,慷慨解囊、捐款捐物、致电慰问、参与救灾,我们永远铭记危难之际广大侨胞伸出的一双双援助之手。你们在灾后恢复重建繁重阶段,通过"侨爱工程""侨爱家园"等项目,捐建公益设施、资助住房建设、开展心理救助、参与产业重建,我们永远感恩困境之中广大侨胞给予的一份份关爱之情。你们的壮行义举,倾注着与灾区人民血脉相连的赤子情怀,传递着与灾区人民同舟共济的无价情谊。你们的无疆大爱,展现了中华民族扶危济困、乐善好施的光荣传统,昭示了炎黄子孙血浓于水、情深于海的骨肉亲情。

承关爱自奋起,历磨难志愈坚。三年来,四川走过了极为特殊、极其艰难、极不平凡的历程,我们在党中央、国务院的坚强领导和社会各界的大力支持下,发扬伟大抗震救灾精神,团结奋斗、崛起危难,取得了灾后恢复重建的决定性胜利,创造了抗震救灾、灾后重建和加快发展的奇迹,书写了"从悲壮走向豪迈"的精彩篇章。曾经山河破碎、满目疮痍的地震灾区,如今已发生翻天覆地、脱胎换骨的巨大变化,经济快速发展,社会和谐进步,人民安居乐业,重新焕发出蓬勃生机和旺盛活力。我们热忱欢迎广大侨胞到灾区考察指导。

三年风雨路,而今从头越。震后四川依然美丽、震后四川更加安全,我们愿与广大侨胞携手共进、交流合作,共同开创更加美好的明天!

中共四川省委　四川省人民政府
2011年5月4日

范例2

感 谢 信

山西省委、省政府:

在党中央、国务院的坚强领导下,在全国人民的大力支持下,举世瞩目的第24届冬季奥林匹克运动会成功举办。中国体育代表团向世界展现了新时代中华体育健儿的精神风貌,共收获9金4银2铜15枚奖牌,高质量完成"飘、升、奏"和"参赛出彩"任务,取得冬奥会参赛历史最好成绩,实现了运动成绩与精神文明双丰收。

三晋冰雪运动持续升温,冰雪氛围日益浓厚。山西优秀运动员苏翊鸣初出茅庐即绽放光彩,实现中国单板滑雪项目奥运金牌突破,以自身正能量将奥林匹克精神和冰雪运动种子播撒在更多青少年心中。全省对国家队训练备战给予了全方位支持,提供了坚强保障。在此,谨向山西省委、山西省人民政府和全省人民表示衷心感谢!

冬奥盛会闪耀着团结精神和奋进力量,将载入奥林匹克史册,也将化为我们前行的动力。在建设体育强国、健康中国的新征程上,让我们更加紧密地团结在以习近平同志为核心的党中央周围,以习近平新时代中国特色社会主义思想为指引,不断提升我国竞技体育综合实力,提高为国争光能力,巩固和扩大"带动三亿人参与冰雪运动"成果,增强人民体质,为实现中华民族伟大复兴的中国梦贡献体育力量。

第二十四届冬奥会中国体育代表团
2022年2月20日

第十五讲　信函类文书写作与范例(二)

第一节　公开信

一、公开信的特点

公开信适用于就某项重要工作或者某个重大问题,向一定范围的有关人员公开告知,引起讨论,内容一般涉及比较重大的问题,具有指导、教育和宣传的作用。可以笔写,也可以通过纸质或电子媒介发布。

根据使用场合的不同,公开信一般可以分为两种:

1. 节庆类公开信。这类公开信一般是以机关、组织、团体的名义,在遇有重大事件、活动或节日时给有关单位、集体发出的书信。这种公开信有问候、表扬和鼓舞士气的效果,如《致广大应征青年的公开信》。

2. 针对具体问题的公开信。这类公开信是机关、团体或个人针对某一严重问题或新现象给有关对象发出的书信。这类公开信主要是为了弘扬正气,会根据具体问题提出表扬或批评,倡导新风或给出建议,等。

二、公开信的写法

(一) 标题的写法

公开信标题的写法有多种:最简单的写法是直接标明文种"公开信";也可以按"致×××的公开信"的形式书写,如《致全市广大适龄青年的公开信》《致高考考生的公开信》。有时,我们也能看到有主副标题的公开信,如《肩负使命,以梦为马——五四青年节致全市青年师生的一封信》。

(二) 称谓的写法

根据发信对象和方式的不同,公开信的称谓或写集体称呼,或写个人姓名。在称呼之前,也可以根据不同对象的身份特点写上"尊敬的""敬爱的"等字样,如"尊敬的市民朋友""广大应征青年和家长同志们""亲爱的考生"等。

(三) 正文的写法

根据内容的不同,公开信的正文有两种写法。

节庆类公开信一般先写关怀、问候、祝愿的话,再分条列举受信对象的品德、贡献或影响,然后根据受信对象的共同特征提几点相应的要求,最后发出号召。

针对某一具体问题的公开信一般先写问题发生的背景、事件的经过,再表明或表扬或批评的态度,最后提出某种主张或者建议。

有的公开信在正文的最后还会有结语,如"祝进步"等。

(四)落款的写法

在最后署上发信单位名称或个人姓名,并在下面注明日期。

撰写公开信,应尽力做到以下三个方面:一是要思虑周全,将写作公开信所要达到的目标的实现可能性充分考虑在内;二是要诚恳、能共情,能够设身处地站在受信对象的角度思考问题,切忌自我感动;三是要把握好公开信的内容,使其能够充分体现时代精神和社会发展的趋势。

公开信范例

逐梦青春　就业启航——致2023届高校毕业生的一封信

亲爱的2023届毕业生们:

仲夏将至,青春扬帆。大家即将迈入社会,抒写人生新篇章。在此,向你们表示衷心祝贺!

就业创业是实现人生价值的重要阶梯,是逐梦青春、成就未来的起点。党和政府对此十分关心,推出了一系列政策措施,为你们就业创业创造条件、增添助力。人力资源社会保障部门将会同各方,强化政策落实,优化不断线服务,为你们就业扬帆保驾护航!

——如果你已落实工作单位,请及时办理就业手续。你需要尽快与用人单位签订劳动合同,跟进缴纳社会保险,确认档案转递去向,并在规定时间内办理户口迁移、党团组织关系接转等手续。你入职的企业,也可以申请社会保险补贴、吸纳就业补贴等政策支持。

——如果你还在求职,我们将助你一臂之力。你可以到当地公共就业人才服务机构或登录求职登记小程序,进行求职登记、失业登记,免费获取岗位信息、职业指导、职业培训等公共就业服务。

——如果你有志自主创业,我们将为你搭建平台。你可以参加创业培训,提升创业能力;可以申请创业担保贷款及贴息、税收优惠、创业补贴等政策,减轻创业压力;还可以申请入驻创业孵化基地,获取开业指导、项目推介、孵化服务等支持。人力资源社会保障部门还将举办系列创业创新大赛等活动,为你们搭建项目展示、成果转化、融资对接平台。

——如果你选择灵活就业,我们将为你提供服务保障。你可以按照灵活就业人员身份参加社会保险,申请获得社会保险补贴。其中,参加职工基本养老保险的,可以灵活选择缴费基数、缴费时间。

——如果你暂时不考虑就业,也请珍惜韶华、加油充电。你可以参加就业见习、技能提升、志愿服务等实践活动,丰富阅历、增长才干,积蓄力量、厚积薄发。

——对于家庭困难、身有残疾等有特殊难处的同学,我们将为你们开展结对帮扶、就业援助。优先为你们推荐岗位、提供服务,帮助你们成就人生梦想。

同学们,从今年起,学校将不再为毕业生发放就业报到证,各地和各有关部门也不再将此证作为办理毕业生招聘录用、落户、档案转递接收等手续的必需材料。大家如果想查询高校毕业生就业创业相关政策服务,可以登录各级人力资源社会保障部门官网、高校毕业生就业服务平台、中国公共招聘网,或拨打12333服务热线。

这里也提醒大家,在参加线上线下求职招聘时,要擦亮眼睛、提高警惕,注意防范虚假招聘、黑职介、乱收费、培训贷、扣证件等求职陷阱。如发现侵权行为,请立即向当地人力资源社会保障部门投诉举报。

青春奋斗路上,人力资源社会保障部门将会暖心伴你身边、用心助你成长。衷心祝愿你们早日找到心仪的工作,在人生的新起点上不负韶华,逐梦未来!

人力资源社会保障部
2023年6月

第二节 邀请函

一、邀请函的特点

邀请函是党政机关、企事业单位、社会团体等用于邀请有关单位和个人参加会议或活动的一种专用书信,又叫"邀请信""邀请书"。这里的邀请函不同于党政机关法定公文中的"函",二者在法定效力、行文要求和具体格式上都有所不同,要注意区分。

二、邀请函的写法

（一）标题的写法

邀请函的标题主要有两种写法：一是直接写"邀请函"，二是"会议（活动）名称+邀请函"。现在也有一些重大活动庆典的邀请函是专门定制的。如北京大学120周年校庆邀请函的封面上，"邀请函"三个字竖排居中，其上是横排书写的"北京大学建校120周年纪念大会"。这个邀请函里装的是一块京师大学堂的铭牌，铭牌的背后是活页形式的北大经典的西校门。

（二）称谓的写法

顶格写被邀请的单位或个人的姓名和称呼，后加冒号。

（三）正文的写法

邀请函的正文一般要写以下三个方面的内容。

1. 缘由。包括会议（活动）的背景、目的。也有的邀请函在这部分会直接使用问候语"您好"等。

2. 具体事项。包括时间、地点、内容、方式、邀请对象，以及需要邀请对象所做的工作等。活动的各种事宜务必在邀请信中写周详。如果邀请了外地来宾，在正文之后可将报到地点、食宿安排、接站安排、乘车线路等信息告知受邀方。

3. 结语。另起一行，写上"敬请光临""欢迎光临""敬请莅临指导"等；也可以直接写在主体部分结尾处。

（四）落款的写法

应包括发出邀请的单位名称和成文日期。正式邀请函一般应加盖印章。

有的邀请函还会有附注、附件和附件说明。活动联系人的联系方式既可以放在正文的具体事项部分，也可以放在附注、附件里。《中国国际人才交流大会杭州专场活动邀请函》就属于后者。

邀请函范例

范例1

邀 请 函

××大学校长：

今年是我校建校××周年。兹定于×月×日上午×时，在我校大礼堂举行校庆庆典。

敬请光临！

×× 学校 ×× 周年校庆筹备组
20×× 年 × 月 × 日

范例 2

邀　请　函

尊敬的 ××× 先生/女士：

×× 市 ××× 初步设计已由 ×× 公司编制完成。我局现定于 × 月 × 日（星期 ×）上午在 ×× 会议室召开项目初步设计审查会，敬请拨冗出席。

附件：1. ××× 初步设计审查会议程表
　　　2. ××× 初步设计文件

×× 市 ×× 局办公室
20×× 年 × 月 × 日

（附件略）

范例 3

<h2 style="text-align:center">中国国际人才交流大会杭州专场活动
邀　请　函</h2>

各单位，各领域高层次人才：

为落实浙江省杭州市人才强市战略，积极打造人才生态最优市，全力推动高质量发展，定于 2021 年 4 月 25 日上午 9:00 在深圳会展中心 6 楼水仙厅举办"中国国际人才交流大会杭州专场活动"。现诚挚邀请各单位及海内外广大高层次人才参会,携手助推杭州经济企稳向好,助力展现"重要窗口"的"头雁风采"。

感谢拨冗出席,并请于4月15日前将《中国国际人才交流大会杭州专场报名表》(见附件)发至组委会指定邮箱。

此函。

附件:中国国际人才交流大会杭州专场报名表

中国国际人才交流大会组委会
2021年4月7日

(联系人:×××;电话:××××××××××)

(附件略)

第三节 倡议书

一、倡议书的特点

倡议书是为开展或推动某项活动或事业而向社会或有关方面发起倡议,号召大家积极响应的一种专用书信。"倡"很早就有带头、倡导的意思。比如,西汉文帝时,晁错写给皇帝的公文《守边劝农疏》说:"陈胜行戍,至于大泽,为天下先倡,天下从之如流水者,秦以威劫而行之之敝也。"三国时,曹植的《求存问亲戚疏》中有"今之否隔,友于同忧,而臣独倡言者,窃不愿于圣世使有不蒙施之物",这里的"倡言"和我们现在所说的"倡议"的意思就基本差不多了。

二、倡议书的写法

(一)标题的写法

倡议书的标题有三种写法:可以在倡议书开头的中间,直接标明"倡议书"三个字;可以在"倡议书"三个字前点明倡议的内容,如《××活动倡议书》《关于净化网络环境的倡议书》;也可以使用"三要素"的公文式标题,即倡议者+倡议内容+"倡议书",如《中国银行业协会、中国支付清算协会关于降低自动取款机(ATM)跨行取现手续费的倡议书》。

（二）称谓的写法

根据倡议对象选用不同的称呼。有一部分倡议书会在正文中点明倡议对象。

（三）正文的写法

倡议书的正文一般要写以下三个方面的内容。

1. 倡议缘由。简要点明发起倡议的背景、原因和意义等。这部分是促动倡议对象响应此次倡议的关键，一般不能省略。

2. 倡议内容。分条写明倡议的具体内容和要求。注意每个方面都要交代清楚，便于倡议对象展开行动。

3. 号召行动。卒章显志，提出行动的号召或希望。有的倡议书会省略这一部分。

正文部分是倡议书的核心，要做到语言简练、条理清楚，还要带有一定的鼓动性。

（四）落款的写法

应包括倡议者的名称及发出倡议的日期。

倡议书范例

"践行绿色生活　共建美丽上海"倡议书

市级机关广大干部职工：

日前，习近平总书记在全国生态环境保护大会上发表重要讲话，要求各级党政机关和国有企事业单位在推动形成绿色生活方式上走在前列。市级机关作为贯彻落实党中央决策部署、市委工作要求的"第一方阵"，要认真学习贯彻习近平总书记重要讲话精神，持之以恒带头践行绿色生活方式，努力打造美丽中国上海典范。现发出倡议如下：

深入学习贯彻习近平生态文明思想。切实提高政治站位、增强政治自觉，带头深入学习宣传贯彻习近平生态文明思想，带头深入学习贯彻习近平总书记考察上海重要讲话和对上海工作的重要指示要求，坚定拥护"两个确立"、坚决做到"两个维护"，始终牢记"三个务必"，着力把美丽上海建设的美好蓝图转化为施工图、实景画，凝聚形成共建共享生态之城的强大合力。

建设节约型机关。坚持勤俭办一切事业，养成简朴之风，形成崇尚绿色低碳的良好氛围。践行绿色节能办公，带头执行节能法规标准，自觉肩负起节能工作责任。精简会议、公务活动并严控规模，倡导视频会议，充分利用网上办公系统，尽量减少纸质资料印发。节约用电，合理使用空调，严格执行公共建筑空调温度控制标准（空调夏季温度设置不低于26℃，冬季不高于20℃），办公设备长时间不使用时关闭电源，光线充足时优先采用自然光。节约用水，随手关闭水龙头。

制止餐饮浪费行为。牢记"小餐饮"中有"大政治"，"我之小节"关乎"国之大者"，带头落实餐饮节约各项措施，单位就餐适量取餐，居家烹饪合理定量，外出就餐理性消费，身体力行"光盘行动"，杜绝"舌尖浪费"，以"小餐饮"带动"大节约"，推动全社会养成爱惜粮食、文明餐饮习惯。

引领绿色新风尚。坚持垃圾分类，积极参与社区垃圾分类志愿服务，推动垃圾分类成为低碳生活新时尚。积极践行绿色低碳出行方式，尽量乘坐公共交通工具或拼车出行。倡导"一物多用"，减少塑料袋、一次性用品的使用。坚持绿色、环保、健康的消费理念，从我做起，从身边小事做起，从现在做起，为加快打造人与自然和谐共生的现代化国际大都市书写市级机关的"绿色答卷"。

中共上海市市级机关工作委员会　上海市机关事务管理局

2023 年 7 月 31 日

第十六讲　其余文书写作与范例

第一节　公示

一、公示的特点和类型

公示是党政机关、企事业单位和社会团体在作出涉及某项决策、人事任免、组织处理或安排等重要事项的决定前,用以征求一定范围公众意见的一种周知性公文。

公示在现实生活中运用广泛,从不同的角度有多种不同的分类。

1. 按发文单位的不同,有政府公示、部门公示和单位公示。

2. 按写作形式的不同,有文章式公示、表格式公示和综合式公示。

3. 按公示内容的不同,可分为公务员录用公示、任前公示、评优评奖公示、晋升技术职称公示、行政事业性收费公示、项目招标公示等。

二、公示的写法

（一）标题的写法

公示的标题有三种形式:一是直接用"公示"两字;二是公示所属区域加上公示内容和文种,如《××省省管领导干部任职前公示》《××市市管干部任前公示》;三是由公文内容加文种组成,如《关于×××同志拟任职的公示》。

（二）正文的写法

公示的正文一般要写以下三个部分的内容。

1. 公示缘由。包括发布公示的原因、目的、根据和意义等,然后用"现将有关事项(名单)公示如下"等语句过渡到下文。

2. 公示事项。公示事项根据不同类别有所不同,比如干部任前公示,要具体逐项列示拟任对象的基本情况,包括姓名、性别、年龄、政治面貌、文化程度、工作简历、现任和拟任职务,以及主要政绩或业绩等。

3. 公示要求。一般要注明公示的起始及截止日期(以工作日计),意见反馈的单位地址、方式及联系方式等,便于群众反馈意见。公示时间一般是5个工作日,也有的公示时间为 15 天。

（三）落款的写法

公示的落款包括发布公示单位的名称（要写全称或者规范化简称）和成文日期（完整的年月日，用阿拉伯数字表示。一般是公示起始时间的前一天），并加盖公章，以示庄重。

公示范例

关于×××同志拟任职的公示

现将经省委研究的拟提拔任职干部情况公示如下，请予监督：

×××，19××年×月生，××××人，大学学历，公共管理硕士学位，中共党员，现任××署××司副司长（20××年×月任副厅级），拟任省直单位正厅长级职务。

公示期限：20××年×月×日至20××年×月×日

监督电话：××××-×××××

中共××省委组织部

20××年×月×日

第二节　会议记录

一、会议记录的特点

在人类社会的演化过程中，群体协作是完成复杂任务时必不可少的途径。为了从一对一的沟通走向一对多、多对多的群体互动，会议活动也就逐渐产生了。凝聚这些互动的智慧精华的，就是会议记录。

所谓会议记录，现在一般指的是在会议过程中由专门人员如实记录会议基本情况和具体内容而形成的书面材料，是一种没有正式打印和盖章的特殊文件。

按照不同会议的性质，会议记录大致可以分为办公会议记录、专题会议记录、联席（协调）会议记录、座谈会议记录等。会议记录是反映会议真实情况的重要资料，可作为备查或者传达会议决定、贯彻会议精神的依据，也可作为会后进一步分析、研究、总结工作的重要参考资料。

会议记录有三大特点：

1. 实录性

要按照会议进行过程将发言人的讲话内容、研究认定的问题如实地记录下来。发言者怎么说就应该怎么记，对文字、结构一般不允许加工、整理，更不允许更改重要内容。任何人篡改会议记录都是严重的错误。

2. 凭据性

会议记录是第一手材料，一旦会后对某问题的讨论和决定有争议或需要核实，可据此确定原委。另一文种纪要一般是在会议记录的基础上加工整理而成的，制发其他文种（如通知等）时也常会将会议记录作为参考。

3. 时效性

记录者一定要做到迅速及时。由于会议发言者可能存在语速快、有口音等情况，要提前准备好录音笔，做好备份。但是，手工记录才是根本，一定要精神高度集中并达到一定的记录速度，避免出现记录内容的遗漏、错乱等。

二、会议记录的写法

会议记录一般包括会议基本情况和会议具体内容两部分。

（一）会议基本情况的写法

会议基本情况包括会议名称、召开时间、地点、出席情况（出席人或列席人数目较多时，可写与会人员的范围）、会议主持人、记录人等。上述项目可按固定格式印制在记录纸首页，一般在会议宣布开始前后就可以写上。各项具体写法见后附范例。

（二）会议具体内容的写法

在记录过程中，记录人要重点关注以下方面：

1. 会议主持人的启示性讲话或大会的宗旨报告。
2. 与会者的各种发言。
3. 会议的决定、决议和会议主持人的总结。

其中，第一、三部分要力求详尽记录，第二部分除了有争议的问题外，可以根据会议的内容、性质、目的而选择详记或略记。另外，凡重要的会议或有关议定事项的会议，会议主席或主持人一般要在会议记录主体后签名以示负责。

会议记录范例

××支部党员大会会议记录

日期:××××年×月×日下午

地点:办公楼会议室

出席人数:××人

缺席人数:×人

主持人:×××(姓名)

记录人:×××(姓名)

会议议题:

1.(略)

2.(略)

发言:

主持人(姓名):按照本月工作安排,现在我们召开支部党员大会。应到党员××人,实到××人,缺席×人,其中正式党员应到××人,实到××人,缺席×人,实到人数超过党员半数。会议的议题是:……

下面,请大家围绕议题充分发表意见。

×××(姓名):(略)

×××(姓名):(略)

……

主持人(姓名):……(归纳小结)下面进行表决。同意×项议案的正式党员,请举手。不同意的,请举手。

同意:××人;弃权:×人;反对:×人。

决议:

1.(略)

2.(略)

不同意见:

1.(略)

2.(略)

主持人:×××(签字)

记录人:×××(签字)

第三节　大事记

一、大事记的特点

大事记适用于党政机关、企事业单位、社会团体记载自身重要活动或辖区所发生的重大事件。大事记既有史料价值，又可以为总结、报告等公文的写作提供具体的事实依据。

按照性质的不同，大事记一般可分为国家大事记、地区大事记、机关大事记、企业大事记等。也许同一件事，在某一单位属于日常事项，但在另一个单位却是大事。所以这里所说的"大事"，并不是说一定要是影响国计民生的大事件，而是指能反映单位工作活动全貌、具有史料价值的事项。其具体记述范围包括：各种重要的决定、办法、通知等文件的颁布实施情况，各种重要的会议和活动情况，区域和隶属关系变化，机构建立、撤并调整及名称更改情况，领导成员的任免情况和重要活动情况，奖励、处罚等情况，重大项目建设、重大成果取得情况，获得的各种重大荣誉，上级领导视察、检查工作，重要外联活动，以及其他大事、要事、新事等。

二、大事记的写法

（一）标题的写法

大事记标题的写法有三种。一是采用"单位名称+事由+文种"的格式，如《海南自由贸易试验区、自由贸易港大事记》《2021年浙江省成人继续教育大事记》；二是采用"单位名称+文种"的格式，如《××省人民政府大事记》《××集团大事记》；三是采用"事由+文种"的格式，如《改革开放四十年大事记》。

（二）主体的写法

大事记的主体一般采用"时间+事项"的日记体式，分条分项排列。

时间方面要求做到准确无误，要按年（如有）、月、日顺序依次排列，如："×月×日上午本机关政务会议，研究本单位奖金发放问题，通过了《××奖金发放办法》""×月×日，副省长×××到局视察工作，作了现场工作指导讲话。记录稿存××部门"。对时间不确切的事件，应尽力进行考证。先排有确切日期的大事，后排接近准确日期的大事，日期不清者附于月末，月份不清者附于年末。

事项方面应该择大事而摘其要，有大事则记，无大事则不记，不必勉强凑数。有时只用一两句话对有关事项加以记录即可，有时则要把相关事件发展的简要过程记录清楚。大事记的记录方法是客观实录：要保证内容真实，不能掺有编写者的任何主观看法或评论,也不能因为主观原因而有所取舍。只要是大事要事,都应该客观地记录下来,以待后用。

有的大事记还会在开头加一段按语。比如,《人民日报》2021年7月28日发布的《全面建成小康社会大事记》开篇的这段按语就很好地阐明了其编写目的及意义:

2021年7月1日,习近平总书记在庆祝中国共产党成立100周年大会上庄严宣告,我们在中华大地上全面建成了小康社会。小康是中华民族自古以来追求的理想状态。中国共产党一经诞生,就把为中国人民谋幸福、为中华民族谋复兴确立为自己的初心使命。改革开放之初党中央提出小康社会的战略构想,经过全党全国各族人民持续奋斗,我们实现了全面建成小康社会的第一个百年奋斗目标,正在意气风发向着第二个百年奋斗目标迈进。

大事记范例

教育部2020年综合防控儿童青少年近视工作大事记

2月至3月,教育部发布中小学生和家长疫情防控期间居家学习生活建议,印发《关于加强"三个课堂"应用的指导意见》《关于疫情防控期间以信息化支持教育教学工作的通知》,要求各校科学有序实施线上教学,严控在线时长。

5月,教育部牵头完善全国综合防控儿童青少年近视工作联席会议机制,科技部等6个部门加入,成员单位由9个增至15个。

5月21日,教育部印发《关于做好教育系统2020年全国"爱眼日"宣传教育工作的通知》。

6月4日,教育部应对新冠肺炎疫情工作领导小组办公室委托中国教育科学研究院和有关专家提出了《常态化防控新冠肺炎疫情前提下学校文明卫生、绿色健康生活方式倡导》。

6月15日,教育部召开新冠肺炎疫情防控与儿童青少年视力专题调研视频会议。

8月5日,教育部、国家卫生健康委和国家体育总局联合印发《全国综合防控儿童青少年近视工作评议考核办法(试行)》,推动各地切实落实综合防控儿童青少年近视相关政策要求。

8月31日,教育部召开"积极谋划对策　主动应对疫情对儿童青少年近视防控影响"专题视频研讨会。

9月15日,教育部印发《关于开展近视防控宣传教育月活动的通知》。

9月25日,全国综合防控儿童青少年近视工作联席会议机制第二次会议在北京召开,联席会议召集人、教育部党组书记、部长陈宝生出席会议并讲话。

10月14日,教育部办公厅印发《关于组织安排综合防控儿童青少年近视专题研讨班的通知》,研讨加强和改进新时代儿童青少年近视防控工作、学校卫生与健康教育工作。

10月16日,全国综合防控儿童青少年近视专家宣讲团举行第二次集体备课。

10月20日,教育部综合防控儿童青少年近视专题研讨班(第一期)在国家教育行政学院开班。

11月4日,教育部办公厅印发《关于做好2020年全国儿童青少年近视防控试点县(市、区)和改革试验区遴选工作的通知》,继续遴选和建设一批全国儿童青少年近视防控试点县(市、区)和改革试验区。

11月9日,印发《关于开展新冠肺炎疫情对儿童青少年视力影响第二次调研的通知》。

12月8日,教育部综合防控儿童青少年近视专题研讨班(第二期)举行。

2020年,教育系统"奋进之笔"项目要求将"实现地方儿童青少年近视率下降目标"作为"奋进之笔"厅长(主任)挂号项目,把降低儿童青少年近视率作为教育综合改革的重点任务。

附录一

党政机关公文处理工作条例[①]

第一章 总　则

第一条　为了适应中国共产党机关和国家行政机关(以下简称党政机关)工作需要,推进党政机关公文处理工作科学化、制度化、规范化,制定本条例。

第二条　本条例适用于各级党政机关公文处理工作。

第三条　党政机关公文是党政机关实施领导、履行职能、处理公务的具有特定效力和规范体式的文书,是传达贯彻党和国家的方针政策,公布法规和规章,指导、布置和商洽工作,请示和答复问题,报告、通报和交流情况等的重要工具。

第四条　公文处理工作是指公文拟制、办理、管理等一系列相互关联、衔接有序的工作。

第五条　公文处理工作应当坚持实事求是、准确规范、精简高效、安全保密的原则。

第六条　各级党政机关应当高度重视公文处理工作,加强组织领导,强化队伍建设,设立文秘部门或者由专人负责公文处理工作。

第七条　各级党政机关办公厅(室)主管本机关的公文处理工作,并对下级机关的公文处理工作进行业务指导和督促检查。

第二章　公文种类

第八条　公文种类主要有:

(一) 决议。适用于会议讨论通过的重大决策事项。

[①]　《中共中央办公厅、国务院办公厅关于印发〈党政机关公文处理工作条例〉的通知》(中办发〔2012〕14号)。

（二）决定。适用于对重要事项作出决策和部署、奖惩有关单位和人员、变更或者撤销下级机关不适当的决定事项。

（三）命令(令)。适用于公布行政法规和规章、宣布施行重大强制性措施、批准授予和晋升衔级、嘉奖有关单位和人员。

（四）公报。适用于公布重要决定或者重大事项。

（五）公告。适用于向国内外宣布重要事项或者法定事项。

（六）通告。适用于在一定范围内公布应当遵守或者周知的事项。

（七）意见。适用于对重要问题提出见解和处理办法。

（八）通知。适用于发布、传达要求下级机关执行和有关单位周知或者执行的事项，批转、转发公文。

（九）通报。适用于表彰先进、批评错误、传达重要精神和告知重要情况。

（十）报告。适用于向上级机关汇报工作、反映情况，回复上级机关的询问。

（十一）请示。适用于向上级机关请求指示、批准。

（十二）批复。适用于答复下级机关请示事项。

（十三）议案。适用于各级人民政府按照法律程序向同级人民代表大会或者人民代表大会常务委员会提请审议事项。

（十四）函。适用于不相隶属机关之间商洽工作、询问和答复问题、请求批准和答复审批事项。

（十五）纪要。适用于记载会议主要情况和议定事项。

第三章 公文格式

第九条 公文一般由份号、密级和保密期限、紧急程度、发文机关标志、发文字号、签发人、标题、主送机关、正文、附件说明、发文机关署名、成文日期、印章、附注、附件、抄送机关、印发机关和印发日期、页码等组成。

（一）份号。公文印制份数的顺序号。涉密公文应当标注份号。

（二）密级和保密期限。公文的秘密等级和保密的期限。涉密公文应当根据涉密程度分别标注"绝密""机密""秘密"和保密期限。

（三）紧急程度。公文送达和办理的时限要求。根据紧急程度，紧急公文应当分别标注"特急""加急"，电报应当分别标注"特提""特急""加急""平急"。

（四）发文机关标志。由发文机关全称或者规范化简称加"文件"二字组成，也可以使用发文机关全称或者规范化简称。联合行文时，发文机关标志可以并用联合发文机关名称，也可以单独用主办机关名称。

（五）发文字号。由发文机关代字、年份、发文顺序号组成。联合行文时，使用主办机关的发文字号。

（六）签发人。上行文应当标注签发人姓名。

（七）标题。由发文机关名称、事由和文种组成。

（八）主送机关。公文的主要受理机关，应当使用机关全称、规范化简称或者同类型机关统称。

（九）正文。公文的主体，用来表述公文的内容。

（十）附件说明。公文附件的顺序号和名称。

（十一）发文机关署名。署发文机关全称或者规范化简称。

（十二）成文日期。署会议通过或者发文机关负责人签发的日期。联合行文时，署最后签发机关负责人签发的日期。

（十三）印章。公文中有发文机关署名的，应当加盖发文机关印章，并与署名机关相符。有特定发文机关标志的普发性公文和电报可以不加盖印章。

（十四）附注。公文印发传达范围等需要说明的事项。

（十五）附件。公文正文的说明、补充或者参考资料。

（十六）抄送机关。除主送机关外需要执行或者知晓公文内容的其他机关，应当使用机关全称、规范化简称或者同类型机关统称。

（十七）印发机关和印发日期。公文的送印机关和送印日期。

（十八）页码。公文页数顺序号。

第十条 公文的版式按照《党政机关公文格式》国家标准执行。

第十一条 公文使用的汉字、数字、外文字符、计量单位和标点符号等，按照有关国家标准和规定执行。民族自治地方的公文，可以并用汉字和当地通用的少数民族文字。

第十二条 公文用纸幅面采用国际标准A4型。特殊形式的公文用纸幅面，根据实际需要确定。

第四章　行文规则

第十三条 行文应当确有必要，讲求实效，注重针对性和可操作性。

第十四条 行文关系根据隶属关系和职权范围确定。一般不得越级行文，特殊情况需要越级行文的，应当同时抄送被越过的机关。

第十五条 向上级机关行文，应当遵循以下规则：

（一）原则上主送一个上级机关，根据需要同时抄送相关上级机关和同级机关,不抄送下级机关。

（二）党委、政府的部门向上级主管部门请示、报告重大事项,应当经本级党委、政府同意或者授权;属于部门职权范围内的事项应当直接报送上级主管部门。

（三）下级机关的请示事项,如需以本机关名义向上级机关请示,应当提出倾向性意见后上报,不得原文转报上级机关。

（四）请示应当一文一事。不得在报告等非请示性公文中夹带请示事项。

（五）除上级机关负责人直接交办事项外,不得以本机关名义向上级机关负责人报送公文,不得以本机关负责人名义向上级机关报送公文。

（六）受双重领导的机关向一个上级机关行文,必要时抄送另一个上级机关。

第十六条 向下级机关行文,应当遵循以下规则:

（一）主送受理机关,根据需要抄送相关机关。重要行文应当同时抄送发文机关的直接上级机关。

（二）党委、政府的办公厅(室)根据本级党委、政府授权,可以向下级党委、政府行文,其他部门和单位不得向下级党委、政府发布指令性公文或者在公文中向下级党委、政府提出指令性要求。需经政府审批的具体事项,经政府同意后可以由政府职能部门行文,文中须注明已经政府同意。

（三）党委、政府的部门在各自职权范围内可以向下级党委、政府的相关部门行文。

（四）涉及多个部门职权范围内的事务,部门之间未协商一致的,不得向下行文;擅自行文的,上级机关应当责令其纠正或者撤销。

（五）上级机关向受双重领导的下级机关行文,必要时抄送该下级机关的另一个上级机关。

第十七条 同级党政机关、党政机关与其他同级机关必要时可以联合行文。属于党委、政府各自职权范围内的工作,不得联合行文。

党委、政府的部门依据职权可以相互行文。

部门内设机构除办公厅(室)外不得对外正式行文。

第五章 公文拟制

第十八条 公文拟制包括公文的起草、审核、签发等程序。

第十九条 公文起草应当做到:

（一）符合党的理论路线方针政策和国家法律法规,完整准确体现发文机关意图,并同现行有关公文相衔接。

（二）一切从实际出发，分析问题实事求是，所提政策措施和办法切实可行。

（三）内容简洁，主题突出，观点鲜明，结构严谨，表述准确，文字精练。

（四）文种正确，格式规范。

（五）深入调查研究，充分进行论证，广泛听取意见。

（六）公文涉及其他地区或者部门职权范围内的事项，起草单位必须征求相关地区或者部门意见，力求达成一致。

（七）机关负责人应当主持、指导重要公文起草工作。

第二十条　公文文稿签发前，应当由发文机关办公厅（室）进行审核。审核的重点是：

（一）行文理由是否充分，行文依据是否准确。

（二）内容是否符合党的理论路线方针政策和国家法律法规；是否完整准确体现发文机关意图；是否同现行有关公文相衔接；所提政策措施和办法是否切实可行。

（三）涉及有关地区或者部门职权范围内的事项是否经过充分协商并达成一致意见。

（四）文种是否正确，格式是否规范；人名、地名、时间、数字、段落顺序、引文等是否准确；文字、数字、计量单位和标点符号等用法是否规范。

（五）其他内容是否符合公文起草的有关要求。

需要发文机关审议的重要公文文稿，审议前由发文机关办公厅（室）进行初核。

第二十一条　经审核不宜发文的公文文稿，应当退回起草单位并说明理由；符合发文条件但内容需作进一步研究和修改的，由起草单位修改后重新报送。

第二十二条　公文应当经本机关负责人审批签发。重要公文和上行文由机关主要负责人签发。党委、政府的办公厅（室）根据党委、政府授权制发的公文，由受权机关主要负责人签发或者按照有关规定签发。签发人签发公文，应当签署意见、姓名和完整日期；圈阅或者签名的，视为同意。联合发文由所有联署机关的负责人会签。

第六章　公文办理

第二十三条　公文办理包括收文办理、发文办理和整理归档。

第二十四条　收文办理主要程序是：

（一）签收。对收到的公文应当逐件清点，核对无误后签字或者盖章，并注明签收时间。

（二）登记。对公文的主要信息和办理情况应当详细记载。

（三）初审。对收到的公文应当进行初审。初审的重点是：是否应当由本机关办理，是否符合行文规则，文种、格式是否符合要求，涉及其他地区或者部门职权范围内的事项是否已经协商、会签，是否符合公文起草的其他要求。经初审不符合规定的公文，应当及时退回来文单位并说明理由。

（四）承办。阅知性公文应当根据公文内容、要求和工作需要确定范围后分送。批办性公文应当提出拟办意见报本机关负责人批示或者转有关部门办理；需要两个以上部门办理的，应当明确主办部门。紧急公文应当明确办理时限。承办部门对交办的公文应当及时办理，有明确办理时限要求的应当在规定时限内办理完毕。

（五）传阅。根据领导批示和工作需要将公文及时送传阅对象阅知或者批示。办理公文传阅应当随时掌握公文去向，不得漏传、误传、延误。

（六）催办。及时了解掌握公文的办理进展情况，督促承办部门按期办结。紧急公文或者重要公文应当由专人负责催办。

（七）答复。公文的办理结果应当及时答复来文单位，并根据需要告知相关单位。

第二十五条　发文办理主要程序是：

（一）复核。已经发文机关负责人签批的公文，印发前应当对公文的审批手续、内容、文种、格式等进行复核；需作实质性修改的，应当报原签批人复审。

（二）登记。对复核后的公文，应当确定发文字号、分送范围和印制份数并详细记载。

（三）印制。公文印制必须确保质量和时效。涉密公文应当在符合保密要求的场所印制。

（四）核发。公文印制完毕，应当对公文的文字、格式和印刷质量进行检查后分发。

第二十六条　涉密公文应当通过机要交通、邮政机要通信、城市机要文件交换站或者收发件机关机要收发人员进行传递，通过密码电报或者符合国家保密规定的计算机信息系统进行传输。

第二十七条　需要归档的公文及有关材料，应当根据有关档案法律法规以及机关档案管理规定，及时收集齐全、整理归档。两个以上机关联合办理的公文，原件由主办机关归档，相关机关保存复制件。机关负责人兼任其他机关职务的，在履行所兼职务过程中形成的公文，由其兼职机关归档。

第七章 公文管理

第二十八条 各级党政机关应当建立健全本机关公文管理制度,确保管理严格规范,充分发挥公文效用。

第二十九条 党政机关公文由文秘部门或者专人统一管理。设立党委(党组)的县级以上单位应当建立机要保密室和机要阅文室,并按照有关保密规定配备工作人员和必要的安全保密设施设备。

第三十条 公文确定密级前,应当按照拟定的密级先行采取保密措施。确定密级后,应当按照所定密级严格管理。绝密级公文应当由专人管理。

公文的密级需要变更或者解除的,由原确定密级的机关或者其上级机关决定。

第三十一条 公文的印发传达范围应当按照发文机关的要求执行;需要变更的,应当经发文机关批准。

涉密公文公开发布前应当履行解密程序。公开发布的时间、形式和渠道,由发文机关确定。

经批准公开发布的公文,同发文机关正式印发的公文具有同等效力。

第三十二条 复制、汇编机密级、秘密级公文,应当符合有关规定并经本机关负责人批准。绝密级公文一般不得复制、汇编,确有工作需要的,应当经发文机关或者其上级机关批准。复制、汇编的公文视同原件管理。

复制件应当加盖复制机关戳记。翻印件应当注明翻印的机关名称、日期。汇编本的密级按照编入公文的最高密级标注。

第三十三条 公文的撤销和废止,由发文机关、上级机关或者权力机关根据职权范围和有关法律法规决定。公文被撤销的,视为自始无效;公文被废止的,视为自废止之日起失效。

第三十四条 涉密公文应当按照发文机关的要求和有关规定进行清退或者销毁。

第三十五条 不具备归档和保存价值的公文,经批准后可以销毁。销毁涉密公文必须严格按照有关规定履行审批登记手续,确保不丢失、不漏销。个人不得私自销毁、留存涉密公文。

第三十六条 机关合并时,全部公文应当随之合并管理;机关撤销时,需要归档的公文经整理后按照有关规定移交档案管理部门。

工作人员离岗离职时,所在机关应当督促其将暂存、借用的公文按照有关规定移交、清退。

第三十七条 新设立的机关应当向本级党委、政府的办公厅(室)提出发文立户申请。经审查符合条件的,列为发文单位,机关合并或者撤销时,相应进行调整。

第八章 附 则

第三十八条 党政机关公文含电子公文。电子公文处理工作的具体办法另行制定。

第三十九条 法规、规章方面的公文,依照有关规定处理。外事方面的公文,依照外事主管部门的有关规定处理。

第四十条 其他机关和单位的公文处理工作,可以参照本条例执行。

第四十一条 本条例由中共中央办公厅、国务院办公厅负责解释。

第四十二条 本条例自 2012 年 7 月 1 日起施行。1996 年 5 月 3 日中共中央办公厅发布的《中国共产党机关公文处理条例》和 2000 年 8 月 24 日国务院发布的《国家行政机关公文处理办法》停止执行。

附录二

GB/T 9704—2012

党政机关公文格式

（中华人民共和国国家质量监督检验检疫总局、中国国家标准化管理委员会
2012 年 6 月 29 日发布，2012 年 7 月 1 日实施）

前　言

本标准按照 GB/T 1.1—2009 给出的规则起草。

本标准根据中共中央办公厅、国务院办公厅印发的《党政机关公文处理工作条例》的有关规定对 GB/T 9704—1999《国家行政机关公文格式》进行修订。本标准相对 GB/T 9704—1999 主要作如下修订：

a) 标准名称改为《党政机关公文格式》，标准英文名称也作相应修改；
b) 适用范围扩展到各级党政机关制发的公文；
c) 对标准结构进行适当调整；
d) 对公文装订要求进行适当调整；
e) 增加发文机关署名和页码两个公文格式要素，删除主题词格式要素，并对公文格式各要素的编排进行较大调整；
f) 进一步细化特定格式公文的编排要求；
g) 新增联合行文公文首页版式、信函格式首页、命令（令）格式首页版式等式样。

本标准中公文用语与《党政机关公文处理工作条例》中的用语一致。

本标准为第二次修订。

本标准由中共中央办公厅和国务院办公厅提出。

本标准由中国标准化研究院归口。

本标准起草单位：中国标准化研究院、中共中央办公厅秘书局、国务院办公厅

秘书局、中国标准出版社。

本标准主要起草人：房庆、杨雯、郭道锋、孙维、马慧、张书杰、徐成华、范一乔、李玲。

本标准代替了 GB/T 9704—1999。

GB/T 9704—1999 的历次版本发布情况为：

——GB/T 9704—1988。

1 范围

本标准规定了党政机关公文通用的纸张要求、排版和印制装订要求、公文格式各要素的编排规则，并给出了公文的式样。

本标准适用于各级党政机关制发的公文。其他机关和单位的公文可以参照执行。

使用少数民族文字印制的公文，其用纸、幅面尺寸及版面、印制等要求按照本标准执行，其余可以参照本标准并按照有关规定执行。

2 规范性引用文件

下列文件对于本标准的应用是必不可少的。凡是注日期的引用文件，仅所注日期的版本适用于本标准。凡是不注日期的引用文件，其最新版本（包括所有的修改单）适用于本标准。

GB/T 148　印刷、书写和绘图纸幅面尺寸

GB 3100　国际单位制及其应用

GB 3101　有关量、单位和符号的一般原则

GB 3102（所有部分）　量和单位

GB/T 15834　标点符号用法

GB/T 15835　出版物上数字用法

3 术语和定义

下列术语和定义适用于本标准。

3.1

字 word

标示公文中横向距离的长度单位。在本标准中,一字指一个汉字宽度的距离。

3.2

行 line

标示公文中纵向距离的长度单位。在本标准中,一行指一个汉字的高度加 3 号汉字高度的 7/8 的距离。

4 公文用纸主要技术指标

公文用纸一般使用纸张定量为 60 g/m² ~ 80 g/m² 的胶版印刷纸或复印纸。纸张白度 80% ~ 90%,横向耐折度≥15 次,不透明度≥85%,pH 值为 7.5~9.5。

5 公文用纸幅面尺寸及版面要求

5.1 幅面尺寸

公文用纸采用 GB/T 148 中规定的 A4 型纸,其成品幅面尺寸为:210 mm×297 mm。

5.2 版面

5.2.1 页边与版心尺寸

公文用纸天头(上白边)为 37 mm±1 mm,公文用纸订口(左白边)为 28 mm±1 mm,版心尺寸为 156 mm×225 mm。

5.2.2 字体和字号

如无特殊说明,公文格式各要素一般用 3 号仿宋体字。特定情况可以作适当调整。

5.2.3 行数和字数

一般每面排 22 行,每行排 28 个字,并撑满版心。特定情况可以作适当调整。

5.2.4 文字的颜色

如无特殊说明,公文中文字的颜色均为黑色。

6 印制装订要求

6.1 制版要求

版面干净无底灰,字迹清楚无断划,尺寸标准,版心不斜,误差不超过 1 mm。

6.2 印刷要求

双面印刷;页码套正,两面误差不超过 2 mm。黑色油墨应当达到色谱所标 BL100%,红色油墨应当达到色谱所标 Y80%、M80%。印品着墨实、均匀;字面不花、不白、无断划。

6.3 装订要求

公文应当左侧装订,不掉页,两页页码之间误差不超过 4 mm,裁切后的成品尺寸允许误差±2 mm,四角成 90°,无毛茬或缺损。
骑马订或平订的公文应当:
a) 订位为两钉外订眼距版面上下边缘各 70 mm 处,允许误差±4 mm;
b) 无坏钉、漏钉、重钉,钉脚平伏牢固;

c)骑马订钉锯均订在折缝线上,平订钉锯与书脊间的距离为 3 mm~5 mm。包本装订公文的封皮(封面、书脊、封底)与书芯应吻合、包紧、包平、不脱落。

7 公文格式各要素编排规则

7.1 公文格式各要素的划分

本标准将版心内的公文格式各要素划分为版头、主体、版记三部分。公文首页红色分隔线以上的部分称为版头;公文首页红色分隔线(不含)以下、公文末页首条分隔线(不含)以上的部分称为主体;公文末页首条分隔线以下、末条分隔线以上的部分称为版记。

页码位于版心外。

7.2 版头

7.2.1 份号

如需标注份号,一般用 6 位 3 号阿拉伯数字,顶格编排在版心左上角第一行。

7.2.2 密级和保密期限

如需标注密级和保密期限,一般用 3 号黑体字,顶格编排在版心左上角第二行;保密期限中的数字用阿拉伯数字标注。

7.2.3 紧急程度

如需标注紧急程度,一般用 3 号黑体字,顶格编排在版心左上角;如需同时标注份号、密级和保密期限、紧急程度,按照份号、密级和保密期限、紧急程度的顺序自上而下分行排列。

7.2.4 发文机关标志

由发文机关全称或者规范化简称加"文件"二字组成,也可以使用发文机关全称或者规范化简称。

发文机关标志居中排布,上边缘至版心上边缘为 35 mm,推荐使用小标宋体字,颜色为红色,以醒目、美观、庄重为原则。

联合行文时,如需同时标注联署发文机关名称,一般应当将主办机关名称排列在前;如有"文件"二字,应当置于发文机关名称右侧,以联署发文机关名称为准上下居中排布。

7.2.5　发文字号

编排在发文机关标志下空二行位置,居中排布。年份、发文顺序号用阿拉伯数字标注;年份应标全称,用六角括号"〔〕"括入;发文顺序号不加"第"字,不编虚位(即 1 不编为 01),在阿拉伯数字后加"号"字。

上行文的发文字号居左空一字编排,与最后一个签发人姓名处在同一行。

7.2.6　签发人

由"签发人"三字加全角冒号和签发人姓名组成,居右空一字,编排在发文机关标志下空二行位置。"签发人"三字用 3 号仿宋体字,签发人姓名用 3 号楷体字。

如有多个签发人,签发人姓名按照发文机关的排列顺序从左到右、自上而下依次均匀编排,一般每行排两个姓名,回行时与上一行第一个签发人姓名对齐。

7.2.7　版头中的分隔线

发文字号之下 4 mm 处居中印一条与版心等宽的红色分隔线。

7.3　主体

7.3.1　标题

一般用 2 号小标宋体字,编排于红色分隔线下空二行位置,分一行或多行居中排布;回行时,要做到词意完整,排列对称,长短适宜,间距恰当,标题排列应当使用梯形或菱形。

7.3.2 主送机关

编排于标题下空一行位置,居左顶格,回行时仍顶格,最后一个机关名称后标全角冒号。如主送机关名称过多导致公文首页不能显示正文时,应当将主送机关名称移至版记,标注方法见 7.4.2。

7.3.3 正文

公文首页必须显示正文。一般用 3 号仿宋体字,编排于主送机关名称下一行,每个自然段左空二字,回行顶格。文中结构层次序数依次可以用"一、""(一)""1.""(1)"标注;一般第一层用黑体字、第二层用楷体字、第三层和第四层用仿宋体字标注。

7.3.4 附件说明

如有附件,在正文下空一行左空二字编排"附件"二字,后标全角冒号和附件名称。如有多个附件,使用阿拉伯数字标注附件顺序号(如"附件:1.×××××");附件名称后不加标点符号。附件名称较长需回行时,应当与上一行附件名称的首字对齐。

7.3.5 发文机关署名、成文日期和印章

7.3.5.1 加盖印章的公文

成文日期一般右空四字编排,印章用红色,不得出现空白印章。

单一机关行文时,一般在成文日期之上、以成文日期为准居中编排发文机关署名,印章端正、居中下压发文机关署名和成文日期,使发文机关署名和成文日期居印章中心偏下位置,印章顶端应当上距正文(或附件说明)一行之内。

联合行文时,一般将各发文机关署名按照发文机关顺序整齐排列在相应位置,并将印章一一对应、端正、居中下压发文机关署名,最后一个印章端正、居中下压发文机关署名和成文日期,印章之间排列整齐、互不相交或相切,每排印章两端不得超出版心,首排印章顶端应当上距正文(或附件说明)一行之内。

7.3.5.2 不加盖印章的公文

单一机关行文时,在正文(或附件说明)下空一行右空二字编排发文机关署名,在发文机关署名下一行编排成文日期,首字比发文机关署名首字右移二字,如成文日期长于发文机关署名,应当使成文日期右空二字编排,并相应增加发文机关署名右空字数。

联合行文时,应当先编排主办机关署名,其余发文机关署名依次向下编排。

7.3.5.3 加盖签发人签名章的公文

单一机关制发的公文加盖签发人签名章时,在正文(或附件说明)下空二行右空四字加盖签发人签名章,签名章左空二字标注签发人职务,以签名章为准上下居中排布。在签发人签名章下空一行右空四字编排成文日期。

联合行文时,应当先编排主办机关签发人职务、签名章,其余机关签发人职务、签名章依次向下编排,与主办机关签发人职务、签名章上下对齐;每行只编排一个机关的签发人职务、签名章;签发人职务应当标注全称。

签名章一般用红色。

7.3.5.4 成文日期中的数字

用阿拉伯数字将年、月、日标全,年份应标全称,月、日不编虚位(即 1 不编为 01)。

7.3.5.5 特殊情况说明

当公文排版后所剩空白处不能容下印章或签发人签名章、成文日期时,可以采取调整行距、字距的措施解决。

7.3.6 附注

如有附注,居左空二字加圆括号编排在成文日期下一行。

7.3.7 附件

附件应当另面编排,并在版记之前,与公文正文一起装订。"附件"二字及附件顺序号用 3 号黑体字顶格编排在版心左上角第一行。附件标题居中编排在版心第三行。附件顺序号和附件标题应当与附件说明的表述一致。附件格式要求同正文。

如附件与正文不能一起装订,应当在附件左上角第一行顶格编排公文的发文字号并在其后标注"附件"二字及附件顺序号。

7.4 版记

7.4.1 版记中的分隔线

版记中的分隔线与版心等宽,首条分隔线和末条分隔线用粗线(推荐高度为 0.35 mm),中间的分隔线用细线(推荐高度为 0.25 mm)。首条分隔线位于版记中第一个要素之上,末条分隔线与公文最后一面的版心下边缘重合。

7.4.2 抄送机关

如有抄送机关,一般用 4 号仿宋体字,在印发机关和印发日期之上一行、左右各空一字编排。"抄送"二字后加全角冒号和抄送机关名称,回行时与冒号后的首字对齐,最后一个抄送机关名称后标句号。

如需把主送机关移至版记,除将"抄送"二字改为"主送"外,编排方法同抄送机关。既有主送机关又有抄送机关时,应当将主送机关置于抄送机关之上一行,之间不加分隔线。

7.4.3 印发机关和印发日期

印发机关和印发日期一般用 4 号仿宋体字,编排在末条分隔线之上,印发机关左空一字,印发日期右空一字,用阿拉伯数字将年、月、日标全,年份应标全称,月、日不编虚位(即 1 不编为 01),后加"印发"二字。

版记中如有其他要素,应当将其与印发机关和印发日期用一条细分隔线隔开。

7.5 页码

一般用 4 号半角宋体阿拉伯数字,编排在公文版心下边缘之下,数字左右各放一条一字线;一字线上距版心下边缘 7 mm。单页码居右空一字,双页码居左空一字。公文的版记页前有空白页的,空白页和版记页均不编排页码。公文的附件与正文一起装订时,页码应当连续编排。

8 公文中的横排表格

A4 纸型的表格横排时,页码位置与公文其他页码保持一致,单页码表头在订口一边,双页码表头在切口一边。

9 公文中计量单位、标点符号和数字的用法

公文中计量单位的用法应当符合 GB 3100、GB 3101 和 GB 3102(所有部分),标点符号的用法应当符合 GB/T 15834,数字用法应当符合 GB/T 15835。

10 公文的特定格式

10.1 信函格式

发文机关标志使用发文机关全称或者规范化简称,居中排布,上边缘至上页边为 30 mm,推荐使用红色小标宋体字。联合行文时,使用主办机关标志。

发文机关标志下 4 mm 处印一条红色双线(上粗下细),距下页边 20 mm 处印一条红色双线(上细下粗),线长均为 170 mm,居中排布。

如需标注份号、密级和保密期限、紧急程度,应当顶格居版心左边缘编排在第一条红色双线下,按照份号、密级和保密期限、紧急程度的顺序自上而下分行排列,第一个要素与该线的距离为 3 号汉字高度的 7/8。

发文字号顶格居版心右边缘编排在第一条红色双线下,与该线的距离为 3 号汉字高度的 7/8。

标题居中编排,与其上最后一个要素相距二行。

第二条红色双线上一行如有文字，与该线的距离为 3 号汉字高度的 7/8。
首页不显示页码。
版记不加印发机关和印发日期、分隔线，位于公文最后一面版心内最下方。

10.2　命令（令）格式

发文机关标志由发文机关全称加"命令"或"令"字组成，居中排布，上边缘至版心上边缘为 20 mm，推荐使用红色小标宋体字。
发文机关标志下空二行居中编排令号，令号下空二行编排正文。
签发人职务、签名章和成文日期的编排见 7.3.5.3。

10.3　纪要格式

纪要标志由"××××纪要"组成，居中排布，上边缘至版心上边缘为 35 mm，推荐使用红色小标宋体字。
标注出席人员名单，一般用 3 号黑体字，在正文或附件说明下空一行左空二字编排"出席"二字，后标全角冒号，冒号后用 3 号仿宋体字标注出席人单位、姓名，回行时与冒号后的首字对齐。
标注请假和列席人员名单，除依次另起一行并将"出席"二字改为"请假"或"列席"外，编排方法同出席人员名单。
纪要格式可以根据实际制定。

11　式样

A4 型公文用纸页边及版心尺寸见图 1；公文首页版式见图 2；联合行文公文首页版式 1 见图 3；联合行文公文首页版式 2 见图 4；公文末页版式 1 见图 5；公文末页版式 2 见图 6；联合行文公文末页版式 1 见图 7；联合行文公文末页版式 2 见图 8；附件说明页版式见图 9；带附件公文末页版式见图 10；信函格式首页版式见图 11；命令（令）格式首页版式见图 12。

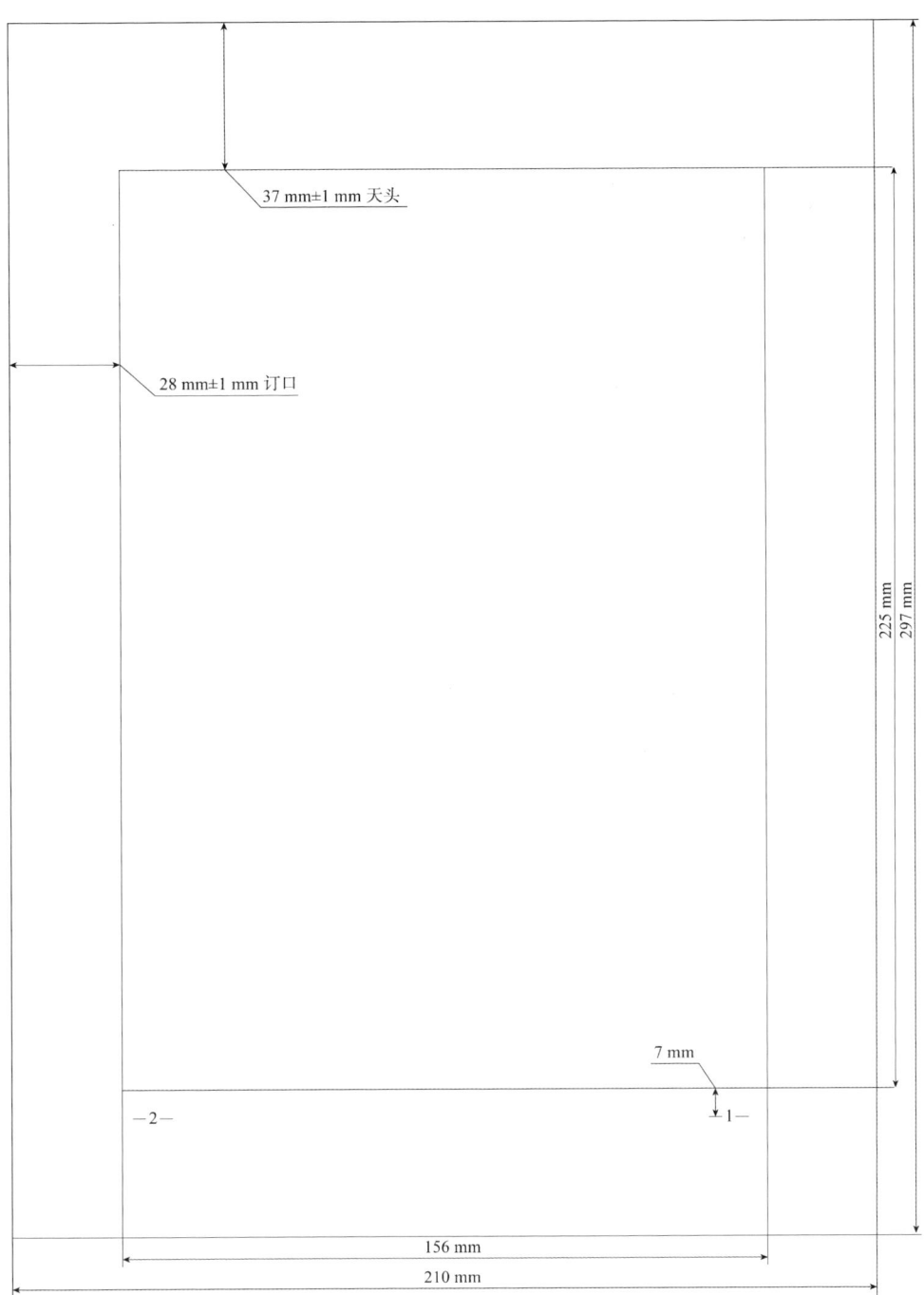

图 1　A4 型公文用纸页边及版心尺寸①

---

① 受开本所限,图形按比例缩印。后图同。仅供参考。

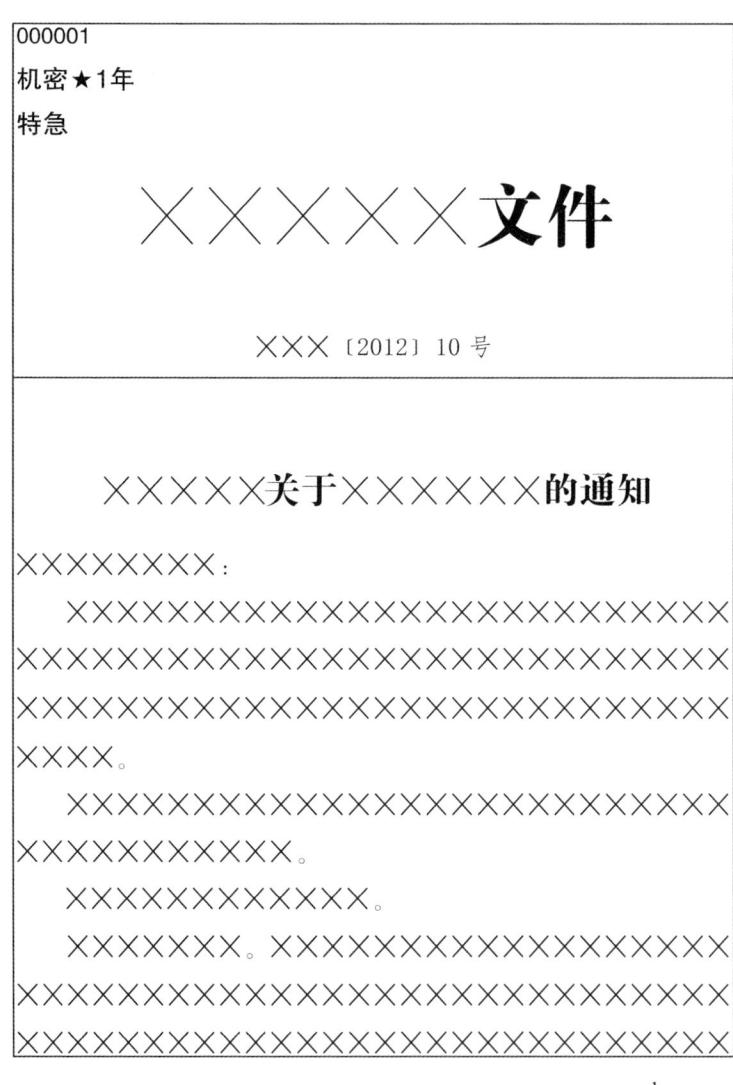

图2　公文首页版式

注：版心实线框仅为示意，在印制公文时并不印出。

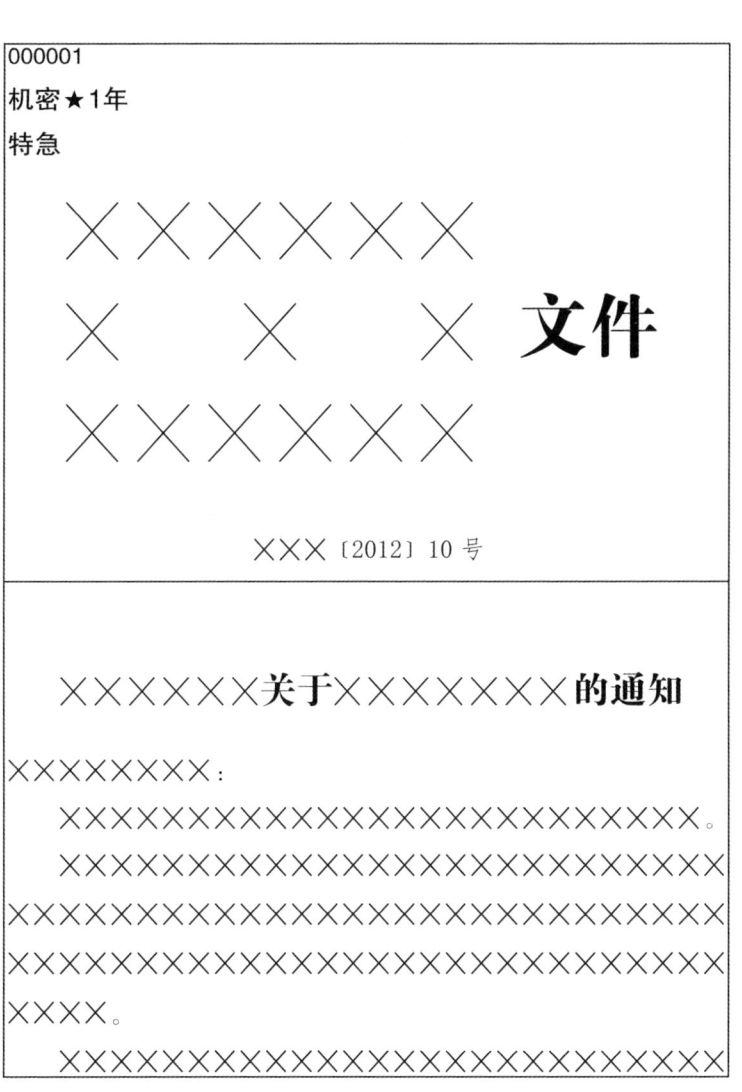

图3　联合行文公文首页版式1

注：版心实线框仅为示意，在印制公文时并不印出。

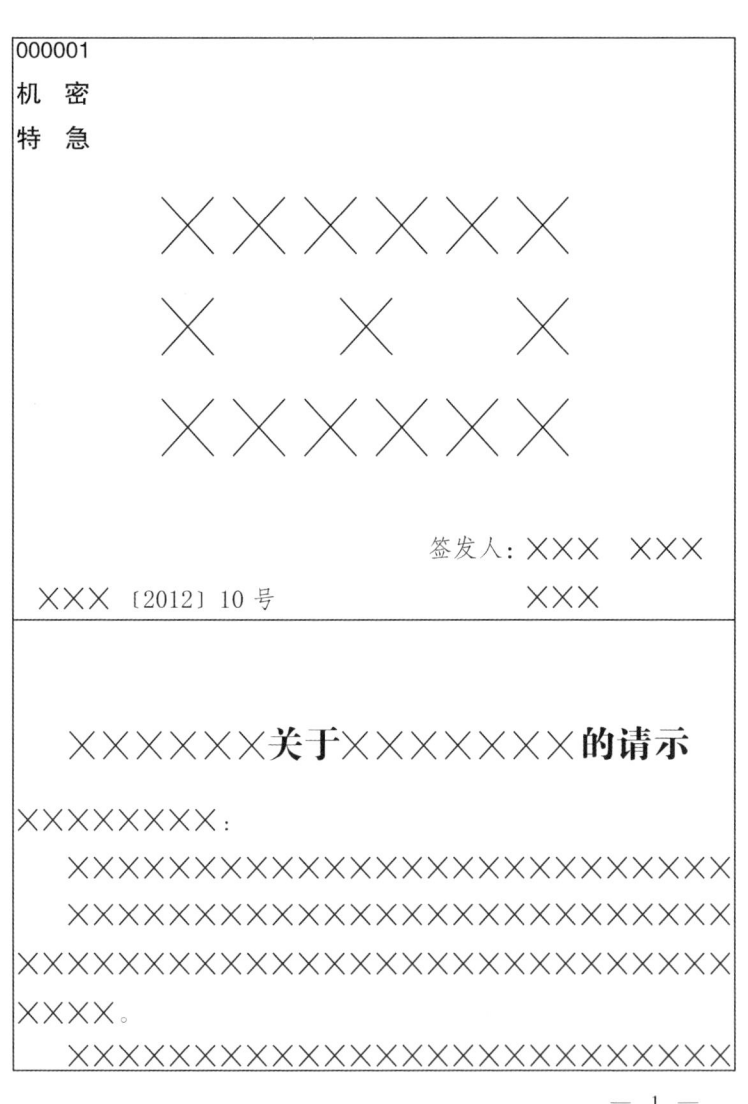

图 4　联合行文公文首页版式 2

注：版心实线框仅为示意，在印制公文时并不印出。

图5　公文末页版式1

注：版心实线框仅为示意，在印制公文时并不印出。

XXXXXXXXXXXXXXX。

XXXXXXXXXXXXXXXXXXXXXXXXXXXXXXXXXXXXXXXXXXXXXXXXXXXXXXXXXXX。

XXXXXXXXXXXX

2012 年 7 月 1 日

（XXXXX）

抄送：XXXXXXXX，XXXXXX，XXXXX，XXXXX，XXXXX。

XXXXXXXXX　　2012 年 7 月 1 日印发

— 2 —

图 6　公文末页版式 2

注：版心实线框仅为示意，在印制公文时并不印出。

图7 联合行文公文末页版式1

注：版心实线框仅为示意，在印制公文时并不印出。

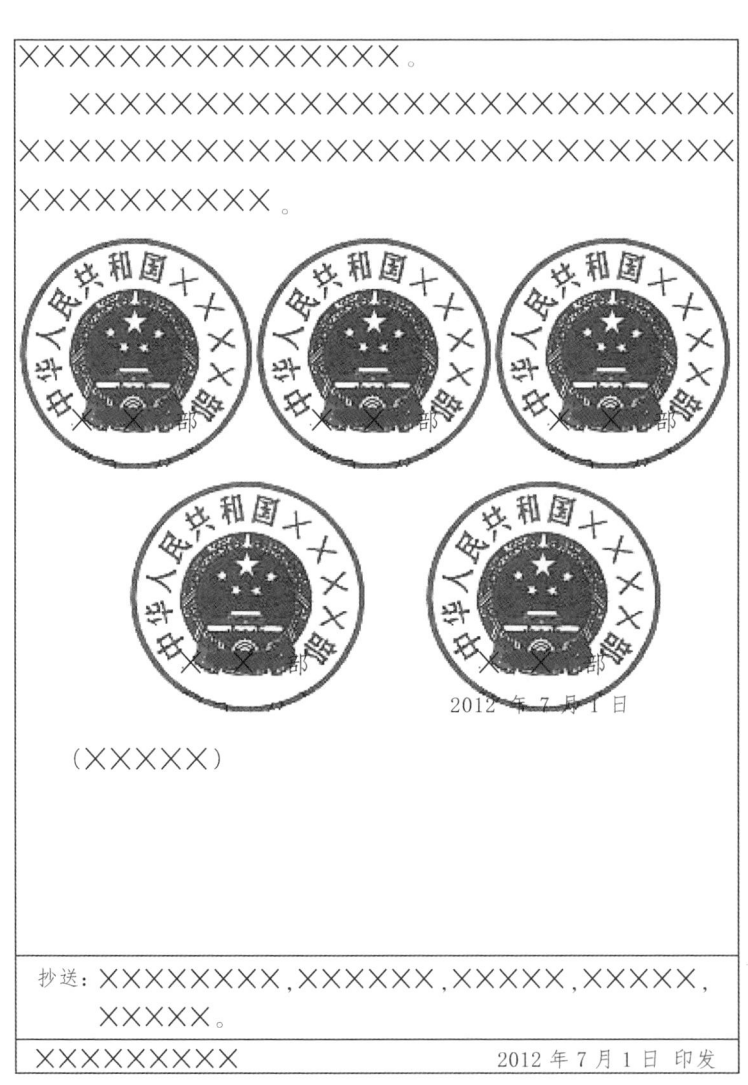

图8 联合行文公文末页版式2

注:版心实线框仅为示意,在印制公文时并不印出。

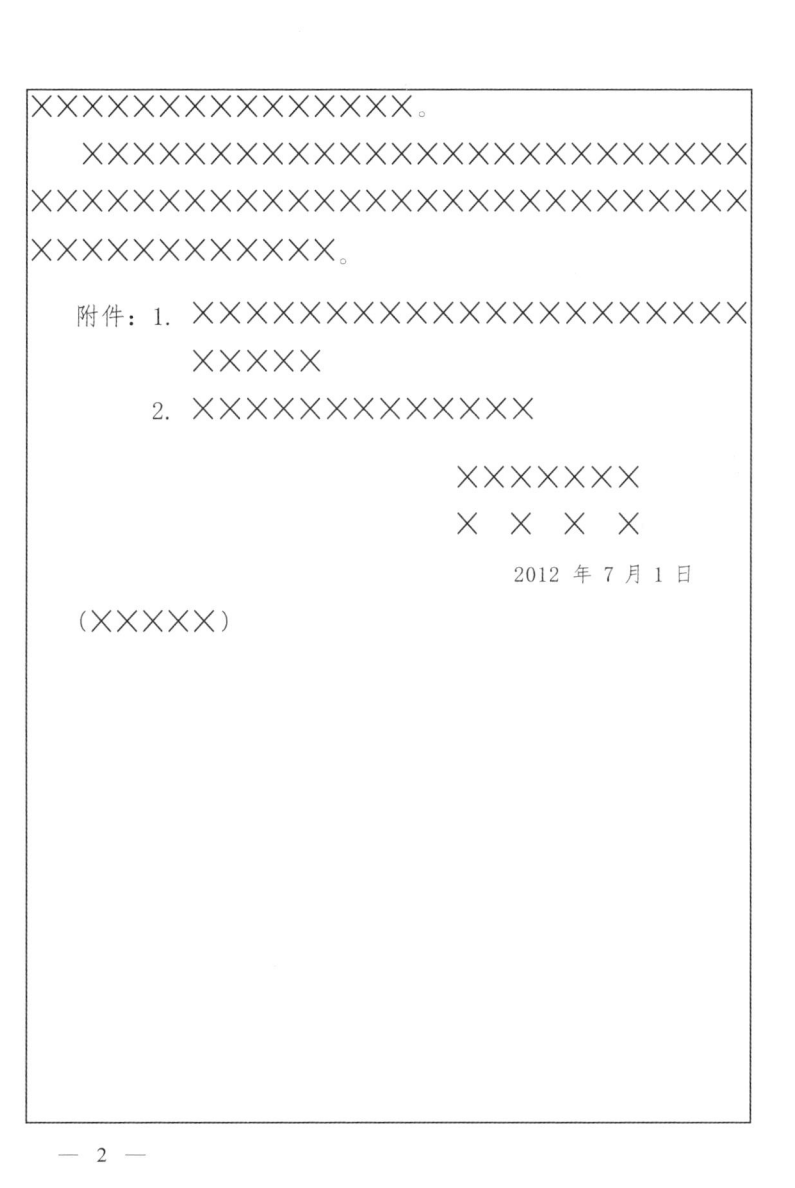

图 9　附件说明页版式

注：版心实线框仅为示意，在印制公文时并不印出。

图10 带附件公文末页版式

注：版心实线框仅为示意，在印制公文时并不印出。

中华人民共和国××××××部

000001　　　　　　　　　　　　　×××〔2012〕10 号
机　密
特　急

××××××关于×××××××的通知

×××××××××:
　　××××××××××××××××××××××
××××××××××××××××××××××××
××××××××××××××××××××××××
×××××××××××××××××××××××。
　　××××××××××××××××××××××
××××××××××××××××××××××××
×××××××××××××××××××××××。
　　××××××××××××××××××××××
××××××××××××××××××××××××
××××××××××××××××××××××××
××××××××××××××××××××××××
××××××××××××××××××××××××
×××××××××××××××××××××××。

图 11　信函格式首页版式

注：版心实线框仅为示意，在印制公文时并不印出。

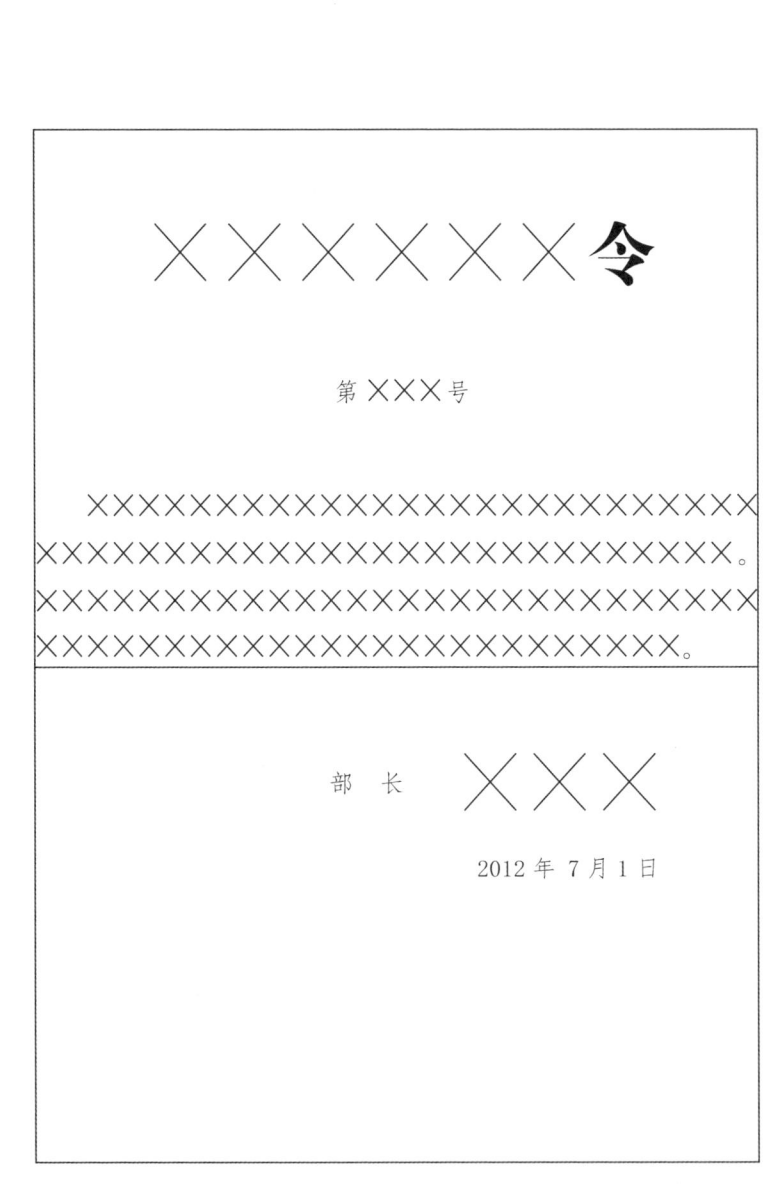

图12 命令(令)格式首页版式

注:版心实线框仅为示意,在印制公文时并不印出。

参考文献

焦予衡. 新公务员必备公文写作技巧范例[M]. 北京:中国友谊出版公司,2020.

王永鉴. 公文写作点津(增订本)[M]. 上海:上海文化出版社,2021.

王振. 公文写作实战秘籍:笔杆子谈写材料[M]. 北京:清华大学出版社,2020.

学公文. 公文写作从入门到精通[M]. 北京:北京大学出版社,2019.

叶黔达. 现代公文写作与处理最新规范·观念·技巧(修订本)[M]. 成都:四川人民出版社,2021.

岳海翔. 公文写作教程(第三版)[M]. 北京:高等教育出版社,2021.

张保忠. 中国党政公文写作要领与范例(修订第二版)[M]. 北京:经济科学出版社,2013.

周欣展. 公文写作基本规范(第三版)[M]. 南京:南京大学出版社,2019.

图书在版编目（CIP）数据

公文写作十六讲：实战技巧与范例大全/陈力勇编著. — 上海：上海教育出版社，2023.10
ISBN 978-7-5720-2327-9

Ⅰ.①公… Ⅱ.①陈… Ⅲ.①公文－写作 Ⅳ.①H152.3

中国国家版本馆CIP数据核字(2023)第194687号

策　　划　杨林成
责任编辑　高铭婉
封面设计　周　吉

公文写作十六讲：实战技巧与范例大全
陈力勇　编著

出版发行　上海教育出版社有限公司
官　　网　www.seph.com.cn
地　　址　上海市闵行区号景路159弄C座
邮　　编　201101
印　　刷　上海龙腾印务有限公司
开　　本　700×1000　1/16　印张19.75
字　　数　354千字
版　　次　2023年10月第1版
印　　次　2023年10月第1次印刷
书　　号　ISBN 978-7-5720-2327-9/G·2063
定　　价　58.00元

如发现质量问题，读者可向本社调换　电话：021-64373213